Ferdinand von Quast 1807–1877

Ferdinand von Quast

Brandenburgisches Landesamt für Denkmalpflege
und Archäologisches Landesmuseum

Zum 200. Geburtstag von

# Ferdinand von Quast
# 1807–1877

## Erster preußischer Konservator der Kunstdenkmäler

Symposium zu Ehren des 200. Geburtstages von Ferdinand von Quast
am 22. und 23. Juni 2007 in Neuruppin und Radensleben,
veranstaltet vom Brandenburgischen Landesamt für Denkmalpflege und Archäologischen Landesmuseum
und der Fontanestadt Neuruppin

Lukas Verlag

Arbeitshefte des Brandenburgischen Landesamtes für Denkmalpflege
und Archäologischen Landesmuseums, Nr. 18 (2007)

**Herausgeber:**
Brandenburgisches Landesamt für Denkmalpflege
und Archäologisches Landesmuseum
Landeskonservator Prof. Dr. Detlef Karg
Wünsdorfer Platz 4–5
D–15806 Zossen (Ortsteil Wünsdorf)

**Redaktion:**
Florentine Dietrich

**Titelbild:**
Radensleben, Grabkapelle und Mauer des Campo Santo, 2007

Lukas Verlag für Kunst- und Geistesgeschichte
Kollwitzstraße 57
D–10405 Berlin
www.lukasverlag.com

Gestaltung und Reprographie: Lukas Verlag
Druck: Elbe Druckerei Wittenberg
Bindung: Stein + Lehmann, Berlin

Printed in Germany
ISBN 10:     3–86732–023–3
ISBN 13: 978–3–86732–023–8

# Inhalt

## Ferdinand von Quast und die Entwicklung der Denkmalpflege

## Denkmalpflege heute – Radensleben

## Anhang

# Geleitwort zur Ferdinand-von-Quast-Ehrung 2007
## »… da ist dies gewiss der richtige Weg«
## am 22. und 23. Juni 2007 in Neuruppin und Radensleben

Am 20. Juni 2007 fand in der Fachhochschule Brandenburg die Tagung »Wie die Mark entstand. 850 Jahre Mark Brandenburg« statt. Der 200. Geburtstag Ferdinand von Quasts fällt in dieses Jubiläumsjahr, und angesichts der Bedeutung von Quasts für die staatliche Denkmalpflege ist das eine sehr sinnvolle Überlappung.

Bei Ferdinand von Quast ist es anders, er hat für die Allgemeinheit, insbesondere für die Erhaltung von Kulturdenkmalen, Hervorragendes geleistet und der Nachwelt überliefert.

Anlässlich seines 200. Geburtstages haben nicht nur das Brandenburgische Landesamt für Denkmalpflege und Archäologische Landesmuseum zusammen mit der Stadt Neuruppin eine »Geburtstagsfeier« ausgerichtet, auch das Landesdenkmalamt in Berlin hat kurz danach am 25. Juni 2007 zusammen mit dem Schinkelzentrum und der Plansammlung der Technischen Universität ein ganztägiges Kolloquium im Berliner Rathaus durchgeführt. Am Abend erfolgte dann die Verleihung des Berliner Denkmalpreises, der Ferdinand-von-Quast-Medaille 2007.

Die Tagung in Neuruppin schlägt den Bogen über das gesamte Schaffen Ferdinand von Quasts. Die Themenpunkte reichen von den Anfängen der staatlichen Denkmalpflege bis hin zum Umgang mit der Wirkungsstätte von Quasts in Radensleben.

Ferdinand von Quast war 1843 der erste – nach dem Tod Karl Friedrich Schinkels – durch König Friedrich Wilhelm IV. ernannte Konservator der Kunstdenkmäler Preußens und wird heute liebevoll als Vater der Denkmalpflege in Preußen bezeichnet. Er setzte sich für die weitgehende Bewahrung der originalen Substanz ein, für Zurückhaltung bei der Rekonstruktion und eine sichtbare Unterscheidung von Alt und Neu. Er hatte als Konservator einen Erfassungsbogen der Denkmale in Preußen zu entwickeln, der in seinen Grundzügen noch heute Bestand hat. Da sein Amtsbereich ganz Preußen umfasste, konnte er die einzelnen Objekte nur selten und mit großem zeitlichen Abstand begutachten.

Ferdinand von Quast standen bei seiner Amtstätigkeit keine Sachmittel oder Hilfskräfte zur Verfügung. So musste er für die Erreichung seines Ziels, der Erfassung und Erhaltung der Denkmale Preußens, seine persönliche Arbeitskraft und die finanziellen Mittel, die sein Gut abwarf, einsetzen.

Unterstützung hat er durch die vielen (»ehrenamtlichen«) Geschichts- und Heimatvereine erhalten, die er oft mitbegründete, so z.B. den nahe bei seinem Wohnort Radensleben gelegenen »Geschichts- und Alterthumsverein für die Mark Brandenburg«.

Schon damals wurde kritisiert, dass von Quast nicht die notwendige Unterstützung bei der Inventarisierung der Denkmale erhielt und ihm die Gemeinden und Regierungen systematisch Hindernisse in den Weg legten. »Die Behörden werden von einem förmlichen Schrecken befallen, wenn der Konservator in ihre Mauern einzieht.« Diese Aussage des August Reichensperger, Abgeordneter der Zweiten Kammer des Vereinigten Landtags unter Friedrich Wilhelm IV., in dem von Quast ebenfalls Mitglied war, macht das deutlich.[1] Daran hat sich wohl bis heute nicht viel geändert, auch wenn Denkmalschutz mittlerweile überall durch Gesetze verankert ist.

Vor und zu von Quasts Zeiten als Konservator gab es nur wenige Verfügungen zum Schutz einzelner Kulturdenkmale (Zirkularverfügungen z.B. zur »Schonung alter Denkmäler bei der Erneuerung des inneren Zustandes von Kirchen« oder »Sicherung von Denkmälern bei der Veräußerung staatlicher Domänen an Privatpersonen«).

In Hessen gab es jedoch bereits vor von Quast weitergreifende Denkmalschutzregelungen, so die »Verordnung, die Erhaltung der im Lande befindlichen Monumente und Altertümer betreffend« vom 22. Dezember 1799 und die erste Denkmalschutzverordnung in Hessen-Darmstadt von 1818. Sie verpflichtete das Ober-Baukolleg zur Aufstellung eines Verzeichnisses aller Überreste alter Baukunst, »welche in Hinsicht auf Geschichte oder Kunst verdienen erhalten zu werden.«

»Mit der Annektierung des Kurfürstentums Hessen Kassel und des Herzogtums Nassau 1866 sowie der freien Stadt Frankfurt durch Preußen wurden hier auch jene preußischen Denkmalschutzbestimmungen eingeführt, die Friedrich Wilhelm IV. auf Betreiben von Schinkel erlassen hatte und die am 1.7.1843 die Einsetzung des ersten hauptamtlichen Denkmalpflegers in Deutschland begründeten. Die mit Erlaß vom 24.1.1844 eingeführte Anzeigepflicht bei geplanten Veränderungen an Kulturdenkmalen wurde mit speziellem Erlaß 1867 auch für Hessen Kassel und Nassau gültig, gleichzeitig legte man Fonds zur Erhaltung von Denkmälern der Baukunst und besondere Akten zum Denkmalschutz an.«[2]

Die wissenschaftliche Erfassung der Bau und Kunstdenkmale setzte 1870 mit dem Denkmalinventar für die Provinz Hessen-Kassel ein. 1900 gab es bereits einen ersten Denkmaltag in Deutschland. Eine Denkmalzeitschrift (»Die Denkmalpflege«) wird seitdem jährlich zweimal herausgegeben und die Tradition der Denkmaltage mit den Jahrestagungen der Vereinigung der Landesdenkmalpfleger fortgeführt.

Die eigentliche Gesetzgebung begann erst 1902 mit dem ersten Denkmalschutzgesetz von Kurhessen, das das erste moderne Denkmalschutzgesetz Deutschlands war und erstmals auch den Schutz von Bodendenkmalen regelte. In seiner Fortschrittlichkeit kann es in wesentlichen Teilen als Vorbild für heutige Denkmalschutzgesetze angesehen werden.

Nach dem Zweiten Weltkrieg wurde die Gesetzgebung in drei wesentlichen Etappen durchgeführt, 1953 entstand in Schleswig-Holstein das erste Denkmalschutzgesetz in der Bundesrepublik. 1971 bis 1978 folgte die zweite Etappe des Erlasses von Denkmalschutzgesetzen. Mittendrin, 1975, liegt das Europäische Denkmalschutzjahr, das einen Wendepunkt im Verständnis für die Denkmalpflege darstellt. In diesem Jahr haben auch die DDR und Südtirol (Italien) ein Denkmalschutzgesetz erlassen. Denkmalschutz wurde fortan als Gemeinwohlaufgabe von hohem Rang wahrgenommen, er gilt als Motor für Stadtentwicklung, standortbedingte Attraktivität und landschaftsspezifische Unverwechselbarkeit. In der dritten Etappe wurden in den neuen Bundesländern die Denkmalschutzgesetze zwischen 1991 und 1993 erlassen, so dass in den heutigen sechzehn Bundesländern sechzehn Denkmalschutzgesetze existieren. Brandenburg hat u.a. zur Verfahrensoptimierung 2004 nach dreizehn Jahren Laufzeit sein Denkmalschutzgesetz novelliert.

Auch 130 Jahre nach dem Tod von Ferdinand von Quast ist sein Wirken noch zu spüren. Beschränkte sich der Begriff des Denkmals ursprünglich nur auf Monumentalbauten wie Schlösser, Burgen, Kirchen und Rathäuser, wurde er in den neuen Gesetzen auch auf die sozialgeschichtlichen Baudenkmale, technische Denkmale, Stadtbilder, Fabrikgebäude, Gartenanlagen und Bodendenkmale ausgedehnt. Sie prägen das Bild unserer Kulturlandschaften. Dorfkirchen und Altstädte, Burgen und Schlösser, Parks und technische Bauten machen Geschichte in unserem schnelllebigen Alltag erfahrbar; sie erzählen eindrucksvoll von vergangenen Zeiten. Viele Bürger engagieren sich dafür, ihre Umwelt, die gebaute Umgebung, als wertvolles Kulturerbe zu bewahren.

Der heutige Umgang mit der Denkmalpflege gründet auf dem reichen Erfahrungsschatz der Entwicklung von Denkmalschutz und Denkmalpflege in der nahezu zweihundertjährigen Institutionalisierung und wird nach seinem Verständnis betrieben. Der Umgang mit Denkmalen war nie einfach, immer wieder werden Denkmale beschädigt und zerstört, oft auch aus Unkenntnis. Die Denkmalbehörden der Länder sorgen als Anwälte der Denkmale dafür, dass das uns überantwortete Erbe auch zukünftigen Generationen überliefert wird.

Auch zu von Quasts Zeiten wurden Denkmale abgebrochen und gingen verloren, wie 1869/71 die Dorfkirche Marzahn. Nach dem Bau einer größeren Kirche setzte sich von Quast für die Erhaltung der alten Marzahner Kirche ein, es nützte nichts! Nur der Renaissancetaufstein verblieb am Ort, einiges wurde dem Märkischen Museum verkauft.

Auch heute, mit wirkungsvollen Denkmalschutzgesetzen, werden Denkmale aufgegeben, so Bahndenkmale wie Wassertürme, Stationsgebäude, Lagerschuppen, aber auch Brückenbauwerke über Autobahnen, alte landwirtschaftliche Produktionsgebäude wie Ställe, Scheunen. Remisen oder Tagelöhnerhäuser müssen weichen, weil sie nicht mehr rentabel sind und keine Nutzung für sie gefunden werden kann. In der heutigen Zeit des Wohlstands scheint es so, dass für die Erhaltung von nicht renditefähigen Denkmalen immer weniger Mittel zur Verfügung stehen. Der ideelle Anspruch geht immer weiter zurück. Der Sinn für die Erhaltung von Denkmalen muss deshalb immer wieder neu vermittelt werden. Ehrenamtliches Engagement von Vereinen und Privatpersonen ist deshalb nach wie vor ein wichtiger Motor bei der Erhaltung der die Kulturlandschaften bestimmenden Denkmale.

In diesem Zusammenhang ist auf die große Bedeutung der Denkmalpflege für die Entwicklung des Tourismus und als Förderer der regionalen Wirtschaftskraft zu verweisen.

Jetzt, zu Anfang des 21. Jahrhunderts, stehen Denkmalschutz und Denkmalpflege vor neuen Herausforderungen. Die vermeintlichen und tatsächlichen Zwänge von Globalisierung und Strukturwandel und der damit einhergehende Veränderungsdruck, aber auch die schwierige Finanzsituation spielen eine Rolle. Kosten, Einspareffekte, schnelles Renditestreben und nicht die kulturellen Werte und nachhaltige Wirkung sind leider heute oftmals ausschlaggebend. Dies mit behutsamen Erneuerungsstrategien in Übereinstimmung zu bringen, gehört zu den Anforderungen, die an Denkmalbehörden gestellt werden.

Leerstehende technische Denkmale wie Kasernen oder nicht mehr benötigte Bahngebäude, kaum genutzte Kirchen, leerstehende Wohnungen sind aber auch eine Folge der Abwanderung der Bevölkerung. Stadtumbauprogramme sollen die zu schützende Denkmalsubstanz berücksichtigen und integrieren, aber nicht immer gelingt das.

In den letzten Jahren sind in Deutschland leider Bestrebungen aus dem politischen Raum vermehrt zu verzeichnen gewesen, den Denkmalschutz zu beschränken bzw. die Fachbehörden in ihrer Stellung zu beschränken. Diese Bestrebungen gehen einher mit einem wieder vermehrt anzutreffenden Pauschalvorwurf, dass Denkmalpflege Investitionen verhindere. Einen konkreten Nachweis dieser These bleibt man fast immer schuldig.

Ich möchte jetzt aber zurückkommen auf den feierlichen Anlass dieses Symposiums und noch mehr auf Radensleben, wo Ferdinand von Quast vor zweihundert Jahren geboren wurde.

Seit Jahren gab es erhebliche Anstrengungen der Gemeinde, des Kreises und des Landes, die Wirkungsstätte Ferdinand von Quasts vor dem Verfall zu retten. Nun ist es tatsächlich gelungen, einiges zu sanieren. So konnte bereits die Kirche (im Bundesprogramm »Dach und Fach«) saniert werden. Für den Campo Santo, das Mausoleum und die Freiflächen haben das Ministerium für Ländliche Entwicklung, Umwelt und Verbraucherschutz und die Stadt Neuruppin 2006 Mittel in Höhe von mehr als 400 000 Euro bereitgestellt. Das Gutshaus, das von Quast selbst noch restaurieren ließ,

**Samstag, 23. Juni 2007, 10.00 Uhr
Marienkirche Neuruppin**

Arne Krohn
Die Stadtentwicklung von Neuruppin-
Radensleben

Renate Breetzmann
Radensleben – das denkmalpflegerische
Anliegen

Erhard Schwierz
Bürgerengagement und Bürgerstolz –
Aktivitäten in Radensleben

Dr. Harald Hoppe
Förderung im ländlichen Raum – Erhaltung
von kulturellem Erbe unterstützt regionale
Entwicklung

(Pause und Pressekonferenz)

12.30 Uhr Bustransfer zur Exkursion nach
Radensleben

**13.00 Uhr Radensleben**

Begrüßung
Ortsbürgermeister Erhard Schwierz

Führung Campo Santo – Projekt und Ausführung
Anja Brückner

Abschlussveranstaltung mit den Bürgern von
Radensleben und den Teilnehmern des
Symposiums

ca. 16.00 Uhr Rückfahrt nach Neuruppin

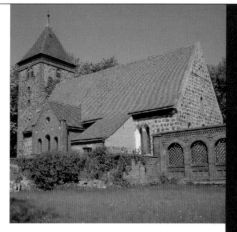

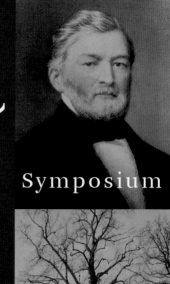

## Symposium

**Ferdinand von Quast**

Brandenburgisches Landesamt für Denkmalpflege und Archäologisches Landesmuseum
Stadt Neuruppin

### Anmeldung

Um eine verbindliche Anmeldung bis zum
1. Juni 2007 wird gebeten. Geben Sie bitte an,
ob Sie den Bustransfer nutzen werden.

telefonisch: 03 37 02/712 11
per Fax: 03 37 02/712 02
per e-mail: sabine.vogel@bldam-brandenburg.de
oder postalisch mit beiliegender Karte

**Übernachtungsmöglichkeiten:**
Tourismus-Service BürgerBahnhof
Karl-Marx-Straße 1, 16816 Neuruppin
Telefon: 033 91/45 46-0

Abbildungsnachweis: Porträt Ferdinand von
Quast: BLDAM; Campo Santo Radensleben:
BLDAM; Kirche Radensleben: Doris Antony,
Berlin (für wikipedia).

---

## Ferdinand von Quast-Ehrung

*„... da ist dies gewiß
der richtige Weg"*

Zur Teilnahme am Symposium
anlässlich des 200. Geburtstags
des ersten preußischen Konservators
der Kunstdenkmäler

am 22. und 23. Juni 2007 in Neuruppin

laden wir Sie und Ihre Freunde herzlich
ein.

Prof. Dr. Detlef Karg
Landeskonservator

Jens-Peter Golde
Bürgermeister

## Programm

**Freitag, 22. Juni 2007, 10.00 Uhr
Marienkirche Neuruppin**

Begrüßung
Bürgermeister Jens-Peter Golde

Geleitwort
Staatssekretär Dr. Johann Komusiewicz

Grußwort
Landrat Christian Gilde

Prof. Dr. Detlef Karg
„... da ist dies gewiß der richtige Weg."
Eine Einführung: Ferdinand von Quast und
die Denkmalpflege in Brandenburg

(Pause)

Dr. Rita Mohr de Pérez
Die Anfänge der staatlichen Denkmalpflege
in Brandenburg-Preußen

Nicole Wesner
Ferdinand von Quast – Leben und Werke

(Mittagspause)

Dr. Ralph Paschke
Inventarisation – Grundlage der staatlichen
Denkmalpflege seit Ferdinand von Quast

Prof. Dr. Christofer Herrmann
Ferdinand von Quast – Denkmale der
Baukunst in Preußen, Ermland – ein Inventar

Dr. Andreas Meinecke
Denkmalpflege in Preußen nach Ferdinand
von Quast

(Pause)

Dr. Klaus Neitmann
Die Kulturpolitik des Brandenburgischen
Provinzialverbandes und „Die
Kulturdenkmäler der Provinz Brandenburg"

Prof. Dr. Eberhard Grunsky
Von Quast bis Riegl. Die Entwicklung einiger
Grundsätze konservatorischer Praxis

Prof. Dr. Georg Mörsch
Vom Umgang mit der Geschichte –
Denkmalpflege in Deutschland

**18.00 Uhr Museum der Stadt Neuruppin**
**August-Bebel-Straße 14/15**

Prof. Dr. Christofer Herrmann
Hansjörg Albrecht
Ausstellungseröffnung:
"Ferdinand von Quast – Ermländische
Ansichten"

**anschließend Empfang der Stadt Neuruppin**

Marienkirche in Neuruppin, Tagungsort des Symposiums zu Ehren Ferdinand von Quasts, 22. Juni 2007

wurde Ende des 19. Jahrhunderts durch seine Nachfolger zu Gunsten eines größeren Gutshauses verändert und beherbergt heute ein Seniorenheim. Reste des Fachwerkausbaus vom Ende des 17. Jahrhunderts und barocker Deckenstuck sind in der linken Gebäudehälfte erhalten. Der Gutspark wurde von Peter Joseph Lenné angeregt, durch von Quast erweitert und später verändert.

Allein das sogenannte Altenteil wartet noch auf seine Reaktivierung. Für dessen Sanierung sind mehr als 1,2 Millionen Euro erforderlich. Mit einem überzeugenden Nutzungskonzept und der entsprechenden Einordnung des gesamten Vorhabens in die Tourismuskonzeption der Stadt Neuruppin könnte hier ein überregionales Denkmalensemble als Anziehungspunkt für Denkmalbegeisterte und nicht nur für das »von-Quast-Jahr« entstehen.

Weitere Geschenke waren die am 22. Juni eröffnete Ausstellung »Ferdinand von Quast – Ermländische Ansichten« im Museum der Stadt Neuruppin, da ein wesentliches Betätigungsfeld von Quasts im Ermland um Allenstein (heute das polnische Olsztyn) lag, und das bereits 2006 entstandene, als Hommage an Ferdinand von Quast herausgegebene Jahrbuch Ostprignitz-Ruppin 2007, 16. Jahrgang.

Ich wünsche mir, dass die Zuhörer der Tagung und die Leser dieser Publikation die hier vorgetragenen Erkenntnisse in ihren Alltag übertragen und nicht nachlassen im Kampf um die Erhaltung eines jeden Denkmals.

*Dr. Johann Komusiewicz*
Staatssekretär im Ministerium für Wissenschaft, Forschung und Kultur des Landes Brandenburg

Abb. links:
Programm des Ferdinand-von-Quast-Symposiums
am 22. und 23. Juni 2007 in Neuruppin und Radensleben

**Anmerkungen**

1   Zitiert nach JAHN 1936, S. 24.
2   Gottfried Kiesow: Zur Entwicklung der Denkmalpflege in Hessen, abrufbar unter *http://www.denkmalpflege-hessen.de/LFDH4_Publikationen/Veroffentlichungen/Ausgabe_1_1988/88-1_Kiesow/88-1_kiesow.html.*

# Grußwort

Es erfüllt mich als Landrat mit Stolz, dass neben dem großen preußischen Baumeister Karl Friedrich Schinkel auch der erste preußische Landeskonservator Ferdinand von Quast vor nunmehr 200 Jahren in der Nähe Neuruppins geboren wurde, im Ruppiner Land seine Prägung erfuhr und von hier aus bedeutenden Einfluss auf die Denkmalpflege in ganz Preußen nahm.

In der Neuruppiner Gegend hat von Quast die Restaurierung des mittelalterlichen Wohnturmes in Garz und die Restaurierung der Kirche in Radensleben betreut. Auf von Quast gehen auch Entwurf und Errichtung des Campo Santo in Radensleben zurück. Die Begräbnisstätte wurde 1854 angelegt und später erweitert. Ferdinand von Quast selbst fand hier 1877 seine letzte Ruhestätte.

Seit dem vergangenen Jahr hat die Stadt Neuruppin große Anstrengungen unternommen, um die kulturhistorisch wertvolle und unter Denkmalschutz stehende Grabanlage instand zu setzen sowie weitere bauliche Anlagen und Freiflächen im Umfeld der Kirche, des ehemaligen Kirchhofes und des Campo Santo herzurichten.

Auch dem Landkreis Ostprignitz-Ruppin war es ein Anliegen, sich angemessen an der Finanzierung der Baumaßnahmen zu beteiligen. Deshalb hat der Landkreis für die Restaurierung des Eingangportals, welches den Eintritt zum ehemaligen Kirchhof und in die Umgebung der Kirche gewährt, einen Betrag von 20 000 Euro gestiftet.

Ich habe mich bereits davon überzeugen können, dass unser Geld gut angelegt worden ist. Die Teilnehmer des Symposiums haben Gelegenheit, sich selbst ein Bild von der Qualität der Instandsetzungs- und Restaurierungsarbeiten in Radensleben zu machen.

Ich möchte auch Sie ermuntern, Radensleben einen Besuch abzustatten, um sich selbst von den dort geleisteten Arbeiten zu überzeugen, die Ihnen neue und interessante Einblicke in die Geschichte der preußischen Denkmalpflege sowie in die gegenwärtige Arbeit der Denkmalpflege in Brandenburg und insbesondere im Landkreis Ostprignitz-Ruppin bieten.

*Christian Gilde*
Landrat Ostprignitz-Ruppin

Marienkirche in Neuruppin, Tagungsort des Symposiums zu Ehren Ferdinand von Quasts, 22. Juni 2007

# Man muss die Vergangenheit bewahren und das Heute verstehen, um die Zukunft gestalten zu können.

## Eröffnung des Ferdinand-von-Quast-Symposiums am 22. und 23. Juni in Neuruppin und Radensleben

Wir erleben heute eine Renaissance der Persönlichkeit des Ferdinand von Quast. Denn welche Person der Geschichte kann schon von sich behaupten, das Handwerk ganzer Generationen so nachdrücklich beeinflusst zu haben, ohne dass dessen Stifte und Gesellen wirklich wussten, wer ihr Lehrmeister eigentlich ist? Dieser Umstand lässt nur einen Schluss zu: Das denkmalpflegerische Handwerk des Ferdinand von Quast ist von solcher Qualität und Plausibilität und deshalb mit größter Selbstverständlichkeit für anderthalb Jahrhunderte angewendet worden, dass niemand ernsthaft nach dem Urheber fragen musste.

Auch der intensiven Arbeit des Brandenburgischen Landeskonservators Detlef Karg ist es zu verdanken, dass wir diese, neben Karl Friedrich Schinkel und Theodor Fontane, weitere große Persönlichkeit Neuruppins mit diesem Symposium zu seinem 200. Geburtstag ehren und ihn dadurch auch für uns wiederentdecken. Dazu haben wir in die Pfarrkirche St. Marien – dem Wahrzeichen des Wiederaufbaus von Neuruppin nach dem großen Stadtbrand von 1787 – eingeladen.

Als Bürgermeister der Fontanestadt Neuruppin freut es mich ganz außerordentlich, dass die Familie dieses dritten großen Sohnes so eng mit dem Ortsteil Radensleben verbunden ist. Ich glaube, ganz besonders die Einwohner von Radensleben haben dem Namen von Quast in den letzten Jahren mit ihrer Akribie und ihrem Elan bei der Restaurierung des Campo Santo alle Ehre gemacht.

Wenn Sie das Areal um die Kirche von Radensleben mit der Grablege der Familie von Quast selbst in Augenschein

nehmen, werden Sie die Detailtreue und kleinteilige Mühe erkennen, mit der dieses Projekt verfolgt wurde. Dabei möchte ich hier ganz besonders das bürgerschaftliche Engagement hervorheben, das die Wiederherstellung dieser Anlage maßgeblich unterstützte.

Wir erleben eine Renaissance der Person und auch der Ideen Ferdinand von Quasts. So hat er zum Beispiel die Bildung eines Denkmalfonds angeregt. Nun kann man die Frage aufwerfen, was das Besondere an seiner Idee ist? Lassen Sie mich das an einem Beispiel aus der Neuruppiner Gegenwart erläutern: Wir prüfen den Aufbau einer Stiftung für soziale und kulturelle Zwecke. Damit diese Stiftung sinnvoll arbeiten kann, müssen wir uns auch schmerzhaften Prozessen stellen. Denn wir wollen uns lösen von einer stetig wiederkehrenden und zähen Diskussion, die immer zuerst die einzelne Maßnahme prüft und erst im Anschluss die Frage beantwortet, ob wir prinzipiell bereit sind, dafür Geld auszugeben.

Vielmehr wollen wir die unbequemste Frage als erstes stellen: Wie viel Geld ist uns Kultur und der soziale Zusammenhalt denn summa summarum überhaupt wert – wie weit wollen wir das Portemonnaie in Wirklichkeit aufmachen? Mit seinen Denkmalpflege-Fonds hat Ferdinand von Quast vor 200 Jahren diese Frage angestoßen, sie stellt sich auch heute noch!

*Jens-Peter Golde*
Bürgermeister der Fontanestadt Neuruppin

Ferdinand von Quast und die Entwicklung der Denkmalpflege

1    Wolfshagen (Landkreis Uckermark), Königssäule nach der Restaurierung mit Schmiede und Zollhaus, 2001

# »…da ist dies gewiß der richtige Weg.«

## Eine Einführung: Ferdinand von Quast und die Denkmalpflege in Brandenburg

Detlef Karg

Mit Eifer und einer gewissen Unbefangenheit, so scheint es, werden Ereignisse in der Geschichte gesucht, um sich ihrer für gegenwärtig mitunter auch für künftig zu vertretende Interessen und Wertvorstellungen zu bemächtigen. Auch unterliegt die uns immer stärker bestimmende Eventkultur mit erstaunlichen Veranstaltungen und Ansinnen dieser grundsätzlich ja nur zu begrüßenden Rezeption. Dazu zählt zweifelsohne auch die im vergangenen Jahr nachgestellte blutige Schlacht von 1806 bei Jena und Auerstedt, die die Niederlage Preußens besiegelte.

Was wir bei dieser kriegerischen Ereignispflege, zeitgemäßer wohl Event, vermissen, sind zuvörderst Veranstaltungen, die den epochalen Umbruch in der Entwicklung Brandenburg-Preußens am Beginn des 19. Jahrhunderts zum Gegenstand haben. Es war ein Umbruch, der sich schon in den letzten Jahrzehnten des 18. Jahrhunderts angekündigt hatte und der zu den die nachfolgende Entwicklung so prägenden Stein-Hardenbergschen Reformen führte. Wir müssen aber feststellen, dass dem Wirken des damaligen Finanz- und Wirtschaftsministers Friedrich Karl Reichsfreiherr vom und zum Stein (1757–1831) und dem späteren Staatskanzler Karl August von Hardenberg (1750–1822) kaum Beachtung geschenkt wird. Uns sollte schon bewusst werden, dass Stein bereits 1804 versuchte, den preußischen Staat auf die gesellschaftlichen Veränderungen in Europa nach der französischen Revolution und damit auf die Auseinandersetzung mit Napoleon vorzubereiten. Diese suchte er nicht auf dem Schlachtfeld, sondern durch Reformen zu gestalten, in deren Zentrum die städtische und ländliche Selbstverwaltung und die ständische Volksvertretung standen. Diese Auseinandersetzung war darauf gerichtet, Preußen in das neue Jahrhundert zu führen. Deutlicher als der Tod Ludwigs XVI. auf dem Schafott konnte das Signal der französischen Revolution zur Ablösung der bisherigen Ordo-Vorstellungen nicht sein. Auch der preußische Thron wankte. Es waren kluge und weitsichtige Staatsbeamte, Gelehrte, Künstler, auch oder insbesondere Vertreter der Bau- und Gartenkunst, die die unabwendbaren gesellschaftlichen Veränderungen als evolutionären Prozess gestalten wollten. Sie setzten auf Reformen.

Insofern sollten wir uns durchaus die Frage stellen, warum die substantiellen Zeugnisse dieser Entwicklung in der gegenwärtigen gesellschaftlichen und damit auch politischen Geschichtsrezeption im Peripheren angesiedelt sind. Wie könnte es sonst erklärt werden, dass die von uns Denkmalpflegern initiierten und mit vollem Engagement betreuten Maßnahmen an den – diese Entwicklung mit hohen Symbolwerten kennzeichnenden – Werken der Bau- und Gartenkunst in dem uckermärkischen Dorf Wolfshagen unbeachtet bleiben. Unbeachtet blieb bislang im Gegensatz zu den monarchischen Symbolen andernorts auch der 1834 errichtete, als Königssäule bezeichnete Obelisk. (Abb. 1) Auf ihm sind mit vergoldeten Lettern alle Stein-Hardenbergschen Reformen, also die preußischen Reformen aufgetragen. Unkenntnis kann es nicht sein, denn wir Denkmalpfleger haben schon rechtzeitig in den 1990er Jahren reagiert. Das Vorhandene ist durch die eigene Wahrnehmung vor Ort erfahrbar und auch durch entsprechende Publikationen weiterführend vorgestellt worden. Das Ganze ist also aufbereitet für die Betrachtung und den Dialog mit der Geschichte.[1]

Um diesen Weg weiter zu beschreiten, haben das Brandenburgische Landesamt für Denkmalpflege und Archäologische Landesmuseum und die Stadt Neuruppin zu einem Symposium zur Würdigung und Ehrung des ersten preußischen Konservators der Kunstdenkmäler Ferdinand von Quast (Frontispiz und Abb. 5) anlässlich seines 200. Geburtstages eingeladen. Mit seiner Bestallung am 1. Juli 1843 war ein weiterer Schritt für die aus den Reformbestrebungen erwachsene Institutionalisierung der Denkmalpflege vollzogen.[2] »Hauptamtlich«, also im Auftrage des Staates, damit letztlich für das Gemeinwesen wirkend, trat nunmehr eine mit hoher fachlicher Kompetenz ausgewiesene Persönlichkeit für die Erhaltung und Pflege der Denkmale ein.

Diese Würdigung und Ehrung zielt auf den Dialog mit der Geschichte, denn dafür steht Ferdinand von Quast. Sie zielt auf seinen Umgang mit den kulturhistorischen Zeugnissen, den Denkmalen, auf das, was wir als besonders bemerkenswert, wenn nicht sogar entscheidend für die nachfolgende Entwicklung ansehen. Darüber werden wir uns verständigen. So wollen wir ohne Anspruch auf Vollständigkeit auf das Gewollte und tatsächlich Geschehene am Beginn der staatlichen Denkmalpflege und seine Folgen blicken.

Das Symposium berührt auch unser Geschichts- und Denkmalverständnis, da es auch in der heutigen Zeit um klare und unmissverständliche Aussagen zum Umgang mit den vorhandenen und verlorenen Werken der Baukunst geht. Schwer zu akzeptieren sind die Verluste, wenn sie zudem noch als besonders schmerzlich empfunden werden. Doch verlorene Werke der Bau- und Gartenkunst sind gleich der Geschichte nicht reproduzierbar.

Die gegenwärtigen Nachahmungen bei der Suche nach kulturhistorischen Werten zur Standortbestimmung in unserer Zeit stehen dieser Erkenntnis aber entgegen. Deshalb sollten wenigstens wir, in der Verantwortung vor unserer

2   Christian Daniel Rauch: König Friedrich Wilhelm III. von Preußen, Bronze, 1827

eigenen Geschichte und unseren in der bisherigen gesellschaftlichen Entwicklung gewachsenen Wertvorstellungen,
die sich merkbar steigernden Produkte virtueller Welten und
Nachahmungen repräsentativer monarchischer und sakraler
Herrschaftsarchitektur nicht dem freien Spiel einzelner zeit-
lich begrenzter Interessen überlassen.

Darauf wollen wir erneut hinweisen, um der Gefahr zu
begegnen, dass sich unsere gegenwärtige Geschichtsrezeption
nicht mit dem Nachahmen des Verlorenen oder der Erhaltung
einzelner Erscheinungen begnügt.

Schon in der zweiten Hälfte des 18. Jahrhunderts begann sich ein Geschichtsverständnis mit der Erkenntnis zu
prägen, dass Geschichte als System zu begreifen war und
ist und dass die Gesamtheit der Erscheinungen die inneren
Zusammenhänge erkennen lässt.[3] Wilhelm Freiherr von
Humboldt (1767–1835), Philosoph, Sprachforscher, preußischer Staatsmann und nicht zuletzt Reformer des preußischen
Bildungswesens forderte deshalb, dass »... jede Begebenheit
als Teil eines Ganzen oder, was dasselbe ist, an jeder die Form
der Geschichte überhaupt ...« darzustellen ist.[4] (Abb. 3)

Nur so wird verständlich, dass den Zeugnissen der Geschichte innerhalb der Reformbewegung diese Bedeutung
zuerkannt werden konnte, dass für die beabsichtigte neue
Verfassung des Gemeinwesens die vorhandenen Traditionen

berücksichtigt werden sollten, Traditionen, die sich insbesondere in den überlieferten Kunstwerken als unersetzbare
aber auch unwiederholbare Dokumente widerspiegelten.
Darauf fußte die Denkschrift der Oberbaudeputation vom
17. August 1815 »Über die Erhaltung aller Denkmäler und
Alterthümer unseres Landes«, von Karl Friedrich Schinkel
(1781–1841) (Abb. 4) inspiriert und vorgetragen. Sie reagierte
mit einem deutlichen Appell gegen die zu registrierenden
Zerstörungen der »Denkmäler und Alterthümer«, gegen das
Desinteresse und gegen die Unkenntnis ihrer Bedeutung,
denn sie waren nicht nur Kunstwerke schlechthin, sondern
auch Quellen und Zeugnisse der historischen Entwicklung.
Die häufig zitierte Warnung in dieser Denkschrift steht auch
in unserer Zeit zur Betrachtung an: »[...] wenn jetzt nicht
ganz allgemein und durchgreifende Maßregeln angewendet
werden, diesen Gang der Dinge [also der Zerstörungen, des
Desinteresses und der Unkenntnis] zu hemmen, so werden
wir in kurzer Zeit unheimlich nackt und kahl, wie eine neue
Colonie in einem früher nicht bewohnten Land dastehen.«[5]
Das traf zutiefst auf die Vorstellungen der Reformer, auf ihre
Vorstellungen von einer Gesellschaft freier Staatsbürger, in
der Denkmale als historische Dokumente Identität schaffen
und zur national-patriotischen Bildung beitragen sollten.
(Abb. 2) Deshalb rangierte die Forderung, ein Verzeichnis,
eine Übersicht über den Bestand zu erstellen, an erster Stelle –
es ging um Wissen und um Bildung. Erst danach sollte der
Plan für ihre Erhaltung folgen, vor allem auch Hinweise
gegeben werden, wie das Erfasste zu erhalten ist.

Mit dieser inhaltlichen Bestimmung von Denkmalpflege
am Beginn ihrer Institutionalisierung – ich ziele damit auf
das Denkmal als substantielles, Identität stiftendes Dokument der Geschichte und damit auf seine Einmaligkeit und
Nichtwiederholbarkeit, also nicht nur auf den Beginn staatlicher Denkmalpflege – versuche ich, Sie auf die folgenden
Beiträge einzustimmen.

Rita Mohr de Pérez stellt zu Beginn vor, in welchen gesellschaftlichen Bindungen die staatliche Denkmalpflege sich
formte, welche Bedingungen zur Bestallung Ferdinand von
Quasts führten. (Abb. 5)

Natürlich wäre es längst an der Zeit, das Lebenswerk des
ersten preußischen Konservators tiefgreifend durch eine angemessene Forschung für die Lehre, aber vor allem für die breite
Öffentlichkeit aufbereitet zu wissen. Doch wir wissen, dass
das noch ein langer Weg ist, mit den Worten, die Fontane den
alten Briest sprechen ließ, »noch ein weites Feld« ist. (Abb. 6)

Das von Julius Kohte über Ferdinand von Quast Veröffentlichte ruht auf umfassenden Recherchen.[6] Sein Tod und der
Verlust des umfangreichen Materials haben in gewisser Weise
eine Zäsur gesetzt. So blieb die Forschung zur Entwicklung
der Denkmalpflege am Beginn des 19. Jahrhunderts bei dem
prägenden preußischen Architekten Karl Friedrich Schinkel
vorerst stecken, dessen eigentliche Rolle durch die Arbeit zur
Institutionalisierung der Denkmalpflege von Mohr de Pérez
deutlicher wird.[7]

Noch bleiben Fragen: Wenn Schinkel tatsächlich zu den führenden Köpfen für die Entwicklung der Denkmalpflege in dieser Zeit gehören sollte, dann verwundert es, warum von ihm ab Ende der 1820er Jahre bislang keine weiteren prägenden Impulse bekannt geworden sind. Oder war er der Baumeister, der sich der Wurzeln der Baukultur versicherte, um mit ihrer Hilfe auch eine neue Baukultur für das sich in der Monarchie entwickelnde, spürbar um Anerkennung und Einfluss ringende Bürgertum zu prägen?

Das könnte den Architekten ausmachen, der sein Verhältnis zur Geschichte nicht durch die schlichte Übernahme vergangener Formenapparate oder durch den Nachbau verloren gegangener Bauformen bestimmte. Doch gerade die Übernahme und den Nachbau müssen wir in der gegenwärtigen Baukultur in vielfacher Weise registrieren. Das aber waren nicht die geschichtlichen Horizonte, die die Aufklärung freigelegt hatte und die die Reformer der ersten Jahrzehnte des 19. Jahrhunderts prägten, um das Bewusstsein zur Erhaltung der Denkmale zu schärfen.

Die Darstellungen zur Person Ferdinand von Quasts und zu seinem beruflichen Wirken sind keineswegs als opulent zu bezeichnen. Sie wären es wohl, wenn die Forschungen Kohtes einen Abschluss gefunden hätten, wenn die umfangreiche Materialsammlung über das unermessliche Arbeitspensum Ferdinand von Quasts in seinem Arbeitszimmer in Radensleben, dem Sitz der alten märkischen Adelsfamilie von Quast, erhalten geblieben wäre. Sie wären es wohl, doch noch immer wartet das an der Technischen Universität Berlin gut bewahrte umfangreiche Konvolut der Tagebücher auf eine umfassende wissenschaftliche Bearbeitung. Sie wären es wohl, wenn der von Eva Börsch-Supan veranlasste Nachdruck des Kohte Beitrags über von Quast 1977 auch als Hinweis verstanden worden wäre, dass dieser erste preußische Konservator mehr als nur ein verwaltender Konservator war.[8] Gleiches darf für die Texte zur Denkmalpflege von Norbert Huse gelten.[9]

Das war in gewisser Weise der Stand bis Felicitas Buch ihre profunden Forschungsergebnisse 1990 veröffentlichte und die Bestallung Ferdinand von Quasts als ein Ergebnis der Stein-Hardenbergschen Reformbestrebungen vorstellte.[10] Sie hat die immer wieder strapazierten Beispiele seines Wirkens nicht nur vorgestellt, sondern auch gewürdigt und ebenso einen Einblick in seine Arbeitsweise gegeben. Das schon von ihr Vorgetragene, insbesondere die Erwähnung der von Ferdinand von Quast formulierten Positionspapiere von 1836/37, 1844/45 und 1853, lässt den Bogen künftig von den Anfängen der staatlichen Denkmalpflege in Preußen weiter in die gesellschaftlichen Zusammenhänge – ich erinnere an die Märzrevolution, an die Nationalversammlung, an die Reichsgründung auch nach dem Tod Ferdinand von Quasts 1877 – spannen.[11]

Natürlich sind einige durchaus wichtige Erkenntnisse aus den Forschungen der jüngst zurückliegenden Jahre hinzugekommen. Sie beleben zwar das schon gezeichnete Bild, aber der Anspruch, sein Lebenswerk weiter zu erschließen und damit den Gang der Denkmalpflege entscheidend zu erhellen, dieser Anspruch bleibt bestehen.

3 Wilhelm Paul Otto: Denkmal Wilhelm von Humboldts vor der Humboldt-Universität zu Berlin, Marmor, 1883

Nicole Wesner stellt uns den Stand der Forschung zur Biographie Ferdinand von Quasts vor, ergänzt durch ihre neugewonnenen Erkenntnisse zu seinem Wirken und Leben.

In unseren Bemühungen um Ferdinand von Quast mussten wir erkennen, dass auch unter Denkmalpflegern die Kenntnisse über die Person, seine Haltung und sein Wirken nicht gerade Allgemeingut sind. Nach einem ersten tastenden Schritt 1993 im Rahmen einer Podiumsdiskussion in der Marienkirche in Neuruppin bei laufenden Sanierungsarbeiten, haben wir versucht, an die Bestallung des ersten preußischen Konservators vor 150 Jahren, also 1843, zu erinnern.[12]

Durchaus keine Atmosphäre für den roten Teppich, der aber ohnehin nicht der Laufsteg für den Denkmalpfleger ist. Doch anlässlich des 200. Geburtstages des ersten preußischen Konservators wollten wir Ihnen das Ergebnis nicht vorenthalten. Sie können es also in Augenschein nehmen, nicht nur das.[13] Nun obliegt es dem Urteil des Betrachters, ob es uns gelungen ist, das, was wir immer anstreben, zu erreichen: das Authentische zu erhalten, die Geschichtlichkeit zu bewahren, das Ganze also in seiner ästhetischen Wirkung und seinem vielfachen kulturhistorischen Gehalt zu nutzen, auch dann, wenn die Erhaltung nur durch Umnutzung möglich ist. Dabei sind die Funktionen der künftigen Nutzung

4   Christian Friedrich Tieck: Karl Friedrich Schinkel, Marmor,
1819

5   Edward Anders: Ferdinand von Quast, Gips poliert, 2004

klar zu bestimmen. Das gehört mit zu den unabdingbaren
Klärungen vor Ort.

Dem erwähnten tastenden Schritt folgte unser Beitrag
zu der umfassenden Ausstellung zur Denkmalpflege in
Deutschland im Dresdner Residenzschloss im Jahr 2005.[14]
Wir haben diese Präsentation mit unserer Landesausstel-
lung im Kloster Chorin »Zeitschichten – Denkmalpflege
in Brandenburg« nicht nur begleitet, sondern auch ergänzt.
Besondere Beachtung schenkten wir Ferdinand von Quast
und seinem Beitrag zur Entwicklung der Denkmalpflege.[15]
Doch wir sind davon überzeugt, dass es uns gelungen ist,
Ferdinand von Quast aus seinem Schattendasein zu befreien.
Immerhin dürfte nicht nur der Fachwelt deutlich geworden
sein, dass sein Wirken dem der führenden Persönlichkeiten des 19. und 20. Jahrhunderts, wie Eugène Emmanuel
Viollet-le-Duc (1814–79), John Ruskin (1819–1900),
Georg Dehio (1850–1932) und Alois Riegl (1858–1905)
ebenbürtig ist.

Das war es, was uns bestärkte, seinen 200. Geburtstag
mit einem Symposium zu begehen, sich einigen wichtigen,
auch von ihm geprägten Aufgabenfeldern im Umgang mit
den Denkmalen zu widmen. Voran steht dabei die schon in
den Positionspapieren der Oberbaudeputation und nochmals im Jahre 1821 durch den Erlass des Staatskanzlers von

Hardenberg erhobene Forderung der Erfassung, also der
Inventarisation des Denkmalbestandes.[16]

Der Bericht des Kultusministers Johann Albert Friedrich
Eichhorn an König Friedrich Wilhelm IV. vom 5. Januar
1842 über die eingeleiteten Maßnahmen der französischen
Regierung, um die Bewahrung der Denkmale als öffentliche Aufgabe in das allgemeine Bewusstsein treten zu lassen,
verwies auf die 1830 errichtete Generalinspektion, an deren
Spitze ein eigens dafür berufener Generalinspekteur stand,
auf die Ermittlung restaurierungsbedürftiger Denkmäler
und auf einen für die Erhaltung der Denkmale einzurich-
tenden Fonds.[17] Mit Blick auf die heutige Situation, die
gekennzeichnet ist von Personalkürzungen, vom Fehlen eines
auf die Substanzerhaltung der Denkmale gerichteten Fonds
und von den unverständlichen Bestrebungen des Abbaus
von international und national anerkannten Normen und
Standards in der Denkmalpflege, haben die Forderungen
Eichhorns eine bemerkenswerte Aktualität.

Das in Frankreich in den 1830er Jahren verfolgte war wohl
der entscheidende Anstoß für den Kultusminister Eichhorn,
denn er war sogleich auf der Suche nach einer »geeigneten
Persönlichkeit« für die Erfüllung der anstehenden Aufgaben.
Nicht auf den schon im Gespräch stehenden Architekten
Wilhelm Zanth fiel die Wahl, sondern der von August Stüler

am 6. September 1842 vorgeschlagene Ferdinand von Quast wurde berufen.[18] Und schon 1844/45 hatte dieser einen aktuellen Fragebogen zur Erfassung des Denkmalbestandes vorgelegt.[19] Er gilt als erste wissenschaftlich fundierte Denkmalerfassung. Der Beitrag von Ralph Paschke widmet sich diesem grundlegenden Aufgabengebiet, das auch in unserer Tätigkeit an Bedeutung nichts eingebüßt hat.

Christofer Herrmann gewährt mit seinem Beitrag »Denkmale der Baukunst in Preußen, Ermland« einen Einblick in die Arbeitsweise Ferdinand von Quasts und stellt den erhalten gebliebenen Inventarband über das Ermland vor. Das opulente Vorhaben, alle Provinzen Preußens in dieser Weise vorzustellen, konnte von Quast aber nicht verwirklichen. Jedoch legte er damit in gewisser Weise den Grundstein für die sach- und fachgerechten Veröffentlichungen der Denkmalbestände, über Rudolph Bergau, Georg Dehio bis zu unseren Denkmaltopographien – von denen das Brandenburgische Landesamt für Denkmalpflege und Archäologische Landesmuseum bis heute immerhin schon zehn Bände für das Land Brandenburg herausgegeben hat. Und es war auch von Quast, der entscheidende Anregungen zum Aufbau der Königlichen Messbildanstalt, dem heute von uns sorgsam gepflegten Meydenbauer-Archiv, gab. Wir dürfen ihm unterstellen, dass er weit vorausschauend die Bedeutung der fotografischen Dokumentation für die Denkmalpflege erkannt hatte.[20]

Andreas Meinecke wird die Entwicklung nach Ferdinand von Quast beleuchten und unseren Blick auf die Personen und ihr Wirken zur Vertretung des denkmalpflegerischen Anliegens nach der Reichsgründung von 1871 lenken. Gerade diesem Entwicklungsgang in der Denkmalpflege stehen wir noch novizenhaft gegenüber. Und die Neugier richtet sich deshalb auch besonders auf den Beitrag des Direktors des Landeshauptarchivs. Klaus Neitmann zeigt, dass die Verwaltung von Geschichte Teil der Kulturpolitik in den brandenburgischen Provinzialverbänden war.

Die heftig, man darf sie durchaus als unerbittlich bezeichnen, geführten Disputationen zum Umgang mit den Denkmalen am Ende des 19. Jahrhunderts gipfelten in der vielfach zitierten Kaiserrede Georg Dehios im Jahr 1905.[21] Deutlich und klar hat er den Zeugniswert des Denkmals vorgetragen und auf die Gefahren beim Nachahmen von Geschichte verwiesen. Vielleicht war diese Rede mehr als nur eine Auseinandersetzung über die Fragen des Rekonstruierens und Konservierens. War es nicht vielleicht auch oder gerade eine Rede an den Kaiser, an den Staat mit der Mahnung, Geschichte nicht zu manipulieren, die Denkmalpflege, die Denkmale nicht für übertriebene nationale, sogar nationalistische Interessen zu missbrauchen. Die nachfolgende Entwicklung ist immer wieder durch Bestrebungen gekennzeichnet, die Denkmalpflege zu instrumentalisieren, so dass diese Frage durchaus eine Berechtigung erlangt.

Ob die konservatorische Praxis von Ferdinand von Quast bis Alois Riegl zu derartigen Überlegungen Anlass gibt, dazu erwarten wir die Ausführungen des langjährigen westfäli-

6 Max Wiese: Theodor-Fontane-Denkmal in Neuruppin, Bronze, 1906

schen Landeskonservators Eberhard Grunsky. Insbesondere steht daher das von Ferdinand von Quast 1853 verfasste Positionspapier »Die Restauration von Kunstdenkmälern« zur Betrachtung an. Darin formulierte er u.a.: »In früheren Zeiten hat man dieselben Monumente in barbarischer Weise zerstört, das Erhaltene aber im Ganzen unverändert gelassen, oder die Zusätze doch im Geiste der jedes Mal herrschenden Bauweise hinzugefügt, so dass man nicht daran dachte, absichtliche Täuschungen zu bereiten. Heutzutage bemüht man sich dagegen, die Darstellungen mit dem Style des Bauwerkes zu machen. Wenn man sich darauf beschränkt, nur die Verderbungen der Zeit und der Menschen, wo sie wesentlich nachteilig eingewirkt haben, einfach zu beseitigen, und das Fehlende zu ergänzen, *da ist dies gewiß der richtige Weg*.«[22]

Was noch fehlt und was wir aber als unabdingbar erachten, ist der Blick über die Grenzen Brandenburgs hinaus, den uns Georg Mörsch gewähren wird. Langjährig und unbeirrt von den Erscheinungen der Zeit, hat er sich immer wieder zu Wort gemeldet. Er gehört zu den wenigen Ordinarien, die sich nicht scheuten und scheuen, ihre Stimme in der oft durchaus nicht angenehmen gesellschaftlichen Praxis zu erheben und uns, die wir im Auftrage der Öffentlichkeit den Umgang mit den Denkmalen in Theorie und Praxis zu führen und zu vertreten haben, mahnend zur Seite zu stehen.

Der Umgang mit unserer Geschichte, unser Dialog mit der Geschichte wird zunehmend Teil des Dialogs der Kulturen werden. Die Denkmalpflege wird dabei eine heute vielleicht noch in den kulturpolitischen Konzepten unzureichend berücksichtigte aber dann gewichtige Rolle spielen. Unsere 1993 durchgeführte Tagung zum Thema »Wirtschaft und Denkmalpflege« – sie war wohl die erste zu diesem Problemkreis in Deutschland – hat durch die vor allem vom Deutschen Nationalkomitee für Denkmalschutz getragenen bundesweiten Veranstaltungen insbesondere die ökonomische Dimension der Denkmalpflege erkennen lassen.[23] Das wird aber in Zukunft nicht reichen. Auch das haben wir mit unserem Symposium verbunden, den Verweis auf die kulturelle Dimension der Denkmalpflege im weitesten Sinne.

In unsere Würdigung einbezogen haben wir auch das Anwesen der alten märkischen Familie von Quast in Radensleben. Für Ferdinand von Quast war es nicht nur der angestammte Wohnsitz, seine ökonomische Basis. Er erwählte ihn auch als Arbeitsstätte für seine amtliche Tätigkeit als Konservator. So stehen wir Denkmalpfleger gleichwohl auch die Bürger Neuruppins und Radenslebens in der besonderen Verpflichtung, uns auch der von ihm vollzogenen, die Dorflage markant prägenden, baulichen und gärtnerischen Überformungen und Ergänzungen anzunehmen.

Mit der Sanierung und Restaurierung des von ihm gestalteten Campo Santo als Grablege der Familie, auch seiner eigenen, und dem Umfeld mit der Kirche ist es gelungen, rechtzeitig den Jubiläumsgeburtstag mit einem würdigen Höhepunkt zu krönen. Die Arbeiten am sogenannten »Altenteil« sind aber noch in vollem Gang. Hoffnungsvoll erwarten wir den Abschluss. Ein langgehegtes Vorhaben hat sich verwirklicht, verwirklicht durch eine konzertierte Aktion, getragen von dem Willen, es zu schaffen, bar aller bürokratischer Hürden.

Ich bin davon überzeugt, dass Sie bei einem Besuch in Radensleben von dem Ergebnis positiv überrascht sein werden. Vor allem werden Sie erfahren, wie die »Radenslebener« Besitz von ihrem Denkmalensemble genommen haben und nehmen. Das ist es, worauf wir zielen, worauf es ankommt – auf das Identität stiftende Denkmal als prägenden Bestandteil in unserer Kulturlandschaft.

Auf die weiteren Aktivitäten, die zu diesem Ergebnis geführt haben, gehen die Beiträge von Arne Krohn, Renate Breetzmann, Harald Hoppe und Anja Brückner ausführlich ein, insbesondere aber die des Ortsbürgermeisters Erhard Schwierz und der »Radenslebener«. Nicht versagen möchte ich mir an dieser Stelle, auf das uneingeschränkte, das Anliegen so befördernde Engagement der Stadtverwaltung Neuruppin, des Ministeriums für Ländliche Entwicklung, Umwelt und Verbraucherschutz und des Landkreises Ostprignitz-Ruppin hinzuweisen. Zum Abschluss meiner Einführung möchte ich einen lang gehegten Gedanken äußern. Nicht noch eine Gesellschaft, eine Vereinigung – doch: eine Quast-Gesellschaft oder -vereinigung verbunden mit dem Namen Neuruppins und Radenslebens. Sie ist im Ergebnis unseres Symposiums ein zu verfolgendes Vorhaben.

Ich bin mir sicher, dass Neuruppin nunmehr auf eine weitere herausragende Persönlichkeit verweisen wird, neben Karl Friedrich Schinkel und Theodor Fontane nun auch auf Ferdinand von Quast – welch bemerkenswertes Triumvirat, das weit über die Grenzen Radenslebens, Neuruppins und Brandenburgs strahlt.

## Anmerkungen

1 WOLFSHAGEN 1997.
2 GStA PK Rep. 89, Nr. 20768, Bl. 30. – KOHTE 1977, S. 114–136. – BUCH 1990, S. 24–27. – WUSSOW 1885, Bd. 2, S. 31.
3 BUCH 1990, S. 11–15.
4 KOSELLECK 1984, S. 53f., zit. bei BUCH 1990, S. 13.
5 GStA PK I HA Rep. 93 D, Technische Oberbaudeputation, Nr. 46, Bl. 11–16. – HUSE 1984, S. 70–73.
6 KOHTE 1977. – KOHTE 1907, S. 57–60.
7 MOHR DE PÉREZ 1990.
8 KOHTE 1977.
9 HUSE 1984, S. 69–70, 78–83.
10 BUCH 1990, S. 24–29.
11 1836/37 – Ferdinand von Quast, in der überarbeiteten Fassung »Pro Memoria. Über die beste Art und Weise zur Erhaltung der in den königlichen Landen noch vorhandenen Alterthümer…«, 1842/43, GStA PK Rep. 93 B Nr 2331, Bl. 129.
    1844/45 – Ferdinand von Quast: Fragebogen zur Inventarisation der Kunstdenkmäler 1844/45, 1. Fassung, GStA PK Rep. 76 Ve Sect 1, Abt. VI, Nr. 2 a, Bl. 243f., siehe Anhang, S. 127ff.
    1853 – Ferdinand von Quast, »Die Restauration von Kunstdenk-

mälern«, 1853, GStA PK Rep. 93 B, Nr. 2331, Bl. 129f., abgedruckt in: BUCH 1990, S. 239–240.
12 KARG 1993, S. 5–8.
13 FENRICH SEIDEL/BRANDT 2006.
14 KARG 2005, S. 242–247.
15 ZEITSCHICHTEN – DENKMALPFLEGE IN BRANDENBURG 2005.
16 SCHREINER 1968, S. 10–11. – MOHR DE PÉREZ 2001, S. 92.
17 BUCH 1990, S. 24f. – LÜDICKE 1918, S. 4f.
18 JAHN 1936, H. 1.
19 Ferdinand von Quast: Fragebogen zur Inventarisation der Kunstdenkmäler 1844/45, 1. Fassung, siehe Anhang, S. 127ff.
20 MEYDENBAUER 1905. – WEISS, 2006, S. 164–167. – GRIMM 1977, S. 14–55.
21 DEHIO 1905. – DEHIO 1914.
22 Ferdinand von Quast, in der überarbeiteten Fassung »Pro Memoria. Über die beste Art und Weise zur Erhaltung der in den königlichen Landen noch vorhandenen Alterthümer…«, 1842/43, GStA PK Rep. 93 B Nr 2331, Bl. 129.
23 WIRTSCHAFT UND DENKMALPFLEGE 1993. – DENKMALPFLEGE UND BESCHÄFTIGUNG 2000.

# Ferdinand von Quast – Leben und Werke

Nicole Wesner

Das Leben des Alexander Ferdinand Wilhelm Robert von Quast lässt sich sowohl aus dem für das Feldmesserexamen 1827 persönlich geschriebenen Lebenslauf ermitteln als auch aus den durch Bergau niedergeschriebenen mündlichen Mitteilungen rekonstruieren.[1] Geboren wurde er am 23. Juni 1807 auf dem in der Grafschaft Ruppin gelegenen Familiengut in Radensleben, wo er auch am 11. März 1877 im Kreise seiner Familie verstarb. Sein Vater Wilhelm von Quast, Kreisdeputierter und Gutsbesitzer, und seine Mutter Charlotte, geborene von Rohr, erzogen ihren Sohn bis zum achten Lebensjahr selbst. Ab 1815 schickten ihn die Eltern nach Berlin in die Erziehungsanstalt des Professor Plamann.[2] Dort erzog der Pädagoge seine Schüler nach dem Vorbild Pestalozzis.[3] In seiner Anstalt wusste er »einen vortrefflichen Geist frischer Fröhlichkeit, ernsten Lehr- und Lerneifers und ungeheuchelter Gottesfurcht und Vaterlandsliebe zu wecken und zu erhalten.«[4] Nach dreijährigem Unterricht kehrte Ferdinand von Quast zu seinen Eltern nach Radensleben zurück, wo er von einem Hauslehrer unterrichtet wurde. Bereits in frühen Jahren fühlte er sich zur Kunst hingezogen: »Vorzüglich ward jetzt in mir die Liebe der Kunst rege, wenngleich sie mich schon vorher erfreute, trat sie jetzt mehr ins Leben hervor.«[5] Mit vierzehn Jahren, auf dem Neuruppiner Gymnasium, begann er sein Studium der Wissenschaften. Professor Starke, Theologe und Philologe an dieser Lehranstalt, prägte durch seine Lehre der griechischen Klassiker den jungen von Quast. Er wies den Schüler auf die Schönheiten der griechischen Plastik hin und gab ihm Winckelmanns Schriften zu lesen.[6] 1825 ging Ferdinand von Quast nach Berlin, wo er auf Wunsch der Mutter Theologie an der Universität studieren sollte. Doch schnell merkte er, dass sein Herz für die Kunst schlägt: »Jedoch, nachdem ich seit Ostern 1825 allhier bin, zog mich die Kunst immer mehr und mehr an, teils durch das Studium der Philologie, der ich mich fast allein widmete, teils ergriffen durch den großen Eindruck, welchen ich empfing, stets umgeben von den herrlichsten Werken und Denkmälern der Baukunst, beschloß ich, diese ganz zu ergreifen. Mit dem Beginn des Jahres ward der Entschluß in mir reif, und bereite mich deshalb jetzt auf das kommende Examen vor.«[7] Mit den »herrlichsten Bauten und Denkmälern der Baukunst«, so Franz Jahn, können nur die damals entstandenen Bauten des Architekten Karl Friedrich Schinkel (1781–1841) gemeint sein.[8] Von Quast nahm u.a. an den Vorlesungen von Ernst Heinrich Tölken (1786–1869) und Philipp August Böckh (1785–1867) teil, besuchte die Kunstakademie, fertigte Zeichnungen von Antiken an und kopierte im Schloss italienische Gemälde. Nebenbei las er Goethe, Shakespeare und die griechischen Dichter. Um später aber in das Departement des Kultus treten zu können, belegte er zusätzlich Kameralia.

Nachdem von Quast nun die antike Architektur ohne Lehrer anhand der Bücher von u.a. James Stuart (1713–88) studiert hatte, traf er 1827 den Entschluss, sich ganz der Architektur zu verschreiben. Laut Rudolf Bergau verkehrte er bereits seit längerer Zeit mit Schinkel. So lernte er auch Johann Heinrich Strack (1805–80), Friedrich August Stüler (1800–65) und Franz Theodor Kugler (1808–58) kennen und blieb mit ihnen befreundet. Am 14. Juni 1828 bestand der spätere Konservator sein Feldmesserexamen[9] mit »zulänglich«. Ein Jahr später, vom 1. Mai 1829 bis zum 22. Juni 1830, machte er die praktische Ausführung unter Schinkels Leitung am Bau des Packhofs in Berlin.[10] In diese Zeit fällt seine erste Italienreise, die drei Monate dauerte und deren Eindrücke er in Skizzenbüchern festhielt, die sich nur teilweise bis zum heutigen Tage erhalten haben.[11] Die häufigen Reisen gestattete ihm der Wohlstand seiner Familie. Als 1830 sein Vater starb, übernahm Ferdinand von Quast das Gut in Radensleben, an dem er in den folgenden 47 Jahren viele Bauarbeiten ausführen ließ. Er wurde als Abgeordneter in den ständischen Kreistag und den Provinzial-Landtag berufen. An den Tagungen des letzteren nahm er regelmäßig teil. Da die königliche Familie den Veranstaltungen des Landtages beiwohnte, hatte von Quast so die Möglichkeit, den Kronprinzen und späteren König Friedrich Wilhelm IV. kennenzulernen.[12]

Am 29. Oktober 1830 bekam er von Carl Ferdinand Busse (1802–68), einem Mitarbeiter Schinkels, den Auftrag, Probearbeiten für das Bauinspektorexamen zu entwerfen. Gemäß den Anforderungen der großen Staatsprüfung, bekam er seine Aufgaben zugewiesen. Er sollte aus dem Bereich Pracht- und Landbau ein Herrenhaus für zwei Familien mit den dazugehörigen Wohn-, Wirtschafts- und Forstgebäuden entwerfen. Für diese Aufgabe nahm er sich, wie damals üblich, mehrere Jahre bis 1836 Zeit.[13]

Seit 1832 hielt sich von Quast wieder öfter in Berlin auf, entwarf u.a. mit Strack und Wilhelm Salzenberg (1803–87) einige Bauten und wurde Mitglied im 1825 gegründeten Architektenverein.[14] Jahn ist der Meinung, dass es sich bei den Skizzen, die alle nur erdenklichen Bauten, wie Schaufenster, einen Taubenschlag, ein Jagdschloss oder auch ein Erbbegräbnis umfassen, um Vorbereitungen zum Examen handeln könnte.[15] Noch vor dem Examen reiste von Quast von August bis November 1834 in die Niederlande, nach Frankreich, Belgien und ins Rheinland. Vor Ort studierte er vor allem Bauwerke des Mittelalters. Zwei Jahre später im Oktober bestand er nun die Baumeisterprüfung. Er bekam von Schinkel seine Klausurarbeit. Das mit »gehörig qualifiziert« beurteilte Zeugnis wurde von dem Architekten und dem Geheimen Oberbaurat Severin (1782–1862) unterzeichnet.[16]

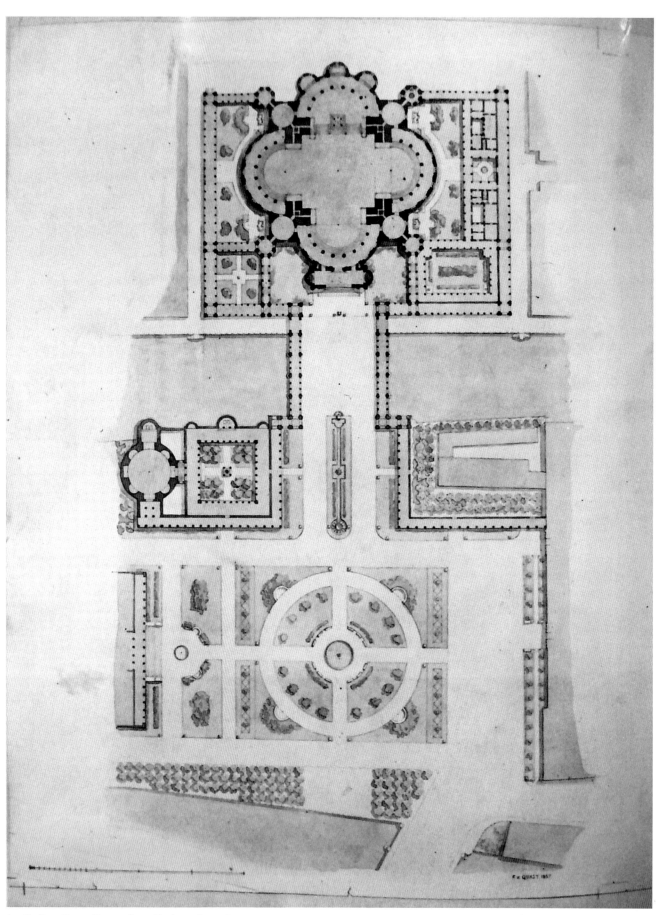

1    Berliner Dom, Entwurf von Ferdinand von Quast, 1857

In den Jahren 1838 und 1839 bereiste er Italien. Zunächst hielt er sich in Ravenna auf, wo er die Baudenkmäler zeichnete. Anschließend führte ihn sein Weg nach Florenz. Dort fertigte von Quast Zeichnungen vom Dom an und studierte die ältere toskanische Malerei und Plastik. Er erwarb dort auch einige Kunstwerke aus der Schule des Luca della Robbia.[17] Sein nächstes Ziel war Rom. In der »Ewigen Stadt« blieb er acht Wochen, in denen er die Ausgrabungen auf dem Forum, die alten Basiliken und Villen studierte. Dort lernte er den Kunstforscher Heinrich Wilhelm Schulz kennen, der zu den Kunstdenkmälern Unteritaliens arbeitete. Nachdem von Quast ganz Unteritalien bis nach Sizilien bereist hatte, fuhr er mit dem Schiff nach Genua und weiter nach Mailand, wo er die Kirche San Lorenzo wissenschaftlich untersuchte.[18] Nachdem von Quast aus Italien zurückgekehrt war, heiratete er Marie, die Tochter des General von Diest und lebte bis 1848 in Berlin. Jedes Jahr verbrachte er einige Monate in Radensleben. Durch die Revolution von 1848 war er aus finanziellen Gründen gezwungen, endgültig auf sein Gut zu ziehen. Auf seinem Familiensitz arbeitete von Quast seine Reisestudien wissenschaftlich aus, hielt Vorträge im Architektenverein und im Alten Museum in Berlin und veröffentlichte seine überarbeitete deutsche Ausgabe der Werke von Henry William Inwood über »Das Erechtheion zu Athen, nebst mehreren noch nicht bekannt gemachten Bruchstücken der Baukunst dieser Stadt und des übrigen Griechenlands« und von Seroux d'Agincourt »Sammlung von Denkmälern der Architektur, Skulptur und Malerei, vorzugsweise in Italien vom 4. bis zum 16. Jahrhundert«.[19] Die Publikation über die Baudenkmäler von Ravenna, welche König Friedrich Wilhelm IV. gewidmet war, erschien 1841 kurz nach dessen Regierungsantritt.[20] Am 18. Juni 1842 durfte von Quast persönlich dem König das fertiggestellte Exemplar in der Bildergalerie in Sanssouci feierlich überreichen.[21]

Nachdem Kugler 1841 von seiner Dienstreise durch die Rheinprovinz zum Studium der Kunstdenkmäler heimgekehrt war, schlug er – nach französischem Vorbild – die Einrichtung des Amtes eines Konservators zur Erhaltung der Kunstdenkmäler vor.[22] Das Kultusministerium trat in Verhandlungen mit von Quast, der infolgedessen eine sich dem Thema widmende Denkschrift »Promemoria« verfasste. Von Quast hatte sich bereits seit 1836 mit der Erhaltung der Kunstdenkmäler auseinandergesetzt. Am Kopf des Schriftstücks steht der Vermerk: »Geschrieben 1836 auf Veranlassung des damaligen Generalintendanten der königlichen Museen, Grafen Brühl. – Graf Brühl starb ehe er es gelesen und blieb liegen bis 1842.«[23] Leider ist nicht nachzuvollziehen, wie von Quast zu diesem Auftrag gekommen war. In der Denkschrift beklagte er sich jedoch über die Vorgehensweise vieler Architekten, die bei Restaurierungen oft einem modernen Stil folgten und dadurch die Geschichte des Gebäudes zerstörten. Zudem sei das Bewusstsein für die Erhaltung »vaterländischer Alterthümer« noch nicht geweckt und der Staat müsse etwas gegen diesen Zustand unternehmen.[24] Er forderte, dass die Oberaufsicht über die Baudenkmäler

nicht von einer Kommission, sondern von einem zu diesem Zwecke berufenen Beamten ausgeführt werden solle. Dieser müsse ein »ausgeprägtes Interesse« für die Sache und eine entsprechende Kenntnis nicht nur der preußischen Denkmäler vorweisen. Um die Kenntnis zu erlangen, müsste dieser stets auf Reisen sein und selbstständig Untersuchungen anstellen. Außerdem sollte sich der Beamte auf die Unterstützung von Freiwilligen in den Provinzen stützen können und sich für die Bildung von Provinzialmuseen einsetzen.[25]

Friedrich Wilhelm IV. ernannte schließlich Ferdinand von Quast am 1. Juli 1843 zum Konservator der Kunstdenkmäler mit dem Rang eines Baurates. Sein Jahresgehalt wurde auf 1000 Taler festgesetzt, ebenso wurden die Diäten, Fahrtkosten und andere Ausgaben jährlich besoldet.[26] Die Position des Konservators war dem Kultusministerium direkt untergeordnet, wo sämtliche Berichte, Anträge und Gutachten eingereicht werden mussten. Entsprechende Anweisungen bekamen er und die Provinzialbehörden direkt vom Ministerium.

Bis zum Erhalt seiner genauen Instruktion am 24. Januar 1844, die das Aufgabenfeld des Konservators enthielt, begab sich von Quast auf seine ersten beiden Reisen u.a. in die westlichen Provinzen, die jeweils drei Monate dauerten. Dabei sollte er sein Augenmerk auf alles richten, was er in seiner »Promemoria« zum Aufgabenfeld des Konservators zählte.[27]

Um eine ausführliche Kenntnis über die Denkmäler Preußens zu erlangen, erfolgten jährliche Dienstreisen von durchschnittlich 60 bis 70 Tagen. Auf diesen nahm von Quast sämtliche bedeutende Kunstdenkmäler in Augenschein, die für seine Arbeit eine feste Basis bildeten. Die Skizzen- und Reisetagebücher Ferdinand von Quasts befinden sich mit anderen Werken von ihm im Architekturmuseum der TU Berlin. Von Quast kannte also die Denkmäler des deutschsprachigen Raums ziemlich vollständig.

Die Hauptaufgabe des Konservators war die Anfertigung von Inventaren der preußischen Kunstdenkmäler im öffentlichen Besitz. Von Quast entschied sich für die preiswerte Versendung von Fragebögen, die er ausgearbeitet hatte und die von den einzelnen ehrenamtlichen Helfern in den Provinzen ausgefüllt werden sollten. Allerdings war die ursprüngliche Fassung der Bögen zu umfangreich, so dass die ungeschulten Freiwilligen vor Ort die Aufgabe nicht bewältigen konnten. Schließlich wurde der Versand aus Kostengründen eingestellt.

Nachdem sich von Quast bereits 1836 und wiederholt 1846 gegen die Gründung einer Kommission ausgesprochen hatte, revidierte er seine Bedenken dieser gegenüber, was aus einem Schreiben vom 10. April 1851[28] hervorgeht, indem er sich zum ersten Mal über die Aufgaben einer Kommission äußerte. Veranlasst wurde dieses Umdenken wohl durch die neue preußische Gemeindeordnung, die den Kommunen und den Kirchen eine größere Unabhängigkeit von der Aufsichtsbehörde zugestand. In dem Schreiben ging der Konservator auf die Aufgaben der Kommission zur Erforschung und Erhaltung der Kunstdenkmäler ein, die ihn bei der Inventarisation unterstützen sollte. Außerdem forderte er nach französischem Vorbild einen zu diesem Zweck bestimmten Fonds mit jährlich 20–30 000 Reichstalern, ein Enteignungsgesetz, Strafbestimmungen bei Verstößen gegen Verfügungen, mit der Restaurierung beauftragte Architekten und auswärtige Korrespondenten.[29] Mit großen Einschränkungen kam es am 12. Januar 1853 durch allerhöchste Order des Königs zur Gründung der »Kommission zur Erforschung und Erhaltung der Kunstdenkmäler«. Zu den Mitgliedern zählten als Vorsitzender der Minister der geistlichen Angelegenheiten Karl Otto Raumer (1805–59), der Rat des Ministeriums, der die Angelegenheiten der Denkmäler bearbeitete, Franz Theodor Kugler, der Konservator der Kunstdenkmäler Ferdinand von Quast, Geheime Oberbaurat Friedrich August Stüler (1800–65), der Generaldirektor der Königlichen Museen Ignaz von Olfers (1798–1872) und der Geheime Oberrevisionsrat Karl Schnaase (1798–1875).[30] Letztendlich tagte die Kommission aber nur zweimal. Lediglich die auswärtigen Korrespondenten wurden in der Folge von Raumer benannt.[31] Wahrscheinlich führte der Mangel an finanziellen Mitteln zur Auflösung der Kommission. So musste von Quast weiter auf die erforderliche Hilfe verzichten.

Zum Amt des Konservators zählte auch die Zusammenarbeit mit den Altertumsvereinen. Aufgrund seines Amtes und seiner großen Kenntnis der Architektur und Kunst wurde von Quast in den Vereinen sehr geachtet. Gern verkehrte er in den Berliner Vereinen, auch im Architektenverein, in dem er seit 1832 Mitglied war. Er nahm an den Versammlungen deutscher Architekten und Ingenieure und an den Archäologenkongressen teil. Ferner plante er die Gründung eines Vereins, der sich u.a. der Fürsorge der Denkmäler widmen sollte. Diese Aufgabe erwies sich jedoch als zu umfangreich, so dass es nicht zur Gründung des Vereins kam. 1855 gründete er den Historischen Verein für die Grafschaft Ruppin. Von Quast gab nicht auf und erhoffte sich Hilfe bei den Geschichtsvereinen. Durch deren Zusammenschluss erwartete er eine Stärkung der geschichtlichen Forschung und mehr Verständnis für die Wertschätzung der Denkmäler. So wurde 1852 der Dachverband der Altertumsvereine gegründet. An der Ausgabe des Korrespondenzblattes des Gesamtvereins wirkte von Quast bis zu seinem Tode mit.[32]

Bei der Ausführung seines Amtes hatte es Ferdinand von Quast nicht immer leicht. Er klagte über einen Mangel an Verständnis und Unterstützung für seine Arbeit. Das Hauptproblem waren allerdings die fehlenden Mittel. August Reichensperger (1808–95) formulierte die Lage von Quasts in seiner Rede vom 21. April 1854 wie folgt: »[…] es ist platterdings unmöglich, auch beim besten Willen und bei eiserner Ausdauer, die ich dem Konservator nachrühmen muss, irgend etwas nachhaltiges und Umfangreiches zu tun. […] es muß ihm zur Hand gegangen werden mit Geldmitteln sowohl, als mit Personal, welches ihn in seinen soweit verzweigten Bemühungen unterstützt. Die Gemeinden, Regierungen und fast alle Behörden […] legen ihm systematisch Hindernisse

in den Weg; die Behörden werden von einem förmlichen Schrecken befallen, wenn der Konservator in ihre Mauern einzieht.«[33]

Immer wieder war von Quast bemüht seine Stellung zu verbessern. So bat er um eine Beförderung innerhalb des Ministeriums, hatte persönliche Unterredungen mit dem König und bewarb sich 1858 nach Kuglers Tod auf dessen Stelle als Kunstreferent und zehn Jahre später auf von Olfers Stelle als Generaldirektor der königlichen Museen. Jedoch blieben alle seine Bemühungen ohne großen Erfolg. Mit dem Regierungswechsel im Jahre 1861 musste von Quast versuchen, seine Stellung als Konservator zu behalten. Er erhob erneut die bereits bekannten Forderungen, wie die Verbesserung seiner Lage, die Bewilligung von Hilfskräften und gegebenenfalls einen besseren Posten. Eine Hilfskraft wurde ihm Zeit seines Lebens nicht bewilligt, auch nicht, als aufgrund der Gebietserweiterungen von 1864 und 1866/67, mehr Arbeit auf ihn zukam.[34] Umso erstaunlicher ist es, dass Ferdinand von Quast nicht aufgab. Seine Hauptaufgabe – die Inventarisation – konnte er zwar nicht beenden, dennoch hat er viel für den Denkmalschutz in Preußen getan.

Um das Interesse an der Denkmalpflege zu vermehren, gründete von Quast mit dem Pfarrer Heinrich Otte (1808–90) die »Zeitschrift für christliche Archäologie und Kunst« und veröffentlichte in dieser seine Artikel und Berichte von seinen Reisen. Wegen der hohen Herstellungskosten erschien die Zeitschrift jedoch nur von 1856–60. Zur Geschichte der deutschen Baukunst veröffentlichte von Quast mehrere Einzelstudien, so zu den Bauwerken des Mittelalters in Köln und Regensburg, zu den Domen in Speyer, Worms und Mainz oder auch die Baukunst des Landes Preußen, insbesondere des Ermlandes. Eine große zusammenfassende Arbeit zur mittelalterlichen Baukunst in Deutschland gab es von ihm allerdings nicht. Er veröffentlichte lediglich das Werk über die Baudenkmäler der Kunst des Mittelalters in Unteritalien seines Freundes Heinrich Wilhelm Schulz nach dessen Tode.[35]

Von Quasts Entwürfe sind leider nicht immer ausgeführt worden. Seit den 1830er Jahren beschäftigte er sich immer wieder mit einem Entwurf zum Neubau des Berliner Doms. (Abb. 1) Laut Rudolf Bergau legte von Quast dem König im Jahre 1850 sogar einen überarbeiteten Entwurf vor, jedoch ohne Ergebnis. Erneut versuchte es der Konservator bei dem Wettbewerb 1867/68 mit einer Variante aus dem Jahre 1857, in der er den Dom von der westlichen Seite der Spree auf die östliche verlegt hatte. (Abb. 1) Der ganze Wettbewerb verlief ohne Ergebnis.[36] Ein positives Beispiel bildete jedoch die Bronzetür der Schlosskirche zu Wittenberg. Diese entwarf er 1844 und sie wurde an der Stelle der alten, auf der Martin Luther seine Thesen angeschlagen hatte, angebracht. Restaurierungen nach seinen Plänen wurden u.a. an der Liebfrauenkirche in Halberstadt, der Kirche auf dem Petersberg bei Halle, dem Dom in Frankfurt am Main und der Stiftskirche in Quedlinburg ausgeführt. Er übernahm die konservatorische Betreuung der Restaurierung der Saalburg

2  Berlin, Klosterkirche nach der Wiederherstellung im 19. Jahrhundert mit den beiden seitlichen Türmen, Westfassade von Südwesten, 1910

bei Bad Homburg und der Liebfrauenkirche in Trier. Dort betreute er auch die Restaurierung der Basilika. Hier wurden seine Entwürfe mit einigen Abänderungen Stülers verwirklicht. Nicht zu vergessen sei an dieser Stelle die Restaurierung der Pfarrkirche in Radensleben.

Eine seiner ersten großen Wiederherstellungsarbeiten sollte die im 13. Jahrhundert gegründete Klosterkirche von Berlin sein. (Abb. 2) An dieser arbeitete er nur von 1842–43. Laut Gerhard Bronisch wurde von Quast 1843 von Oberbauinspektor Wilhelm Berger (1790–1858) aus »Ersparnisgründen« entlassen und sollte im darauf folgenden Frühjahr die Geschäfte wieder aufnehmen, wozu es allerdings nicht kam. 1842 wurde er mit der örtlichen Bauleitung betraut und begann von der Rüstung aus, seine Recherchen und sämtliche Details aufzunehmen. Seine Vorstellungen galten der »Erhaltung und Restaurierung des überlieferten Bestands bzw. der Wiederherstellung nach Befund.«[37] Diese waren konträr zu denen des Königs, der zwei Türme vor der Westfassade der Kirche errichten wollte. Als Konservator unternahm von Quast mit Hilfe des Vereins für Geschichte der Mark Bran-

denburg noch einen Versuch, den Änderungswünschen des Königs entgegenzuwirken, jedoch ohne Erfolg. Ein anderes Beispiel für das Wirken von Quasts ist die Damen-Stiftskirche St. Cyriacus in Gernrode. (Abb. 3, 4) Sie ist der bedeutendste ottonische Bau im Norden, gestiftet von Markgraf Gero um 960. Die Anhalt-Bernburgische Regierung erteilte dem preußischen Konservator 1858 diesen Auftrag zur Restaurierung, ließ ihm bei den Vorbereitungen und der Ausführung freie Hand und unterstützte ihn zudem finanziell.[38] So konnte er endlich frei von den einengenden Bedingungen in Preußen, seine Prinzipien verwirklichen.

Zum Werk Ferdinand von Quasts gehörte auch die Anlegung eines Archivs. Um sich die Baudenkmäler Preußens immer wieder vor Augen führen zu können, legte von Quast ein Archiv von Zeichnungen an, die er auf seinen Reisen angefertigt und teilweise mit Erläuterungen versehen hatte. Auch von ortsansässigen Architekten bekam er Pläne, die er präzise abpauste. So erklärt sich, weshalb auf einigen Zeichnungen seines Nachlasses unterschiedliche Signaturen – wie Johanson oder Eltester – zu finden sind.[39] Alle Skizzen, Pausen

3    Gernrode, Stiftskirche
St. Cyriacus, Blick von
Nordosten, um 1900

und Zeichnungen fasste er zu einem Konvolut zusammen, die durch Drucke und Fotografien ergänzt wurden. Laut Julius Kohte umfasste die Sammlung, in der nahezu alle wichtigen Baudenkmäler Preußens vertreten waren, über 7000 Blätter, die nach Land und Ort geordnet waren.[40] Besonders materialreich sind die Regionen Brandenburg und Sachsen sowie das Rheinland vorhanden. Weniger vollständig sind die Aufzeichnungen aus den Niederlanden, der Schweiz, der westlichen Länder des Österreichischen Kaiserreiches, Italiens, Frankreichs, Dänemarks, Schwedens und Englands. Ebenso fertigte von Quast Skizzen und Pausen nach Zeitschriften an oder gab diese in Auftrag. Es ist auffällig, dass sich in von Quasts Nachlass nicht nur Baudenkmäler Preußens

oder des westlichen Europas befinden. Von Quast sammelte auch Tempelgrundrisse von Abu Simbel, Illustrationen von Afrika und Asien oder Personendarstellungen. Anhand dieser Sammlung wird deutlich, wie vielfältig sein Interesse nicht nur an der Architektur und dem Denkmalschutz in Preußen war.

Ferdinand von Quast qualifizierte sich durch seine Ausbildung und seine berufliche Tätigkeit von Anfang an für die Stelle des ersten Konservators in Preußen. 34 Jahre hatte er dieses Amt inne. Trotz mangelnder finanzieller Unterstützung konnte er seine Aufgaben wahrnehmen, da er aufgrund seines privaten Vermögens nicht ausschließlich auf sein Gehalt als Konservator angewiesen war. Hinzu kamen sein Ehrgeiz und

4   Gernrode, Stiftskirche
St. Cyriacus, Blick aus dem Ost-
chor nach Nordwesten, 1903

sein Pflichtbewusstsein. Während seines Schaffens fehlte ihm von allen Seiten die Unterstützung, die er dringend benötigt hätte. In einem Brief von 1853 an Kugler äußerte er sich wie folgt: »Von einem Viertel etwa von allem, was mein Ressort betrifft, erhalte ich nur Kenntnis; ein Minimum hiervon kommt zu Stande, und was zu Stande kommt, wird in der Ausführung meist noch verdorben, so dass ich oft wünschte, es käme noch weniger zu Stande. Und wofür dies? Es ist niemand, der ein Herz dafür hat.«[41]

Im Laufe seiner Amtszeit hatte er jedoch auch Personen um sich, die ihn nach Möglichkeit unterstützten; zu ihnen zählten Kugler und Stüler. Allerdings bekam er nie die benötigte Hilfskraft, die ihn bei der Bewältigung seiner vielen

Aufgaben hätte entlasten können. Ferdinand von Quast setzte sich unbeirrt für die Erhaltung der »vaterländischen Altertümer« ein. Er erkannte die Notlage, die eintreten würde, sollten die Denkmäler weiterhin ohne Schutz bleiben. In Vorträgen und Gutachten forderte er stets, den überlieferten Bestand der Denkmäler zu erhalten. Er warnte davor, bei Wiederherstellungsmaßnahmen nicht den historischen Baubestand zu respektieren und alles zu vernichten, was den Zeitgenossen als nicht denkmalwürdig erschien. Er forderte, alle geschichtlichen Epochen zu achten und zu schützen, auch wenn sie nur einen bedingten historischen oder künstlerischen Wert hätten. Zudem verwies er darauf, »den Bauwerken durch Überarbeitung oder Erneuerung kein modernes Aussehen zu geben und ihnen nicht den Reiz des Altertums zu nehmen, andererseits das Neue bewusst als solches anzusprechen.«[42]

Der erste Schritt zur Erhaltung der Denkmäler Preußens war mit der Einführung des Konservatorenamtes getan. Ferdinand von Quast arbeitete unermüdlich. Seine ausgearbeiteten Fragebögen waren so umfangreich und prägend, dass sie in ihren Grundzügen noch heute Gültigkeit haben. Allerdings waren mit der Bestallung zum Konservator die preußischen Vorhaben im Denkmalschutz zunächst erschöpft. König Friedrich Wilhelm IV. – und verstärkt noch sein Vater –

waren nicht bereit, für dieses Vorhaben finanzielle Mittel zur Verfügung zu stellen. Davon war jedoch die preußische Denkmalpflege abhängig.

Zum Teil wurden von Quasts Verdienste anerkannt, so wurde er 1854 zum Geheimen Regierungsrat ernannt, allerdings ohne die entsprechenden Bezüge zu erhalten, 1864 erhielt er den Roten Adler Orden, nur dritter Klasse, und 1874 wurde er mit der Ernennung zum Domherren von Brandenburg ausgezeichnet. Zudem würdigte ihn u.a. das thüringische und sächsische Herrscherhaus durch die Verleihung von Orden.

## Anmerkungen

1 Rudolf Bergau, Kunstwissenschaftler, Architekt; kannte Ferdinand von Quast persönlich.
2 JAHN 1936, S. 2.
3 Johann Heinrich Pestalozzi (1746–1827).
4 JONAS 1888, S. 222.
5 JAHN 1936.
6 BERGAU 1888, S. 26.
7 Zit. JAHN 1936.
8 Schinkels Bauwerke u.a. Neue Wache (1816–18), Königliches Schauspielhaus (1818–21), Altes Museum (1822–28), vgl. JAHN 1936, S. 3.
9 Dieses Examen war damals für die Laufbahn eines Staatsbaubeamten vorgeschrieben.
10 JAHN 1936, S. 3. – BERGAU 1888, S. 26.
11 Im Architekturmuseum der TU Berlin befinden sich aus dem Nachlass Ferdinand von Quasts dreizehn Notiz- und zwei Reisetagebücher.
12 KOHTE 1977, S. 116.
13 Ebenda.
14 Vgl. KOHTE 1977, S. 114.
15 JAHN 1936, S. 4.
16 Ebenda, S. 3f.
17 BERGAU 1888, S. 27.
18 Laut Bergau führt Menzel in den gleichnamigen Jahrbüchern für Baukunst in Bd. II und Band III einen Bericht über Ferdinand von Quasts Italienreise an.
19 BERGAU 1888, S. 27. – JAHN 1936, S. 6. – KOHTE 1977.
20 JAHN 1936, S. 6.
21 KOHTE 1977.
22 BERGAU 1888, S. 28.
23 JAHN 1936, S. 5.
24 HERRMANN/RZEMPOŁUCH 2006, S. 12.
25 »Promemoria« von 1836/37 bei MOHR DE PÉREZ 2001, S. 282–287.

26 Vgl. LEZIUS 1908, S. 20 und S. 57. – VON WUSSOW 1885, Bd. II, S. 27.
27 JAHN 1936, S. 8.
28 Vgl. VON WUSSOW 1885, Bd. I, S. 37. – JAHN 1936, S. 17. – BUCH 1990, S. 34, Anmerkung 106. Beide meinten sicherlich das gleiche Schreiben, nur datieren sie ihres genau einen Monat später als von Wussow. Da Jahn sich in seinen Literaturnachweisen auf von Wussow bezieht, gehe ich davon aus, dass er von Wussows Ausführungen folgen wollte.
29 JAHN 1936, S. 17.
30 VON WUSSOW 1885, Bd. I, S. 37f.
31 BUCH 1990, S. 35. – VON WUSSOW 1885, Bd. II, S. 62f.
32 KOHTE 1977, S. 129.
33 Zit. JAHN 1936, S. 24.
34 Am 30. Oktober 1864 Frieden von Wien. Dänemark tritt die Herzogtümer Schleswig, Holstein und Lauenburg an Österreich und Preußen ab. Nach der Niederlage der Österreicher bei Königgrätz am 23. August 1866 musste Österreich dem Frieden von Prag zustimmen. Am 20. September 1866 Annexion von Hessen-Kassel, dem Königreich Hannover, Nassau und der Stadt Frankfurt am Main. Am 12. Januar 1867 kamen Schleswig und Holstein hinzu.
35 KOHTE 1977, S. 128.
36 JAHN 1936, S. 27 und S. 30. – BERGAU 1888, S. 30.
37 BUCH 1990, S. 4.
38 Ebenda, S. 205.
39 Nachlass Architekturmuseum TU Berlin, z.B. vorläufige Inventarnummern 325 oder 337. Die nicht fünfstelligen Inventarnummern des Architekturmuseums sind als vorläufige Inventarnummern zu lesen, da der Nachlass des ersten Konservators Preußens momentan aufgearbeitet wird.
40 KOHTE 1977, S. 119.
41 JAHN 1936, S. 20.
42 KOHTE 1977, S. 122.

# Der Beginn der staatlichen Denkmalpflege in Brandenburg-Preußen

Rita Mohr de Pérez

## Einleitung: Eine kleine Polemik über die Denkmalpflege in der öffentlichen Meinung

»Nur wer einen Sinn für Geschichte hat, kann auch einen Sinn für Zukunft entwickeln«, sagte Kofi Annan in einem SPIEGEL–Interview im vergangenen Jahr.[1]

Die Erkenntnis der großen Bedeutung der Geschichte ist tief in unserem gesellschaftlichen Bewusstsein verwurzelt. Geschichtsbewusstsein – das ist dieser Sinn für Vergangenheit, den Kofi Annan meint und der auch und gerade die Zukunft immer mit einschließt.

Wie selbstverständlich Geschichtsbewusstsein in unserer Gesellschaft heute eigentlich ist, zeigt ein Werbegag der Firma MacDonald, ein Pin mit den Worten »Zukunft braucht Herkunft« (Abb. 1) – angeregt vielleicht durch den gleichnamigen Titel der Essaysammlung des philosophischen Skeptikers Odo Marquard. Politiker bedienen sich gerne dieses eingängigen Schlagworts.[2]

Ähnlich formuliert eine Tafel in der Altstadt von Luxembourg (Abb. 2), die auf der Weltkulturerbeliste der UNESCO verzeichnet ist: »Le respect du passé est le garant de l'avenir«, womit ich den Bogen zur Denkmalpflege schlage: Denkmale sind Zeugnisse unserer Vergangenheit. Sie veranschaulichen die menschliche Kulturgeschichte und Entwicklung, große Ereignisse ebenso wie die Alltagswelt, und erzählen uns schließlich somit von uns selbst.

Die Erkenntnis der Bedeutung der Geschichte für unsere Identität, unsere Zukunft, ist die Ursache dafür, dass der Schutz historischer Zeugnisse in die Obhut des Staates gelangte. In Preußen geschah dies vor etwa zweihundert Jahren, im Rahmen eines großen Reformwerks, das aus dem Exil heraus gestaltet wurde. Doch später mehr dazu.

Max Dvořák[3] (Abb. 3) weist aus diesem Grund dem Denkmalschutz die gleich hohe allgemeine Bedeutung zu wie dem Schulwesen: »Dieser neue Wert, den alte Kunstwerke für unser ganzes Leben gewonnen haben, verleiht dem Denkmalschutze eine allgemeine Bedeutung. Er beruht nicht nur auf dem Bestreben, Kunst und Wissenschaft zu schützen, sondern ist zugleich vom Standpunkte der allgemeinen

1　MacDonald-Pin, versteigert bei Ebay

2　Tafel in der historischen Altstadt von Luxembourg

3　Max Dvořák, österreichischer Kunsthistoriker und Denkmalpfleger

4  Karl Friedrich Schinkel, seit 1810 Beamter der Oberbaudeputation

Volksbedürfnisse so notwendig, wie etwa die Fürsorge für das Schulwesen [...].[4] Dieser hohen Bedeutung des Denkmalschutzes für allgemeine und ganz besonders auch staatliche Interessen entsprechend hat man überall staatliche Institute geschaffen und staatliche Funktionäre bestellt, denen die Obhut des alten Kunstbesitzes anvertraut wurde.«[5]

Andererseits kommt er auch zu folgender Einschätzung, die wohl jedem meiner Kolleginnen und Kollegen sehr vertraut ist: »Statt sie [d.h. die staatlichen Funktionäre des Denkmalschutzes] zu unterstützen, erschwert man ihnen freilich noch immer ihre Aufgabe, indem man sie wie Störenfriede behandelt, die sich in Sachen hineinmischen, welche sie nichts angehen, und die das freie Verfügungsrecht der Besitzer beschränken wollen.«[6]

Jüngst bezeichnete ein Bürgermeister in dem Landkreis, für den ich tätig bin, den Denkmalstatus eines Hauses als »Höchststrafe« für seinen Besitzer und die Denkmalpflege grundsätzlich als »Zumutung«. Hier liegt ein Widerspruch vor. Die Frage ist: Wieso werden aus Steuermitteln bezahlte, gesetzlich legitimierte Staatsdiener als überflüssige »Störenfriede« empfunden? Oder anders ausgedrückt: Wieso empfindet man in der Lokalpolitik so selten Stolz und Freude, wenn man mit historischen Zeugnissen zu tun hat?

Und wie kommt es denn, dass Denkmalpflege gerne als nicht mehr als eine »schöne Idee« empfunden wird? So formuliert das Deutsche Nationalkomitee für Denkmalschutz, Anliegen des Deutschen Denkmalpflegepreises für Journalisten sei, den »Gedanken« der Denkmalpflege zu verbreiten!

Nehmen wir als weiteres Beispiel den in der ZEIT vom 11. Januar 2007 erschienenen Artikel von Jens Jessen, der sogar von einer »Denkmalideologie« schreiben kann – und das in der ZEIT![7] Warum bezeichnet man öffentliche Mittel im Denkmalschutz als Fördergelder, als ob es hier um freiwilligen Goodwill, um beliebig streichbare Subvention ginge und die öffentliche Hand nicht verantwortlich oder gar verpflichtet wäre?

Schließlich: Warum wird eigentlich die Denkmalpflege als staatliche, fachlich spezialisierten Behörden zugewiesene Aufgabe nicht ernst genommen?

Diesem Widerspruch, dass man einerseits die Bedeutung historischer Zeugnisse erkennt, aus dieser Erkenntnis heraus der öffentlichen Verwaltung ihren Schutz überträgt, aber andererseits diesen Schutz häufig eher als schöngeistige Liebhaberei, als entbehrlichen Luxus denn als Pflicht empfindet, möchte ich in meinem Beitrag ein wenig auf den Grund gehen. Dazu werden wir unter die Lupe nehmen, wie und warum die Denkmalpflege vor knapp zweihundert Jahren Einzug in die staatliche Verwaltung in Preußen hielt.

## Die Legende

Was die Anfänge der staatlichen Denkmalpflege betrifft, so stoßen wir bald auf eine Legende, die sich hartnäckig hält, obwohl sie die Denkmalpfleger gelegentlich in Verlegenheit bringt. Diese besagt, dass kein geringerer als der bedeutende preußische Baumeister Karl Friedrich Schinkel (Abb. 4) im Jahre 1815 – und damit als erster – erkannt habe, dass die Erhaltung historischer Zeugnisse eine öffentliche, eine staatliche Aufgabe sei.

Wir, die Denkmalpfleger, haben Schinkel wie eine Galionsfigur vor uns hergetragen, stolz, einen so berühmten Kronzeugen vorweisen zu können, der die Denkmalpflege als öffentliche Aufgabe legitimiert. So heißt es beispielsweise im Erläuterungstext des Deutschen Nationalkomitees für Denkmalschutz zu den jährlich für Verdienste im Denkmal-

5  Rathenow, Denkmal des Großen Kurfürsten von Johann Georg Glume d.Ä. (1738), Aufnahme aus den 1980er Jahren

6   Innenansicht des Brandenburger Doms mit der Schinkelschen
Freitreppe, 1930

7   Innenansicht des Brandenburger Doms nach Freilegung der Eingänge zur Krypta, 1993

schutz verliehenen Preisen: »Der Ring, mit dem das Deutsche
Nationalkomitee für Denkmalschutz die Preisträger ehrt, ist
deshalb nach Karl-Friedrich-Schinkel benannt, weil er als
größter deutscher Architekt des 19. Jahrhunderts und als der
Begründer der staatlichen Denkmalpflege angesehen werden
kann. Als einer der ersten erkannte er die Verpflichtung zur
Erhaltung des baulichen Erbes als geschichtliche Quelle.«[8]

Schinkel machte es jedoch der Denkmalpflege nicht immer
einfach. Er ließ sich auch schon mal negativ über Denkmale
aus, empfahl gar ihre Beseitigung (z.B. das Denkmal für
den Großen Kurfürsten auf dem Schleusenplatz in Rathenow, 1738 von Johann Georg Glume d.Ä. im Auftrag der
kurmärkischen Stände geschaffen [Abb. 5]), neigte gelegentlich zur Umgestaltung und nahm dabei auch das eine oder
andere Mal die Schmälerung oder den Verlust historischer
Ausdruckskraft in Kauf (z.B. wurde der Übergang vom Chor
zum Schiff des Brandenburger Doms mit einer Freitreppe
überformt [Abb. 6], um das Raumgefüge zu verbinden und zu
vereinheitlichen [Abb. 7]). Schinkel galt trotzdem weiterhin
als Urvater preußischer Denkmalpflege.

Es wird hier nicht das Ziel verfolgt, Schinkels Ruhm
zu schmälern. Er hat es jedoch auch nicht nötig, weiterhin
unkritisch verherrlicht zu werden und als Kronzeuge der
staatlichen Denkmalpflege herhalten zu müssen. Zweifellos
ist er der bedeutendste preußische Baumeister des 19. Jahrhunderts gewesen. Aber die staatliche Denkmalpflege hat
er nicht erfunden.

Was hat dies mit dem eingangs ins Spiel gebrachten
Widerspruch zu tun?

Wir werden sehen, dass diese Legende der Denkmalpflege
nicht gut getan hat, weil sie den Blick verstellt hat, auf das,
was die Denkmalpflege wirklich erzielt, auf die eigentlichen
Urheber, auf die Hintergründe ihrer Entstehung als öffentlich
zu vertretenes Anliegen. Die Legende hat aus der Denkmalpflege einen Fall für Baukünstler gemacht, hat sie ins
ästhetische Fach geschoben, ins gestalterische, schöngeistige,
hat das verwässert, was sie für die Gesellschaft zu leisten ver-
mag. Oder was die Denkmalpflege politisch interessant oder
relevant macht. Daran ist Schinkel nicht schuld. Auch er hat
erkannt, dass wir ohne Denkmale »unheimlich nackt und
kahl in einer neuen Kolonie in einem früher nicht bewohnten
Lande dastehen.«[9] (Es gibt wohl keinen Denkmalpfleger, der
diesen Satz nicht schon einmal zitiert hat.) Auch Schinkel
kam somit zu der Erkenntnis, dass wir ohne Geschichte keine
Identität haben, womit die alte Erkenntnis bestätigt ist, dass
jede Legende auch ein wenig Wahrheit birgt.

Schinkel war tatsächlich der erste preußische Beamte,
dessen Aufgabe es unter anderem war, »Gutachten über
die Erhaltung der öffentlichen Denkmäler und Überreste
alter Kunst«[10] zu schreiben. 1810 trat er als Assessor in den
preußischen Staatsdienst, wo er als einer des fünfköpfigen
Kollegiums der Oberbaudeputation eine Stelle annahm. Sein
eigentliches Ressort in dieser Behörde, die über das preußische
Bauwesen wachte, war der Prachtbau und die Ästhetik in der

Baukunst. Die anderen Stellen beschäftigten sich mit dem Land- und Wasserbau, dem Mess- und Eichwesen und waren Geheimen Oberbauräten zugeordnet. Man kann vielleicht den Schluss ziehen, dass Schinkel also gewissermaßen das »Luxusressort« innehatte. Sein Salär betrug die Hälfte der Gehälter seiner Kollegen, auch deshalb, weil man davon ausging, dass er noch nebenbei an der Bauakademie lehren und sich so etwas dazuverdienen könne. Innerhalb weniger Jahre machte Schinkel Karriere, nach fünf Jahren war er ebenfalls Geheimer Oberbaurat, nach weiteren fünf Jahren Chef der Oberbaudeputation.

Das preußische Bauwesen, in Gestalt der Bauakademie und der Oberbaudeputation, bezog 1836 das von Schinkel entworfene Haus in der Nähe des Werderschen Markts in Berlin, in dem außerdem auch Familie Schinkel Wohnung nahm. Sie teilte sich mit der Oberbaudeputation das zweite Obergeschoss.

Schinkels Einfluss auf das preußische Bauwesen bedarf hier keiner weiteren Ausführungen, bekannt ist die hohe Anerkennung, die er sich als Baumeister erwarb. Schon drei Jahre nach seinem Tod richtete man in seiner ehemaligen Wohnung in der Bauakademie ein Schinkelmuseum ein.

Wenn man sich nun Schinkels Aufgabenfeld anschaut, wundert es nicht, dass die Denkmalpflege zum vermeintlichen Luxusgegenstand wurde, dass sie immer mehr als ästhetische, ja dekorative Korrektur von etwas im Laufe der Zeit unansehnlich gewordenem empfunden wurde.

So war aber Denkmalpflege nicht gemeint, und so verstehen auch wir unsere Aufgabe nicht. Und doch scheint dieses Missverständnis in der öffentlichen Meinung fest verankert zu sein.

## Der Einzug der Denkmalpflege in die preußische Verwaltung

Wer kam aber eigentlich auf die Idee, einen Beamten mit dieser Aufgabe zu berufen? Die Stelle war schließlich vor Schinkel da. Er hat sie sich nicht selbst geschaffen. Man kann auch fragen: Wie war denn Denkmalpflege ursprünglich gemeint?

Die erfreuliche Nachricht für die Denkmalpflege ist, dass sie auch ohne Schinkel bedeutende andere Kronzeugen hat, also auf Schinkel allein nicht angewiesen ist. Sie kommen allerdings aus einem Lager, in dem wir heute eher die natürlichen Feinde der Denkmalpflege vermuten müssen: Juristen, Politiker, Kameralisten. Es waren nicht die Baumeister, nicht die Kunsthistoriker und nicht einmal die Historiker, die der Denkmalpflege den Weg in die staatliche Verwaltung bahnten.

Einige der Persönlichkeiten sollen hier kurz vorgestellt werden: Heinrich Theodor von Schön (Abb. 8) studierte zunächst Jura und wechselte später zur Kameralwissenschaft. Als Geheimer Staatsrat leitete er das Departement für Handel und Gewerbe und war somit zum fraglichen Zeitpunkt auch für das Bauwesen zuständig. Er gehörte zum engen Kreis der Reformer und wirkte federführend an der Instruktion der

8  Theodor von Schön, Leiter der Sektion für Handel und Gewerbe

Oberbaudeputation mit. Karl August Freiherr (Fürst seit 1814) von Hardenberg (Abb. 9), Jurist mit einigen Semestern »Belle Lettres«, hielt sich als dirigierender Minister von 1790–98 in Ansbach-Bayreuth auf, wo er nach der Abdankung des Markgrafen Alexander die Eingliederung der Fränkischen Markgrafschaft als selbstständige Preußische Provinz organisierte. Eine Verordnung des Markgrafen zum Schutz der Denkmale vom 10. April 1780[11] war Hardenberg aus seiner fränkischen Zeit mit Sicherheit bekannt. Als Staatskanzler hatte er später großen Anteil an den »Stein-Hardenbergschen Reformen«, die aus diesem Grund – zur Hälfte – nach ihm benannt wurden. Friedrich Wilhelm Christian Carl Ferdinand von Humboldt, kurz: Wilhelm von Humboldt

9
Karl August Fürst von Hardenberg, preußischer Staatskanzler

10 Wilhelm von
Humboldt, 1808 Leiter
der Sektion für Bildung
und Unterricht

12 König Friedrich
Wilhelm III.

(Abb. 10), war ausgebildeter Philologe mit einigen Semestern in Jura und Kameralistik. Er leitete im fraglichen Zeitraum die Sektion für Kultus und Unterricht im Innenministerium. Ein eigenständiges Ministerium wurde der Kultus erst 1817. Der aus Ansbach stammende Karl Sigmund Franz Freiherr vom Stein zum Altenstein (Abb. 11), Jurist und Kameralist, leitete als erster das Ministerium, das seinerzeit noch den sperrigen Titel »Ministerium der geistlichen, Unterrichts- und Medicinalangelegenheiten« trug. Zuvor wirkte er in den Jahren 1808–10 als Leiter des Ressorts »Finanzen« an den Stein-Hardenbergschen Reformen mit und konnte somit auch Einfluss auf die Instruktion der Oberbaudeputation nehmen.

Die Entwicklung der Denkmalpflege als Bestandteil des Preußischen Verwaltungswesens nahm ihren Lauf in der Regierungszeit Friedrich Wilhelms III. (Abb. 12), dem

ansonsten keine ausgeprägte Kunstliebe und schon gar kein Hang zum Luxus nachgesagt werden.

Da im Allgemeinen die Auffassung vorherrscht, Denkmalerhaltung könne man sich nur leisten, wenn Geld dafür übrig sei und sie als freiwillige Aufgabe der Kommunen eher als entbehrliche Zusatzleistung gilt, könnte man vermuten, dass sie in Zeiten wirtschaftlicher Prosperität als staatliche Aufgabe in die Verwaltung aufgenommen wurde. Doch das Gegenteil war der Fall: In jenen Jahren war der Preußische Staat von Napoleons Truppen besetzt. Nach der verlorenen Doppelschlacht bei Jena und Auerstedt 1806 war das Heilige Römische Reich Deutscher Nation aufgelöst worden, der Preußische König musste mit seinen Ministern ins Exil. Der Frieden von Tilsit 1807 zwang Preußen Reparationszahlungen auf, denen der wirtschaftlich zerrüttete, zahlungsunfähige Staat kaum nachkommen konnte. Preußen bewegte sich am Rand seiner Auflösung.

In dieser aussichtslosen Lage entwarfen die Staatsbeamten um Stein und Hardenberg ein Reformwerk, das die gesamte gesellschaftliche und politische Struktur Preußens verändern sollte. Um nur einige Inhalte zu nennen: Ende der Leibeigenschaft, Emanzipation der Juden, Heeresreform, Gewerbefreiheit, Verwaltungsreform (Städteordnung). Im Zuge der letztgenannten Verwaltungsreform wurde auch das Bauwesen neu strukturiert und die Anfertigung von »Gutachten über die Erhaltung der öffentlichen Denkmäler und Überreste alter Kunst« der Oberbaudeputation unterstellt. 1809 wurde die Instruktion der Oberbaudeputation schriftlich fixiert, vom König abgezeichnet und die Behörde besetzt.

Die Ideen der Reform reichten schon in das 18. Jahrhundert zurück, waren aber nicht umgesetzt worden, vielleicht, weil man keinen Handlungsdruck verspürte. Das änderte sich in dieser Krisensituation, jetzt war es zur existenziellen Frage des Preußischen Staates geworden, ob es gelingen könne, das staatsverdrossene Volk für das Gemeinwesen zu

11 Karl Sigmund
Franz Freiherr
vom Stein zum
Altenstein, seit
1817 erster Kultus-
minister Preußens

13    Franz Theodor Kugler, Kunsthistoriker

14   Gustav Waagen, Kunsthistoriker

gewinnen. Theodor von Schön formulierte das Ziel ganz klar: »Es geht darum, die große Disharmonie zu lösen, die im Volke stattfindet…«[12]

Mit der Verwaltungsreform wurde eine möglichst hohe Eigenverantwortlichkeit der Provinzen angestrebt, denen aber eine fachlich gut qualifizierte und unmittelbar den Ministerien unterstellte Behörde zugeordnet war, über deren Aufsichtsfunktion allerdings gestritten wurde. Einerseits wollte man Selbstverwaltung, andererseits sah man auch die Notwendigkeit fachlicher Kontrolle. So ganz traute man also den Provinzen fachlich nicht. Das Thema kennen wir auch aus unserer heutigen Zeit: Einvernehmen oder Benehmen, oder gar keine fachliche Aufsicht mehr? Wie viel fachliche Qualifikation ist »in der Provinz« erwünscht?

Übrigens gehörte das Bauwesen der Sektion für Handel und Gewerbe beim Finanzministerium an. Seit 1835 hatte das Ministerium der Geistlichen-, Unterrichts- und Medicinalangelegenheiten die Oberaufsicht über die Denkmalpflege. Daran sieht man, wie weit die Tradition unserer heutigen Zuordnung zurückreicht und wie sehr die Denkmalpflege ein interdisziplinäres Wesen ist: zwischen Wirtschaft, Bauwesen und Kultur. Sie ist also keine originär architektonische Angelegenheit. Bis heute wird aber Denkmalpflege als universitäre Disziplin in den Architekturfakultäten gelehrt, als ob die Denkmalpflege ausschließlich eine Aufgabe guter Entwerfer sei.

Wie wir also gesehen haben, war die eigentliche Triebfeder der Institutionalisierung der Denkmalpflege die Erkenntnis, dass eine Gesellschaft ohne Identitätsbewusstsein nicht zu-

sammenwachsen und stabilisiert werden kann, dass starkes Identitätsbewusstsein notwendig ist, damit ein Gemeinwesen prosperiert, dass Geschichte also Bestandteil des Fundaments ist, auf dem die Gemeinschaft gedeiht. Diese Zusammenhänge verleihen der Denkmalpflege eine – im wahrsten Sinn des Wortes – unerhörte gesellschaftliche Relevanz.

Neben den politischen Köpfen gab es natürlich auch Fachleute, die sich sehr wohl Gehör zu verschaffen wussten und die die Entwicklung der Denkmalpflege mit baupraktischem, historischem und kunsthistorischem Wissen begleiteten. Hierzu zählten neben dem Baumeister Schinkel besonders auch die beiden Kunsthistoriker Franz Theodor Kugler (Abb. 13) und Gustav Waagen (Abb. 14). Der am 1. Juli 1843 als erster hauptamtlicher preußischer Konservator berufene Ferdinand von Quast, seines Zeichens Architekt, hatte sich für dieses Amt mit theoretischen Überlegungen[13] zum praktischen Umgang mit unserem historischen Erbe auf beeindruckende Art und Weise qualifiziert. Bis heute sind die grundsätzlichen, fachlichen Fragen seiner Denkschrift aktuell.

Die Initiativen der Minister, die durchaus fachliche Auseinandersetzung erkennen lassen, möchte ich an drei Beispielen veranschaulichen, die zugleich die grundlegenden Säulen der Denkmalpflege bilden: das Geld, das Inventar und fachliche Grundsätze.

### Die Notwendigkeit öffentlicher finanzieller Verantwortung

Aus dem Jahr 1821 kennen wir einen lebhaften Schriftwechsel zwischen Kultusminister Altenstein und dem Handels- und vormaligem Finanzminister Bülow. Letzterer hatte sich bereits zuvor mit dem Problem auseinandergesetzt, wie zu verhindern sei, dass privatisierte öffentliche Denkmale zerstört werden.[14] Beide gemeinsam richteten eine Eingabe an den König, in der sie die Notwendigkeit eines Denkmalfonds darstellten.[15] »Mit einem solchen disponiblen Fonds für einen Gegenstand, dessen Vernachlässigung der älteren Zeit zum Vorwurf gereicht, und für den zu sorgen dem Staate und der neueren Zeit Ehre bringt, wird unstreitig viel nützliches leisten und planmäßig wirken lassen.«

Im Vergleich zu heute verwundert uns, dass auch der Handelsminister die Verpflichtung des Staates, insbesondere Denkmale ohne wirtschaftliche Verwertbarkeit, wie beispielsweise Festungsbauten, zu erhalten, nicht im Geringsten anzweifelte. Abbruch, Veräußerung zur Gewinnung von Material wurden von seinem Kollegen schlichtweg als unzulässig bezeichnet. Anlass waren übrigens im öffentlichen Eigentum befindliche militärische Anlagen.

Einen Denkmalfonds gibt es in Brandenburg bis heute nicht.

### Die Erfassung des Denkmalbestands

Staatskanzler Hardenberg forderte im selben Jahr, am 18. Dezember 1821, per Erlass eine Aufzeichnung der Denkmale.[16] Er erkannte die Notwendigkeit, eine solche Arbeitsgrundlage zu schaffen, damit die noch neue Aufgabe des Staates in ihren Ausmaßen übersehen werden könne. Als systematische Inventarisation kann seine Initiative allerdings noch nicht bezeichnet werden, doch war hiermit der Anfang gemacht. Interessant ist an diesem Erlass, dass er auch die Denkmale »der höheren Baukunst aus den früheren Zeiten« den schriftlichen Dokumenten in den Archiven in ihrer historischen Bedeutung gleichsetzt. Es geht ihm eben nicht um die ästhetische Korrektur, sondern um die Bewahrung des historischen Erbes: »Wenn ich … unter Ihrer Mitwirkung hoffen darf, die schriftlichen Monumente der Vorzeit zu sichern, und der Nachwelt aufzubewahren, so existieren doch noch andere Documente der Vergangenheit, die für die frühere Geschichte von entscheidendem Interesse sind und in den Archiven nur selten eine Aufnahme finden können…«

15 Sulpice Boisserée, Kölner Kunstsammler, von Ludwig I. 1835 zum Generalinspektor der Denkmäler in Bayern ernannt

16 Johann Eichhorn, Preußischer Kultusminister 1840–48

Sein Erlass ist übrigens in der Aufzählung schützenswerter Gegenstände inspiriert von der bereits erwähnten Verordnung des Markgrafen Alexander von Ansbach-Bayreuth von 1780. Auch Altenstein war gebürtiger Franke. Die Preußische Denkmalpflege hat also im heutigen Bayern starke Wurzeln. (Abb. 15)

### Denkmalpflegerische Grundsätze

Altensteins Nachfolger als Kultusminister, der gebürtige Hesse Johann Eichhorn (Abb. 16), war es, der den in diesem Band geehrten Ferdinand von Quast in sein Amt als Konservator berief. Von ihm kennen wir einen Runderlass vom 9. Oktober 1844, der sich mit der fachlichen Frage der Erhaltung der Zeitschichten befasst.[17] Er ermahnt insbesondere die Kirchen, nicht aus Geschmacksgründen Zeugnisse der verschiedenen Epochen zu vernichten: »Bei der Erneuerung des inneren Zustands alter Kirchen ist aber auch deshalb mit Schonung gegen die alten Denkmäler zu verfahren, weil dabei jedes Mal die Geschmacksrichtung des Augenblicks zu entscheiden pflegt, deren Billigung seitens künftiger Generationen nicht immer vorauszusetzen ist.« Einfacher kann man das zeitübergreifende Wirken der Denkmalpflege nicht ausdrücken. Übrigens reagierte er mit diesem Runderlass auf den Vorwurf der Provinz, eine Kirche sei schließlich kein Museum. Es ist sehr interessant zu lesen, wie der Minister auf einen Vorwurf reagierte, mit dem wir im Alltagsgeschäft der Denkmalpflege auch immer wieder konfrontiert werden.

### Schlussbemerkung

Erstaunlich ist die Parallele zwischen Geschichte und Gegenwart! Selbst die grundlegenden Fragen der Denkmalpflege, die uns heute immer wieder beschäftigen, wurden in der Frühzeit ihrer Entstehung bereits behandelt. Geschichte ist andauernd aktuell!

Ein kleiner Vergleich zwischen den Bundesländern im Hinblick auf ihren wirtschaftlichen Erfolg ermutigt mich zu der These, dass ein starkes Identitätsbewusstsein ausschlaggebend sein kann, während der Verlust an Identität – und im Ostteil unseres Landes hat es diesen im vergangenen Jahrhundert gleich mehrfach gegeben – umgekehrt ein Gemeinwesen am Prosperieren hindert. Möglicherweise ist hier ein Schlüssel, der Perspektivlosigkeit und Mutlosigkeit des – immer noch »neue Länder« genannten – Ostteils

Deutschlands zu begegnen (als handele es sich hier um eine neue Kolonie in einem früher nicht bewohnten Land).

Kunstgebilde wie Tropische Inseln oder Wintersportgebiete in Brandenburg sind möglicherweise nicht der »richtige Weg« gewesen. Vielleicht ist es aber die Stärkung des kulturellen Selbstbewusstseins, das Leben mit der eigenen Geschichte, deren Zeugnisse unsere Denkmale sind.

## Anmerkungen

1    »It is almost impossible to have a sense of vision without a sense of history.« in DER SPIEGEL vom 18.07.2006.
2    So z.B. Wolfgang Thierse anlässlich der Verleihung des Kulturpreises der Sozialdemokratischen Gemeinschaft für Kommunalpolitik (SKG) im Land Brandenburg an den Zossener Heimatverein Alter Krug in der Märkischen Allgemeinen Zeitung vom 30.04.2007.
3    Dvořak 1916.
4    Ebenda, 2. Auflage 1918, S. 24.
5    Ebenda S. 36.
6    Ebenda.
7    Unter der Überschrift »Gefährlicher Eifer«.
8    http://www.nationalkomitee.de/preis/index.htm
9    Bericht der Oberbaudeputation, initiiert von Schinkel, an das Preußische Innenministerium vom 17.08.1815, zit. nach Mohr de Pérez 2001, S. 273. Meine folgenden Ausführungen basieren im Wesentlichen auf den in dieser Publikation zusammengetragenen Forschungserkenntnissen.
10   »Instruction für die Königliche Oberbaudeputation vom 26ten September 1809« GStA PK, I HA, Rep. 93 B Ministerium der öffentlichen Arbeiten, Nr. 11 Vol. I 1808–1809.
11   GStA PK I HA Rep. 93 D Technische Oberbaudeputation, Nr. 46, Bl. 22, Memorandum vom 17.08.1815 als Abschrift von Schinkel an das Ministerium des Inneren gesandt, abgedruckt auch bei Huse 1984 S. 27.

12   GStA PK XX HA Rep. 300 Dep. Brünneck I Nachlass Theodor von Schön, Nr. 144 »Akten betr. Konzept eines Memorandums Th. von Schöns an den Preuss. Staatsrat vom Juli 1808 über die Staatsverfassung (unter der Firma von Stein herausgekommen, sogenanntes politisches Testament)«, Bl. 2, zit. nach Mohr de Pérez 2001, S. 40.
13   Seine 1836–37 gemeinsam mit dem Generalintendanten der Königlichen Museen, dem Grafen Karl von Brühl, verfasste Denkschrift ist veröffentlicht von Kohte 1977, S. 114–136.
14   Zirkularverfügung des Finanzministers vom 6.04.1819 »Verbot der Veräußerung fiskalischer Denkmäler«, abgedruckt bei Mohr de Pérez 2001, S. 260. – Vgl. auch ebenda, S. 98f.
15   Schriftverkehr zwischen Altenstein und Bülow siehe: GStA PK I HA Rep. 92 (Nachlass Altenstein) A VI b, Nr. 7 »Acta betr. Kunstangelegenheiten und Künstler, Erhaltung der Kunstdenkmäler, Errichtung eines Kunstmuseums« (1817–40) Bl. 33–34; die gemeinsame Eingabe an den König ist abgedruckt bei Rave 1935, S. 36–38.
16   Abgedruckt bei Schreiner 1968, S. 10–11. Schreiner schreibt m.E. fälschlicherweise die Initiative Schinkel zu; vgl. Mohr de Pérez 2001, S. 92–95.
17   Zirkularverfügung des Ministers für Geistliche, Unterrichts- und Medicinalangelegenheiten vom 9.10.1844 betr. Schonung alter Denkmäler bei der Erneuerung des inneren Zustands alter Kirchen. Abgedruckt bei Mohr de Pérez 2001, S. 266f.

# Inventarisation – Grundlage der staatlichen Denkmalpflege seit Ferdinand von Quast

Ralph Paschke

Denkmalinventarisation wird heute verstanden als Erfassung der äußeren und inneren Beschaffenheit eines Denkmals. Dazu gehört auch die Untersuchung seines städtebaulichen Umfelds, die Auswertung zugehöriger Quellen und der Fachliteratur, seine photographische Dokumentation und Kartierung sowie die Erforschung seiner Bedeutung, die einhergeht mit der Analyse und Darstellung des Wertes, den es als Geschichtsdokument für uns besitzt. In der grundlegenden Formulierung im § 1 des Brandenburgischen Denkmalschutzgesetzes heißt es programmatisch, die als solche erkannten Denkmale sind »als Quellen und Zeugnisse menschlicher Geschichte und prägende Bestandteile der Kulturlandschaft des Landes zu schützen, zu erhalten, zu pflegen und zu erforschen.«[1]

Die Feststellung der Denkmaleigenschaft hat die Eintragung des Denkmals in die Landesdenkmalliste zur Folge. Wurde diese vorgenommen und dem Eigentümer des Denkmals bekannt gegeben, dient sie gemäß den weiteren Bestimmungen des Denkmalschutzgesetzes als Grundlage jeglichen denkmalpflegerischen Handelns. In der Praxis bedeutet dies in erster Linie die Beteiligung der Denkmalbehörden an Erlaubnisverfahren, das heißt die fachliche Beratung und die Mitwirkung an denkmalerhaltenden und -pflegenden Maßnahmen sowie deren Kontrolle. In ausgewählten Fällen kann die Eintragung auch das Erfordernis einer tiefergehenden Erforschung der Substanz des Denkmals nach sich ziehen. Die schließlich gewonnenen Kenntnisse über die Denkmale dienen im Weiteren der Erstellung von Gutachten in allen Angelegenheiten der Denkmalpflege und der Erarbeitung fachlicher Publikationen. Alle erhobenen Daten und Materialien gehen in fachwissenschaftliche Sammlungen ein.[2] Soweit der Auftrag des Gesetzgebers an die Denkmalfachbehörde.

»Amtlich« und mit dem ausdrücklichen Ziel der Erhaltung von Denkmalen trat die Inventarisation zu Beginn des 19. Jahrhunderts hervor, als die »Oberbaudeputation« 1815 Schinkels Memorandum zur Denkmalpflege an das preußische Innenministerium richtete.[3]

Um einen Überblick über die in die allgemeine Geschichte der Denkmalpflege verwobene, wechselvolle Entwicklung der Inventarisation zu gewinnen, erlaube ich mir, mich auf Preußen zu konzentrieren, denn das Königreich spielte hierbei häufig die Vorreiterrolle im ganzen deutschsprachigen Raum. Es lohnt sich besonders, zu Beginn den Fragebogen zur Erfassung von Denkmalen, den Ferdinand von Quast in den Jahren 1844/45 entwickelt hatte, etwas genauer zu betrachten.[4]

Nachdem frühere Fragebogen-Aktionen wie die des Staatskanzlers von Hardenberg von 1821/22 fehlgeschlagen waren, weil der Rücklauf mangels fachkundiger Bearbeitung hinter allen Erwartungen zurückgeblieben war, plante von Quast erneut, mit staatlicher Unterstützung Pfarrer und Bauamtsleiter in den Provinzen zu Denkmalen zu befragen. Es wird sich zeigen, dass der dieser neuen Umfrage zugrunde gelegte Fragebogen hervorragend geeignet ist, um uns einen Besuch in der Werkstatt des Inventarisators schlechthin zu gestatten. Von Quasts einleitende Vorbemerkungen dienen der Handhabung des Bogens: Ziel sei es gewesen, die Fragen so allgemein zu halten, dass sie sich für die Befragung in allen Ortschaften der preußischen Provinzen eigneten; auch eine nur auszugsweise Beantwortung war daher durchaus gestattet, in den meisten Fällen vermutlich sogar die Regel.[5] Dennoch bat von Quast darum, die Fragen genau zu lesen und im Fall der Nichtbeantwortung eine Fehlmeldung abzugeben. Jede Meinung war gefragt, selbst wenn es sich bloß um eine Vermutung handelte; allerdings ersuchte von Quast auch darum, dies dann zu kennzeichnen. Und schließlich wurde darum gebeten, ausführlichere Darstellungen auf gesonderten Blättern und mit präzisen Verweisen versehen zurückzuschicken.

Die fachlichen Fragen zielten dann zunächst auf die Klärung der Quellenlage. Es wird nach gedruckter Literatur gefragt und bei seltenen Werken auch nach deren Standort. Von besonderem Interesse sind die ungedruckten Quellen: Die Aufzählung dessen, was von Quast hier für beachtenswert hielt, zeigt, wie präzise er die Materie durchdacht hatte. Er wusste genau, dass nicht nur Ortschroniken gute Informationsquellen sind, sondern auch Rechnungsbücher, Flurkarten und dergleichen mehr, bis hin zu den Akten der Zünfte – heute wären letztere wohl mit Firmenarchiven vergleichbar. Deutlich wird vermutlich aber auch, warum dieser Fragebogenaktion genauso wenig Erfolg beschieden war wie den vorausgegangenen. Nicht nur, dass von Quast wissen wollte, ob denn das betreffende Archiv »in Ordnung gebracht und mit Registern versehen« sei (welcher Pfarrer wäre denn wohl bereit gewesen, der Obrigkeit hierüber präzise Auskunft zu geben?), er bat darüber hinaus gleich um nichts weniger, als um aussagekräftige Auszüge der bedeutendsten Informationen aus diesen Akten. Wer mit Quellenstudium vertraut ist, weiß wie viel Arbeit das macht!

Dann hielt er einen Stadtplan mit Straßennamen und Einzeichnung der bedeutenden Bauten für notwendig, eine Forderung, die schon Leopold Freiherr von Ledebur, Direktor der königlichen Kunstkammer, mit einer abmildernden Korrektur im Entwurf des Bogens versehen hatte – ein flüchtiger Entwurf würde genügen.

Es folgen die Fragen zu den einzelnen Baulichkeiten: Als den zumeist ältesten Gebäuden in den Orten gilt das Hauptinteresse den Kirchen und Kapellen. Auch fremd genutzte

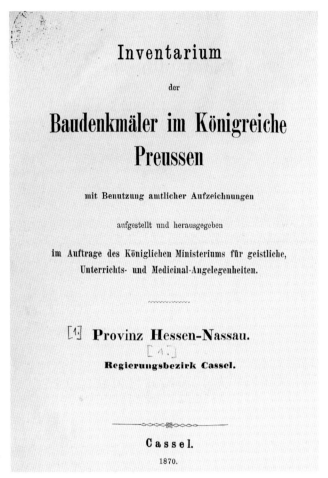

1   Inventar Hessen, Titelblatt

2   Inventar Regierungsbezirk Kassel, Titelblatt

Sakralbauten sollen angeführt werden und solche, die ruinös oder gar ganz abgängig sind.

Für die Detail-Erfassung der Gebäude hatte Ferdinand von Quast ein gesondertes »Schema der Beilage A« angefertigt. Pro Bauwerk gibt es darin neunzehn allgemeine und anschließend im Rahmen der Ausführung nicht weniger als 166 Einzelfragen! Sie lauten zum Beispiel: »Aus welchem Materiale besteht die Kirche, aus Quadern, Bruchsteinen (mit näherer Angabe der Art und des Ortes wo sie gebrochen sind) rohen oder behauenen Feldsteinen, Ziegeln, Holz oder einer Mischung von ihnen?« oder: »Sind im Mauerwerk alte Inschriften, Jahreszahlen? Man bittet dieselben zu copiren und mitzutheilen.« Auch Fragen, wie sie die heutige Bauforschung stellen würde, sind bereits darunter, etwa die: »Giebt es vermauerte Thüren? Wo befinden sie sich, und wie sind sie nach Maaßgabe der unter 6. gestellten Fragen gestaltet?« Die Fragen unter der Nummer »6.« des entsprechenden Absatzes in der Anlage, auf die sich von Quast hier bezieht, richten sich auf die Detailbeschreibung der vorhandenen offenen Portale – auf Rahmen, schmückendes Beiwerk, Vorhallen usw.

Die im Haupt-Bogen weiteren allgemeinen Fragen erkunden nach den Sakralbauten sodann Befestigungswerke des Ortes, alle anderen Gebäudegattungen – ob öffentlich oder privat –, ihre Materialien, Eigentumsverhältnisse, Erhaltungszustände, Verwaltungseinrichtungen, die sie betreuen.

Auch die darin vorhandenen Ausstattungsgegenstände und Kleinkunstwerke, nicht zu vergessen Sammlungen; ebenso sind bauliche Anlagen außerhalb des Ortes sowie kleinere Flurdenkmale von Interesse, besonders wenn sie Wappen und Inschriften tragen. Überhaupt widmet sich der zweite Teil der Hauptfragen (Nr. 16–24) Gegenständen und Strukturen in größeren Zusammenhängen. Es werden Wald- und Flurnamen erbeten, »Reste untergegangener Ortschaften«, Angaben zu Wüstungen und Bodenfunden. Im Grunde ist hier die ganze Palette der heute sogenannten »Kulturlandschaftselemente« aufgefächert. Immer folgt die Bitte um präzise Skizzen, Beschreibung, Kartierung und selbstverständlich die Bitte um Angaben zur historischen Überlieferung, zu Geschichten und Sagen, die sich an Orte oder Gegenstände knüpfen.

Ferdinand von Quast spielt mit diesem Fragebogen das gesamte Programm einer wissenschaftlichen Inventarisation durch. Weder werden neben den großen Anlagen die kleineren Denkmale auf dem Land vergessen, noch zerstörte Bauten oder Bodendenkmale. Jeder Gegenstand, der historisches Interesse weckt, soll angeführt werden, immer aber mit bestmöglicher Rückbindung an die Quellenlage, bis hin zur »oral history«, wie wir das heute nennen würden. Wie erwähnt, war es ihm jedoch nicht gelungen, die Aktion in ganz Preußen erfolgreich, das heißt in ein wissenschaftliches

Inventar mündend, durchzuführen. Zehn Jahre nach dem ersten Entwurf wurden etliche, erneut überarbeitete Bogen gedruckt und durch das Ministerium für Geistliche, Unterrichts- und Medicinal-Angelegenheiten in den Regierungsbezirken Königsberg und Münster verschickt. Hiervon sind ausgefüllte Bogen überliefert. Der Kultusminister von Mühler lehnte allerdings 1864 eine Versendung in ganz Preußen ab, »da die hierdurch entstehenden Kosten und Mühewaltungen mit dem zu erreichenden Nutzen nicht im Verhältniß stehen.«[6] Immerhin gelang es Ferdinand von Quast dennoch auf dem Fragebogen aufbauend – und vor allem natürlich durch seine eigene Arbeit – in den Jahren 1852–64 ein sehr schönes Bildinventar für das Ermland zu verfassen. (Vgl. hierzu den Beitrag von Christofer Herrmann.)

Eine andere Provinz – die hessische – hatte etwas später mit einer Aktion zur Erstellung sogenannter »amtlicher Tabellen« mehr Erfolg. (Abb. 1) Nachdem Hessen 1866 Preußen einverleibt worden war, gab es die Bestrebung des Kgl. Administrators in Kurhessen, des Regierungspräsidenten von Möller, sämtliche Baudenkmäler der hessischen Kreise in einem »tabellarischen Inventarium« zusammenzustellen. Da er auf eine vorzügliche Verwaltung zurückgreifen konnte, war die Umfrage innerhalb von knapp zwei Jahren durchgeführt, doch waren die benutzten Datentabellen mangels geeigneter Fachkräfte weit von dem umfangreichen Fragebogen Ferdinand von Quasts entfernt. Die zuerst im Regierungsbezirk Kassel – und später auch im Regierungsbezirk Wiesbaden, dem zweiten der Provinz Hessen-Nassau – erhobenen Informationen waren sehr viel spärlicher. (Abb. 2) So konnte das erste wissenschaftliche Denkmäler-Inventar in Preußen, das 1870 im Druck erschien, zwar darauf aufbauen, doch hielten die beiden Autoren des Werks, der kgl. Baurat und Professor an der Kasseler Kunstakademie Heinrich von Dehn-Rotfelser und der Marburger Architekt (und erfolgreiche Autor der ersten »Kunsttopographie Deutschlands«) Wilhelm Lotz diese Grundlage für stark überarbeitungsbedürftig.

Das Werk, das sie – im Verein mit 71 fachkundigen Korrespondenten in den einzelnen Kreisen – schließlich 1870 vorlegten, würden wir heute eher als Kurzinventar ansprechen. Es fiel in den stichwortartigen Beschreibungen weit hinter die Vorstellungen Ferdinand von Quasts zurück. Auch wurde eine restriktive Zeitgrenze gesetzt; man hatte zum Ziel, »mit thunlichster Vollständigkeit alle erhaltenen Bauwerke und Kunstdenkmäler, welche vor dem Ende des 16. Jahrhunderts entstanden sind, aufzuführen.« Aus dem 17. und 18. Jahrhundert nahm man Denkmale nur ausnahmsweise auf, »insofern sie sich durch Kunstwerth und eigenthümliche Gestaltung auszeichnen. Alle Kunstwerke in öffentlichen und Privatsammlungen sind ausgeschlossen geblieben.«[7]

Einige Jahre später trat man an den vormals in Danzig sowie West- und Ostpreußen als Denkmalpfleger wirkenden Architekten und Professor für Kunstgeschichte in Nürnberg Friedrich Julius Rudolf Bergau (1836–1905) (Abb.3) heran und bat ihn um Rat, wie ein Denkmalinventar auch für

3   Rudolf Bergau (1836–1905)

Brandenburg ins Werk gesetzt werden könnte. Die Vorstellungen Ferdinand von Quasts waren ihm geläufig, hatte er doch schon in den 1860er Jahren und dann wieder ab 1876 – wohl auf Vermittlung seines Lehrers Friedrich Adler hin – den Staatskonservator krankheitshalber vertreten.[8] Wie Bergau 1879 in der Deutschen Bauzeitung berichtet, hatte das Kultusministerium Exemplare des Casseler Inventars »an den Oberpräsidenten der Provinz Brandenburg mit dem Ersuchen [geschickt], seine Aufmerksamkeit darauf zu lenken, ob die Ausarbeitung und Veröffentlichung eines ähnlichen Inventars für die Provinz Brandenburg herbei geführt werden könne.«[9] Wesentliche Voraussetzung für eine erfolgversprechende Durchführung der Aufgabe war für ihn die persönliche Bereisung all jener Orte, in denen ihm Denkmale bekannt waren (er hatte bereits an einigen Bänden von Friedrich Adlers Sammelwerk der preußischen Backsteinbauten[10] mitgearbeitet) oder aus denen zumindest »denkmalverdächtige« Anlagen gemeldet wurden, denn er wusste um die Unzulänglichkeiten, die die Fragebogenaktionen von Quasts aufgrund des laienhaften Rücklaufs gehabt hatten. Nachdem Bergau seine Vorstellungen formuliert hatte, übertrug man ihm die Aufgabe, die er – ausgestattet mit einem Budget von 10 000 Reichsmark und unterstützt durch einige Zeichner (vor allem Otto Zimmermann) – in den Jahren 1879–82 durchführte und deren Ergebnis 1885 im Druck erschien. (Abb. 4) Häufig war er auf seinen Fahrten in Begleitung von interessierten und diskussionsfreudigen Fachkollegen und nutzte wie auch schon die hessischen Kollegen gern die von seinen insgesamt 56 Korrespondenzpartnern eingesandten Beiträge.[11]

Bergaus Inventar ist in dieser ersten gedruckten Generation das einzige geblieben, das eine gesamte Provinz umfasste. Dennoch bestach es durch breite Aufnahme aller seinerzeit historisch und künstlerisch als bedeutend bewerteten Bauten – und das bis an die damalige Gegenwart heran –, durch seine knappen aber präzisen Texte und vor allem durch zahlreiche, anschauliche Abbildungen in Zinkätzung. (Abb. 5) Bemerkenswert ist auch die Aufnahme eines 50-seitigen Überblicks über die Territorialgeschichte der Mark Brandenburg des Historikers Richard Schillmann sowie eine nochmals knapp 80-seitige Übersicht über die Kunstgeschichte der Provinz Brandenburg von Bergau selbst. Im folgenden Jahr wurde dann noch ein Anhang nachgeliefert, der für den Laien die wichtigsten Fachbegriffe ausführlich erläutert. (Abb. 6)

Eine weitere kleine Besonderheit zeichnet Bergaus Werk vor allen anderen aus: Es ist das einzige mir bekannte amtliche Denkmäler-Inventar, das dem Andenken einer Person gewidmet ist: Bergau widmet den Band keinem anderen, als dem Begründer der wissenschaftlichen Denkmalerfassung in Preußen, Ferdinand von Quast. (Abb. 7)

Von großer Bedeutung für die Denkmalpflege ist das Jahr 1902. In diesem Jahr trat nicht nur das erste explizit dem Denkmalschutz gewidmete Gesetz in Deutschland in Kraft – es war dasjenige in der Provinz Hessen-Nassau –, sondern es wurden auch erstmals wissenschaftliche Kriterien für die Publikation von Denkmalinventaren unter dem Titel »Die

5   Inventar Brandenburg, Beispielseite (S. 355) Freienwalde

4   Inventar Brandenburg, Titelblatt

formale Gestaltung der Kunstdenkmäler-Verzeichnisse der preußischen Provinzen« veröffentlicht.[12] Eine hochkarätige Kommission von Fachleuten unter Leitung des Geheimen Regierungsrats und Staatskonservators von Preußen Hans Lutsch hatte sie formuliert. Dabei waren auch unter anderem Provinzialkonservator Georg Büttner, der Verfasser des Berliner Denkmälerinventars von 1895 Richard Borrmann sowie als Gäste der Kunsthistoriker und -theoretiker Heinrich Wölfflin, der Konservator der Rheinprovinz Paul Clemen und der nachmalige Direktor des Kaiserlichen Museums Wilhelm von Bode. Die Richtlinien erschienen 1902 im vierten Jahrgang der Zeitschrift »Die Denkmalpflege« und waren nach zwölf Gesichtspunkten gegliedert – und alle zwölf lassen sich auf die Grundstruktur des Fragebogens von Ferdinand von Quast zurückführen. Die Vorgaben setzen eine Zeitgrenze von etwa einer Generation, wobei mit dem Datum der Reichsgründung erstmals so etwas wie die Berücksichtigung einer abgeschlossenen historischen Epoche in Betracht kam, ein Grundsatz, mit dem auch gegenwärtig zuweilen argumentiert wird. Die weiteren Punkte führen zunächst das allgemeine aus wie etwa den Verzicht auf Beachtung der Besitzverhältnisse, was früher hinsichtlich des Privateigentums eine restriktive Rolle gespielt hatte, und die Notwendigkeit der Anführung von Quellen und Literatur. Die eigentliche Beschreibung der Denkmale wird dann unter vielfältigen Punkten abgehandelt, die sich im Wesentlichen wieder wie eine Umsetzung des Fragebogens von Quasts lesen. Eigene Erwähnung finden sodann noch die bildlichen Darstellungen mit genauen Maßstabsangaben sowie selbstverständlich die ausführliche Berücksichtigung der Photographie. Nach Ausführungen zu den beigefügten Karten – »in erster Linie für den Wandergebrauch …« – kommen noch technische Angaben zum Register, dem Format des Buches, typographischen Vorgaben und Hinweise für den Vertrieb hinzu.

Zahlreich sind die Inventare der zweiten und dritten Generation in den einzelnen Staaten des gesamten Deutschen Reichs nach 1900, die sich mehr oder weniger nach diesen ausdrücklich nur als Empfehlung gemeinten Vorgaben richteten. Vor allem aufgrund des nun verstärkten Einsatzes der Photographie, des größeren wissenschaftlichen Interesses an analysierenden Grundrissen und Schnitten sowie der erbetenen ausführlicheren Angaben zu Archivalien und sonstigen Quellen nahmen sie im Vergleich mit den Werken vor der Jahrhundertwende gewaltig an Umfang zu. Auch wurden die Texte ausführlicher, abgegangene Bauten kamen zum besseren Verständnis der Zusammenhänge in größerer Zahl hinzu. Es zeigte sich darüber hinaus schon bald neuer Bedarf an Karten in größerem Maßstab, die fortan als Beilage oder eigene beigebundene Faltblätter erschienen. Kurz, die Bände mussten sich seit der Jahrhundertwende auf die Bearbeitung einzelner Landkreise beschränken, um überhaupt handhabbar zu sein. Paul Ortwin Rave würdigte in seinem Überblick

über die Geschichte der Denkmalinventarisation bis zum Zweiten Weltkrieg ausdrücklich die herausragende Leistung dieser »vielleicht drei bis vier Dutzend (der) verschiedenen deutschen Inventarunternehmungen, von einbändigen bis zu über hundertbändigen Ausgaben, die innerhalb etwa dreier Generationen von Forschern erschienen sind.«[13]

Der wachsende Umfang war auch Folge des sich festigenden Interesses nicht mehr nur an den Bauten von Klerus und Monarchie, sondern ebenso an anderen, historisch bedeutenden Hinterlassenschaften der Architektur. So gingen einige Inventare – landschaftlich bedingt – mit ihrem Anwachsen verstärkt auf die ländliche Baukunst ein, andere auf städtische Bürgerbauten, wieder andere auf Zeugnisse der Industrieentwicklung. In den Inventaren spiegelte sich so die Vielgestaltigkeit der deutschen Kulturlandschaft mit ihren zahlreichen Facetten wider. Es zeichnete sich ab, dass die einzelnen Inventarreihen mit ihren inhaltlich und auch formal unterschiedlichen Ausrichtungen kaum in der Lage sein würden, einen einheitlichen, flächendeckenden Überblick über die Denkmale in Deutschland zu liefern, ja dass sie dies auch gar nicht zum Ziel hatten.

Von nicht wenigen allerdings wurde eben dieser Überblick gefordert. So kam es, dass mit dem Plan eines der großen Kunsthistoriker um 1900, ein neues, nun ganz Deutschland umfassendes Inventarisationsprojekt ins Leben gerufen wurde. Georg Dehio (Abb. 8), Ordinarius an der Universität Straßburg und einer der Gründerväter der modernen Denk-

6   Inventar Brandenburg, Glossar

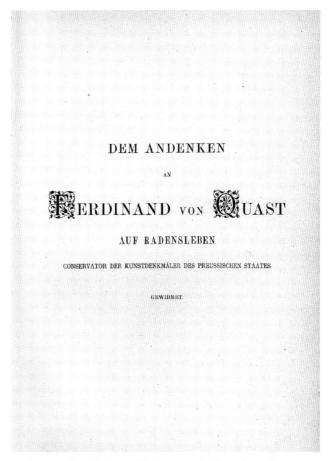

7   Inventar Brandenburg, Widmung an Ferdinand von Quast

malpflege, hatte auf dem ersten Tag für Denkmalpflege in Dresden im Jahr 1900 einen Entwurf zu einem »Handbuch der Deutschen Kunstdenkmäler« vorgelegt, mit dem der Öffentlichkeit ein Überblickswerk an die Hand gegeben werden sollte, das »nicht etwa eine Art Generalregister zu den Inventaren sein will, sondern ein urteilender, klärender Führer durch die Denkmälermasse«, wie er auf dem zweiten Tag für Denkmalpflege 1901 bekräftigte.[14] Der legendäre »Dehio« war geboren. Seine Geschichte, die bis heute in zahlreichen Neuauflagen und Neubearbeitungen ihre Fortsetzung findet, kann ich hier aber nicht weiter darlegen; außerdem wurde Dehio schon zu seinem 150. Geburtstag im Jahr 2000 sowie zum hundertjährigen Bestehen des Handbuchprojekts ausgiebig gefeiert.[15] Auch das Erscheinen des ersten Bandes der Reihe im Jahr 1905 wurde in der am 29. Juli 2005 in Dresden eröffneten Ausstellung »Zeitschichten« zum Anlass genommen, über »den Dehio« erschöpfend Auskunft zu geben.[16] Außerdem – und das darf nicht übersehen werden – handelt es sich beim »Dehio« nicht im eigentlichen Sinne um ein wissenschaftliches Inventar, sondern ausdrücklich um einen unter ästhetischen Gesichtspunkten gewährten Überblick über die im Titel eigens hervorgehobenen *Kunst*denkmäler, wie Dehio im Vorwort zum ersten Band erläutert.[17]

Zurück zu den eigentlichen Inventaren. Hier hat sich in der Zeit nach dem Zweiten Weltkrieg mit Blick auf die großen Verluste nicht nur des Bombenkrieges, sondern auch der Flächensanierungen der 1960er Jahre das allgemeine Interesse an unserer Vergangenheit – und damit an ihren gebauten Zeugen – noch einmal verstärkt. In der Folge sind die nunmehr entstandenen Groß-Inventare im Vergleich mit den alten Inventaren der Vorkriegszeit wiederum immens angewachsen. Dagmar Dietrich hat bei der Vorstellung ihres vierbändigen Inventars der Stadt Landsberg darauf hingewiesen, dass bei dieser umfangreichsten Form der denkmalkundlichen Veröffentlichung mittlerweile interdisziplinär gearbeitet wird. Neue Methoden, mit der Bauforschung insbesondere auch aus dem naturwissenschaftlichen Bereich, kommen zur Anwendung.[18] Es steht nicht mehr die zwar wissenschaftlich fundierte, aber auf schnelle Benutzbarkeit ausgerichtete lexikalische Übersicht über den Denkmalbestand wie in den alten Reihen im Vordergrund, sondern die umfassende Analyse beziehungsweise das wissenschaftliche Referenzwerk von ganz anderen Umfängen. Das Inventar der Stadt Minden aus der Reihe »Bau- und Kunstdenkmäler von Westfalen« etwa umfasst neun Bände. Und mit dem noch umfangreicher angelegten Bamberg-Inventar, von dem schon sechs gewichtige Viertel- und Halb-Bände erschienen sind – fünf weitere sind noch zu erwarten –, zeichnet sich sogar eine ganz neue Entwicklung ab: Der erste, noch in Vorbereitung befindliche Band »Stadtdenkmal und Denkmallandschaft« wird den Part der topographischen Einführung übernehmen, mithin einen eigenen Topographieband darstellen.

Mit dem Stichwort »Denkmaltopographie« bin ich in unserer brandenburgischen Gegenwart angelangt. (Abb. 9)

8    Georg Dehio

Angesichts des gewaltigen Umfangs der Nachkriegsinventare, die sich heutzutage nur noch auf ausgesuchte Orte von hohem und vielfältigem Aussagewert richten können – ich denke für unser Land in erster Linie an die Stadt Brandenburg – werden sich nur noch ganz wenige Bände in Deutschland realisieren lassen. Inzwischen haben sich aber auch die Anforderungen an die Darstellung unserer Denkmale geändert. Es ist notwendig geworden, das Denkmal nicht mehr nur als singuläre Erscheinung zu betrachten, sondern in seinem Kontext, in seinem städtebaulichen Zusammenhang. Denkmalkarten sind wichtig geworden, nicht nur für den allgemeinen Überblick über Verteilung und Lage der Denkmale, sondern ganz konkret als Medium in der Bauleit- und Landesplanung. Dies ist bereits seit den 1970er Jahren in der Diskussion: Im Jahr 1978 beschloss daher die Kultusministerkonferenz der Länder, eine bundesweit flächendeckende Dokumentation des baulichen Erbes erarbeiten zu lassen.[19] Diesem Beschluss folgten zahlreiche Planungsrunden und schließlich die Einigung auf verbindliche, neue Richtlinien, nach denen die nunmehr »Denkmaltopographie« genannte Reihe erarbeitet werden sollte.[20] Neu an dieser Form einer Darstellung der Ergebnisse der Denkmalinventarisation ist die besondere Hervorhebung der Kartierung, in der die Denkmale zu verzeichnen und sodann in Text und Bild zu erläutern sind.

Im 1991 gegründeten Brandenburgischen Landesamt für Denkmalpflege erkannte man die Tragweite des Topographie-Beschlusses sofort und arbeitete schon bald am ersten Band der für das Land namengebenden Stadt Brandenburg, der 1994 erschien.[21] Bis heute konnten wir zehn dieser Bände vorlegen und haben damit circa 20% des Landes abgedeckt. Mit dieser Leistung befinden wir uns etwa im Mittelfeld der

## LAND BRANDENBURG

9 Titelblatt Denkmal-
topographie Neuruppin

## Denkmale in Brandenburg

Band 1.1: Stadt Brandenburg an der Havel – Dominsel, Altstadt, Neustadt *(erschienen 1994)*
Band 1.2: Stadt Brandenburg an der Havel – Äußere Stadtteile und eingemeindete Orte *(erschienen 1995)*
Band 2.1: Stadt Cottbus – Altstadt und innere Stadtteile *(erschienen 2001)*
Band 3: Stadt Frankfurt (Oder) *(erschienen 2002)*
Band 5.1: Landkreis Barnim, Stadt Eberswalde *(erschienen 1997)*
Band 7.1: Landkreis Elbe-Elster, Ämter Herzberg, Falkenberg/Uebigau, Schlieben und Schönwalde *(erschienen 1998)*
Band 13.1: Landkreis Ostprignitz-Ruppin, Stadt Neuruppin *(erschienen 1996)*
Band 13.2: Landkreis Ostprignitz-Ruppin, Gemeinde Fehrbellin, Amt Lindow (Mark) und Stadt Rheinsberg *(erschienen 2003)*
Band 17.1: Landkreis Teltow-Fläming, Stadt Jüterbog mit Kloster Zinna und Gemeinde Niedergörsdorf *(erschienen 2000)*

10 Denkmaltopographie
Deutschland, Überblick

Ergebnisse aus den anderen Bundesländern. (Abb. 10) Wie man sieht, ist es einigen Landesämtern aus verschiedenen Gründen immer noch nicht gelungen, für ihr Gebiet die Reihe zu eröffnen – sei es, dass sie vorerst nur bebilderte Denkmallisten erstellen wie in Sachsen-Anhalt, sei es, dass die Arbeit an den Inventaren alter Prägung im Vordergrund steht wie in Westfalen. Meinen Erkundigungen zufolge gibt es jedoch in allen Ämtern Vorarbeiten zur Denkmaltopographie.

Nachzutragen bleibt, dass auch wir heute mit »Fragebogen« arbeiten, die wir jedoch »Erfassungsbogen« nennen. Sie sind im Gegensatz zur Ausführlichkeit des Bogens Ferdinand von Quasts mit seinen insgesamt über 200 Fragen auf wenige »datenbankgerechte« Stichpunkte nach Art einer Check-Liste gekürzt. Wir befinden uns heutzutage ja in der glücklichen Situation, dass wir im Kollegenkreis mit ausgebildeten Fachkräften arbeiten dürfen, die ihr Handwerkszeug bereits im Studium erworben haben und im Grunde genommen mit dem Erfassungsbogen nur einer Gedankenstütze bedürfen. Neben dieser Funktion dienen unsere Erfassungsbogen überdies der Rückversicherung, dass wir in Brandenburg auch nicht den Blick über die Landesgrenzen hinaus scheuen müssen und sowohl mit den Standards in Deutschland wie auch in Europa Schritt halten. 1995 wurde vom Europarat eine Empfehlung erarbeitet, der sogenannte »Core data index to historic buildings and monuments of the architectural heritage«, also ein Kerndatensatz, der die Erfassung von Daten über Denkmale europaweit vergleichbar oder wie man neudeutsch wohl sagt kompatibel machen soll.[22] Mit diesem Kerndatensatz stimmen unsere Stichworte im Erfassungsbogen überein.

Zum Schluss bin ich nun wohl noch eine Erklärung schuldig, warum ich so ausführlich auf die frühen Inventare und ihre Grundlagen eingegangen bin. Mein Ziel war es, in meiner kurzen Darstellung ausgehend vom Fragebogen von Quasts über die weitere Entwicklung vom ersten gedruckten Inventar in Hessen über die tiefgreifenden Inventare der Wende zum 20. Jahrhundert bis hin zu den gegenwärtig hergestellten, zum wissenschaftlichen Referenzwerk »aufgerüsteten« Inventaren und der vor allem in städtebaulichen Zusammenhängen argumentierenden Denkmaltopographie einen in zweifacher Hinsicht aussagekräftigen Bogen zu spannen. Von Quast, Dehn-Rotfelser, Bergau, Dehio, die vielen Autoren der folgenden Reihen bis hin zur gegenwärtigen Inventarisation[23] mit ihren Denkmallisten, Fundamentalinventaren und der Denkmaltopographie illustrieren nämlich nicht nur die wissenschaftliche Vertiefung der Inventarisation allein, sondern mit der Auswahl der behandelten Objekte im Besonderen auch den Entwicklungsgang unseres Geschichtsbewusstseins schlechthin[24]: Ausgehend von einer an nationalen und kirchlichen Großereignissen orientierten Geschichtsschreibung mit dem monarchisch-klerikalen Blick des 19. Jahrhunderts über ihre »Demokratisierung« im 20. Jahrhundert bis hin zu einem letztlich über den Wirkungsbereich des eurozentristischen Kunst-, Kultur- und Denkmalbegriffs[25] hinausreichenden Blick, handelt die heutige Landes- und in ihrer Folge auch die Denkmalkunde. Sie vertritt sozusagen in einer »globalisierten« Welt den Anspruch auf Darstellung unseres kulturellen Erbes im Ort, in der Region und in den flächendeckenden Reihen im ganzen Land. Und im Dienst dieses Erbes steht die gegenwärtige, die begehbaren Geschichtszeugnisse erforschende, erhaltende und schützende Denkmalpflege mit all ihren Maßnahmen auf der Grundlage ihrer Kenntnisse von den Denkmalen, die die Inventarisation liefert.

Und Ferdinand von Quast? Ihm gebührt das Verdienst, mit seinem vor über 150 Jahren bis ins kleinste Detail durchkonstruierten Fragenbogen der Denkmalinventarisation im Kern das Handwerkszeug bis hin zu ihren Einsatzgebieten im gegenwärtigen Umfang an die Hand gegeben zu haben. Er war mit seinem Inventarisationskonzept seiner Zeit weit voraus.

### Anmerkungen

1 Vgl. BbgDSchG § 1 (1).
2 Vgl. BbgDSchG § 17 (2).
3 Vgl. zuletzt MOHR DE PÉREZ 2001 (mit weiterführender Literatur) und ihren Beitrag in diesem Heft.
4 Für die neuere Forschung wurde der Fragebogen wieder durch die Dissertation von Felicitas Buch verfügbar gemacht, die mit diesem Werk auch erstmals Ferdinand von Quast eine tiefgreifende Untersuchung widmete. Dort ist er im Anhang wiedergegeben, BUCH 1990, S. 226–238.
5 Der gesamte Text des Fragebogens ist hier im Anhang abgedruckt.
6 Zit. nach: BUCH 1990, S. 58.
7 VON DEHN-ROTHFELSER/LOTZ 1870, S. IX.
8 Vgl. zu Bergaus Lebenslauf: WEISS 1996, S. 11–30.
9 BERGAU 1879, S. 465f.
10 ADLER 1862–98.
11 BERGAU 1885.
12 Die Denkmalpflege 1902, S. 76–79.
13 RAVE 1953, S. 73–88.
14 Zit. nach WEIS 2005, S. 64.
15 Vgl. hierzu BETTHAUSEN 2000.
16 Vgl. hierzu WEIS 2005.
17 Ebenda, S. 61.
18 DIETRICH 1995, S. 63–66.
19 »Empfehlung zu einer Dokumentation der Baudenkmäler in der Bundesrepublik Deutschland (Beschluss der Kultusministerkonferenz vom 08.12.1978 [Nr. 2160]): Die Bewahrung des nationalen Denkmälerbestandes und damit die Bewahrung der historischen Dimension unseres Lebensraumes für die Zukunft ist eine wichtige kulturpolitische Aufgabe unserer Zeit. Die Ständige Konferenz der Kultusminister beschließt, als eine der Voraussetzungen hierfür eine umfassende Dokumentation des baulichen Erbes in der Bundesrepublik Deutschland erstellen zu lassen, der einheitliche wissenschaftliche Kriterien zugrunde liegen sollen. Die Verantwortung für Inhalt und Herstellung der einzelnen Bände soll – unbeschadet der Koordinierung durch die Vereinigung der Landesdenkmalpfleger – bei den einzelnen Ländern bzw. Denkmalämtern liegen.« – Vgl. zur Geschichte der Denkmaltopographie, u.a. auch zu ihrer Rückbindung an die Haager Konvention: PASCHKE 2007 sowie ECHTER 2006.
20 RICHTLINIEN DER VEREINIGUNG DER LANDESDENKMALPFLEGER 1981, S. 69.
21 CANTE 1994.
22 Council of Europe, Core data index to historic buildings and monuments of the architectural heritage, Recommendation R (95) 3 of the Committee of Ministers of the Council of Europe to member States on co-ordination documentation methods and systems related to historic buildings and monuments of the architectural heritage, Strasbourg 1995.
23 Zur gegenwärtigen Denkmalinventarisation vgl. das Grundsatzpapier der Arbeitsgruppe Inventarisation in der Vereinigung der Landesdenkmalpfleger in der Bundesrepublik Deutschland (http://www.denkmalpflege-forum.de/Veroffentlichungen/Arbeitsblatter/arbeitsblatter.html, Nr. 24).
24 Zum Wandel der Inventare vgl. HILGER 1982, S. 82–87.
25 Zu der seit Jahrzehnten geführten Diskussion um den »Denkmalbegriff« vgl. PASCHKE 2006, S. 30–34, mit ausgewählter Literatur.

# Ferdinand von Quast: »Denkmale der Baukunst in Preussen. Ermland«[1]

CHRISTOFER HERRMANN

**Das Konzept der »Denkmale der Baukunst in Preussen«**
In seiner Denkschrift »Pro memoria in bezug auf die Erhaltung der Altertümer in den Königlichen Landen« umriss Ferdinand von Quast 1836/37 das Tätigkeitsfeld eines zukünftigen Konservators der Kunstdenkmäler in Preußen. Zu den vielen Aufgaben eines solchen Amtes zählte er auch die Herausgabe eines populärwissenschaftlichen Werkes über die Monumente der Baukunst im Königreich Preußen: »Diese wissenschaftliche Tüchtigkeit würde ihn auch befähigen, wenn es anderweitig für gut befunden würde, ein Werk über die Altertümer des Landes herauszugeben, die nötige Auswahl aus dem alsdann gewiß reichlich gesammelten Material der Abbildungen und urkundlichen Nachrichten zu veranstalten.«[2]

Als Ferdinand von Quast 1843 schließlich selbst mit diesem Amt betraut wurde, begann er auch mit den ersten vorbereitenden Arbeiten zur Publikation eines ersten Bandes zu den preußischen Kunstdenkmälern. (Abb. 1) Mit einer solchen Publikation verfolgte von Quast gleich mehrere Ziele. Zum einen sollte der interessanteste Teil der bei den geplanten Denkmalsinventarisationen gesammelten Erkenntnisse zu den preußischen Altertümern der Öffentlichkeit präsentiert werden. Anders als heute, wo eine Inventarisation von Baudenkmälern fast immer auch mit der Absicht einer Publikation derselben einhergeht, war dies bei den frühen Inventarisationsunternehmen des 19. Jahrhunderts noch nicht der Fall. Die Inventare gelangten in die Archive der für die Bau- und Kulturangelegenheiten zuständigen Behörden und konnten dort nur von den Fachleuten und Beamten eingesehen und benutzt werden.

1 Ferdinand von Quast, Denkmale der Baukunst in Preussen, Titelblatt.

In der schon erwähnten Denkschrift hatte von Quast die »wenig verbreitete Anhänglichkeit« des Volkes an seine Altertümer bemängelt[3], weshalb es ihm ein wichtiges Anliegen war, die Begeisterung für die alten Denkmale zu wecken.[4] Da eine Veröffentlichung der Gesamtinventare in ihrer wahllosen Fülle auf den interessierten Laien wohl eher abschreckend gewirkt hätte, war es für die Popularisierung des Denkmalgedankens daher sinnvoll, in einer speziellen Schriftenreihe jeweils eine sorgfältige Auswahl der in den einzelnen Provinzen vorhandenen herausragenden und charakteristischen Baudenkmäler vorzustellen. Man darf der von Ferdinand von Quast geplanten Reihe sicherlich eine gewisse pädagogische Absicht unterstellen.

Die Intention des Konservators ist in einer Werbeschrift formuliert, die 1853, nach dem Erscheinen des ersten Heftes, verbreitet wurde, um Interessenten zum Kauf der nachfolgenden Hefte zu gewinnen: »Das vorgenannte, von dem Conservator der Kunstdenkmale im Preußischen Staate, Herrn Baurath von Quast, herauszugebende Werk erscheint in Heften zu 6. farbig und schwarz lithographirten Blättern mit erläuterndem Text. Dasselbe wird in einer nach den Provinzen des Staates geordneten Reihenfolge in angemessener Darstellung die hervorragendsten und größtentheils noch unbekannten baulichen Kunstdenkmale enthalten, auf deren Erforschung und Erhaltung der Herr Verfasser seine ganze Thätigkeit verwendet und deren Studium mit ebensoviel Eifer als Glück im Interesse der Kunst und Wissenschaft ausgebeutet hat. Es zeugen davon der künstlerische Inhalt des erschienenen ersten Heftes sowohl als der beigegebene Text und ist schon daraus zu entnehmen, daß die Absicht des Verfassers bei Herausgabe des Werkes, nämlich

> das gebildete Publikum für die geschichtlichen Monumente der Vergangenheit zu interessiren und darüber aufzuklären,
> dem Techniker die Mittel zum Studium dieser Bauwerke durch Hinzufügung vieler Details zu ermöglichen,
> der Erforschung historisch kirchlicher Verhältnisse in den verschiedenen Provinzen eine bestimmte auf Thatsachen gegründete Richtung anzubahnen

erreicht werden dürfte.«[5]

**Das Ermland als Forschungsgegenstand Ferdinand von Quasts**
Die erste Region, die in der neuen Schriftenreihe vorgestellt wurde, war das Ermland, derjenige Teil der Provinz Ostpreußen, der bis 1772 als katholisches Fürstbistum (seit 1466 unter polnischer Oberherrschaft) bestanden hatte und in Folge der ersten Teilung Polens an Preußen gelangt war. Für die Kunstge-

2   Heilsberg, Bischofsburg:
Innenhof, Zeichnung von
Quasts (1844?)

3   Heilsberg, Bischofsburg: Innenhof, Aquarell von Quasts

INNERER HOF DES SCHLOSSES HEILSBERG.

4    Lithographie nach der Vorlage des Aquarells (Abb. 3), Tafel 4 des Albums

schichtsschreibung des Ermlands ist es ein besonders glücklicher Umstand, dass einer der bedeutendsten Kunsthistoriker des 19. Jahrhunderts einen Teil der abgelegenen ostpreußischen Provinz zum Gegenstand seiner wissenschaftlichen Forschungen machte. Der erste Band der »Denkmale der Baukunst in Preussen« präsentiert die Quintessenz der vielen Reisen und Studien Ferdinand von Quasts im Ermland und bildet den eigentlichen Beginn der kunsthistorischen Erforschung der ermländischen Architektur des Mittelalters.

Warum wählte Ferdinand von Quast ausgerechnet das Ermland als Gegenstand und Pilotprojekt für den ersten Band der neuen Schriftenreihe? Das Königreich war übersäht mit Baudenkmälern höchsten Ranges, die Architektur des Ermlands war hingegen kaum über die Grenzen Ostpreußens hinaus bekannt. Die Vermutung Jahns, dass der Konservator bewusst die »unbekannteste Provinz« für den ersten Band wählte[6], erscheint nicht sehr überzeugend. Viel eher waren es die Übersichtlichkeit, territoriale Geschlossenheit und die große Einheitlichkeit der ermländischen Architekturlandschaft, die von Quast zu seiner Wahl bewegten. Hätte er sich beispielsweise einen Bereich des Rheinlands ausgesucht, mit einer hohen Denkmälerdichte und herausragenden Bauwer-

ken von der Römerzeit bis zum Barock, so wäre die Arbeit schon aufgrund ihres großen Umfangs vermutlich kaum zu bewältigen gewesen.

Ein weiterer Grund für die Wahl des Ermlands lag sicherlich in der Wertschätzung, die der Konservator der ermländischen Architektur und ihrer Einbindung in die Landschaft entgegenbrachte. Im Textteil hat er bei manchen Bauten (insbesondere der Burg in Heilsberg und dem Dom in Frauenburg) die einzigartige Schönheit und architektonische Besonderheit lobend hervorgehoben. So schreibt er über Frauenburg: »Kaum dürfte eine andere Cathedrale in ganz Deutschland, was Schönheit der Lage betrifft, mit der des Bisthums Ermeland zu Frauenburg zu vergleichen sein.«[7] Bei seinen Reisen in die östlichste Provinz des Königreichs hatte der Konservator offenbar eine besondere Vorliebe für die Architektur dieser weitgehend unberührten Landschaft entwickelt. Die Hingabe und Liebe zum Detail, die dem Betrachter der Zeichnungen und Leser der Beschreibungen des Ermlandbandes nicht entgehen kann, weisen auf die Faszination der ermländischen Kirchen und Burgen hin, der Ferdinand von Quast erlegen war. Diese historische Landschaft erschien unmittelbarer und unverfälschter zu

5    Frauenburg, Haupttor. Lithographie. Tafel 14 des Albums.

sein als die prosperierenden Zentren in der Mitte oder im
Westen der preußischen Monarchie, in denen die moderne
Zeit schon umfangreiche Spuren der Veränderung und Zer-
störung hinterlassen hatte.

Schließlich war es Ferdinand von Quast gelungen, das
Interesse seines Monarchen an der Burg in Heilsberg zu wecken. Als er im Herbst 1844 erstmals das Ermland besuchte,
war auch Friedrich Wilhelm IV. anlässlich eines Manövers
in Heilsberg. Von Quast nutzte die Gelegenheit und führte
den König durch die Burg. Es gelang dem Konservator offenbar, den kunstinteressierten Monarchen für diesen Bau zu
begeistern, denn in Folge des Besuchs ließ der König einige
Restaurierungsarbeiten ausführen.[8] Vermutlich entstand aus
dieser Begegnung auch der Wunsch, die Heilsberger Burg der
Öffentlichkeit durch eine Publikation bekannt zu machen.
Friedrich Wilhelm IV. hat die Entstehung des Heilsberg
gewidmeten ersten Heftes der »Denkmale der Baukunst«
aufmerksam verfolgt. Ferdinand von Quast legte ihm die
Entwürfe und den Erstdruck der Lithographien persönlich
vor. (Abb. 2, 3, 4) Dieses Interesse des Königs war sicherlich
auch ein Beweggrund dafür, die Publikationsreihe mit dem
Ermland beginnen zu lassen.

**Die Entstehungszeit des Ermlandbandes**

Als Erscheinungsdatum des Ermlandbandes wird in der
Literatur 1852 angegeben. Tatsächlich erschien in diesem
Jahr jedoch nur die aus sechs Lithographien und den dazugehörigen Beschreibungen bestehende erste Lieferung, die
sich ausschließlich mit der Burg und der Stadt Heilsberg
befasste. Erst im Laufe der folgenden zwölf Jahre wurden drei
weitere Lieferungen fertig gestellt. Die Erscheinungsdaten
sind im gedruckten Werk nicht angegeben, sie lassen sich
aber aus den Eintragungen des Tagebuchs recht zuverlässig
erschließen.[9]

Die vorbereitenden Arbeiten zu Heilsberg begann von
Quast im März und April 1850, als er die Aquarelle mit den
Ansichten der Burg anfertigte. Danach widmete er sich aber
zunächst einem Aufsatz über die Marienburg, so dass die
Forschungen zu Heilsberg ruhen mussten. Am 20. November
1850 besprach er die Heilsberger Zeichnungen mit August
Stüler, dem königlichen Architekten, seinem Freund. Erst
im Dezember 1851 fand der Konservator wieder Zeit, sich
mit Heilsberg zu beschäftigen. In der Vorweihnachtszeit
zeichnete er die Grundrisse und Pläne der Burg. Im Februar
1852 fertigte von Quast die Ansichten der Kirche und der

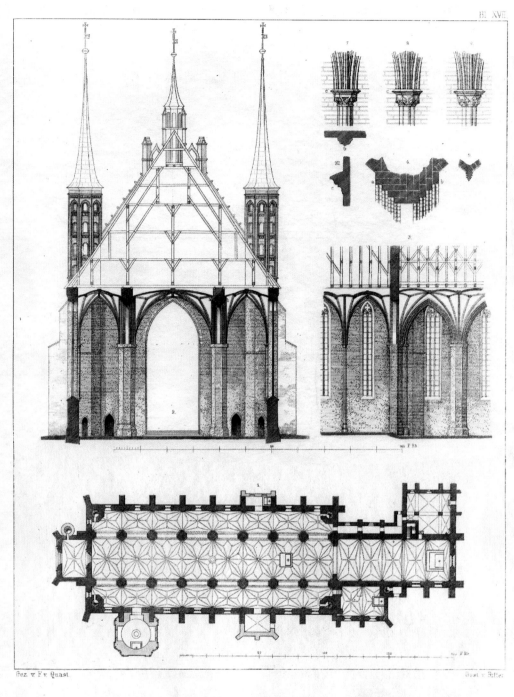

Tf. XVII

Gez. v. F. v. Quast.　　　　　　　　　　　　　　　　　　　　Gest. v. Ritter

DOM ZU FRAUENBURG.
GRUNDRISS UND DURCHSCHNITTE NEBST DETAILS.

6　Frauenburg,
Dom: Grundriss und
Schnitt, Tafel 17 des
Albums

Stadt Heilsberg an, und im April und Mai verfasste er die Texte. Das fertige Manuskript der ersten Lieferung legte der Konservator am 22. Juni 1852 dem König in einer Privataudienz vor. Der Druck des Werkes erfolgte vermutlich im September durch die königliche lithographische Druckerei zu Berlin und am 23. Oktober 1852 überreichte Ferdinand von Quast das erste Exemplar König Friedrich Wilhelm IV. in Potsdam-Sanssouci.

　　Im Winter des gleichen Jahres begann der Konservator mit den Arbeiten zur zweiten Lieferung, die die Orte Wormditt, Rößel und Guttstadt umfasste. Von Oktober bis Dezember 1852 entstanden die Zeichnungen für Wormditt, in den folgenden Jahren konnte er sich jedoch nur noch gelegentlich mit der Vorbereitung der Publikation befassen. Die letzten Vermerke zu den drei genannten Orten finden sich im Frühjahr 1859, so dass wir annehmen können, dass die Drucklegung der zweiten Lieferung im Sommer dieses Jahres erfolgte. Von Januar bis März 1860 zeichnete von Quast für die dritte Lieferung die Ansichten und Pläne von Frauenburg.[10] (Abb. 5, 6) Die Ausarbeitung des Textes erfolgte überwiegend am Jahresende. Der Druck der dritten Lieferung ist daher für 1861 anzunehmen. Die vierte und letzte Lieferung behandelte die Städte Braunsberg, Seeburg und Allenstein sowie eine Reihe von ermländischen Dorfkirchen. (Abb. 7) Ein Teil der vorbereitenden Zeichnungen entstand schon 1860, parallel zu den Arbeiten am Frauenburger Heft. Danach blieb das Projekt zwei Jahre liegen. Der Konservator hielt sich 1861 und 1862 für mehrere Wochen in Ostpreußen und dem Ermland auf und hat dabei – neben seinen anderen dienstlichen Verpflichtungen – Studien für den letzten Teil des Ermlandbandes angestellt und noch fehlende Zeichnungen (insbesondere zu Braunsberg und einigen Dorfkirchen) angefertigt.[11] Erst im Dezember 1862 konnte von Quast sich wieder dem Ermland-Manuskript zuwenden. Bis in den November 1863 hinein finden sich Eintragungen zu Arbeiten an diesem Projekt, wobei die Beschäftigung mit Allenstein im Vordergrund stand. Den Druck der vierten Lieferung kann man demnach im Frühjahr 1864 vermuten.

Aufgrund der langwierigen Entstehungszeit des Ermlandbandes beantwortet sich die Frage, warum keine weiteren Folgen der »Denkmale der Baukunst in Preußen« erschienen sind, von selbst. Das Projekt, das eigentlich alle Provinzen des Königreichs umfassen sollte, war über die Darstellung einer halben Provinz nicht hinausgelangt. Das Scheitern dieses ambitionierten Vorhabens lag nicht nur in der Überforderung von Quasts begründet, der auch hier ganz allein arbeiten musste, sondern ebenfalls in der mangelnden staatlichen Förderung des Werkes, die weit hinter den ursprünglichen Erwartungen des Konservators zurückgeblieben war. In einem Schreiben an Kugler vom 11. Januar 1853 beschwerte sich von Quast verbittert über die mangelnde Unterstützung seiner Tätigkeit durch das Ministerium.[12] Hinzu kam noch, dass das Interesse und die Begeisterung des Monarchen für das Werk nach dem Erscheinen des ersten Heftes über Heilsberg offenbar nachgelassen hatten.

### Populsarisierungs- und Aufklärungstendenzen
Im Ermlandband finden sich viele popularisierende und didaktische Elemente. Der Konservator wollte mit seiner Schrift nicht die Gelehrten, sondern die interessierte Öffentlichkeit erreichen. Ferdinand von Quast bemühte sich daher, seine Erläuterungstexte in einer für den Laien verständlichen Sprache zu formulieren sowie den Gang seiner Argumentation möglichst logisch und leicht nachvollziehbar zu gestalten.

Darüber hinaus stellte er sowohl in seinen Zeichnungen als auch in den Textbeiträgen malerisch-romantische Ansichten neben sachlich-nüchterne Baubeschreibungen.[13] Der Leser sollte zunächst durch die Faszination einer idyllischen Ansicht gefangen genommen werden, um danach offener für eine gehörige Portion wissenschaftlicher Belehrung zu sein. Dies zeigen schon die ersten beiden Lithographien mit den Ansichten von Stadt und Burg Heilsberg. (Vgl. Abb. 4) Im Begleittext kann man hierzu folgende romantisch angehauchte Erläuterung finden: »Es ist nicht zu sagen, wie wohltuend das tiefgefärbte Mauerwerk mit dem saftigen Grün

der Umgebung harmonirt, beides im klaren Wasserspiegel doppelt verklärt. Selbst die etwas wüste, nächste Umgebung des Schlosses, das jetzt ganz unbenutzt dasteht, verfehlt nicht die wehmütige ernste Stimmung zu verstärken, welche den Beschauer ergreift.«[14]

Neben diesen romantisierenden Elementen findet man im Ermlandband aber auch Aspekte der Volksaufklärung. Ferdinand von Quast griff Schauergeschichten und Sagen auf, die über einige der Bauwerke erzählt wurden, um diese phantasievollen Schilderungen dann zu entmythologisieren und auf ihren realen Gehalt zu reduzieren. In diesem Sinne geht er beispielsweise recht ausführlich auf das Schicksal von Gefangenen im Bergfried der Heilsberger Burg ein, das in volkstümlichen Erzählungen übertrieben gruselig dargestellt wurde.[15]

### Nationale und antipolnische Tendenzen
Ferdinand von Quast war als Kunsthistoriker und Denkmalpfleger in vielen Fragen seiner Zeit weit voraus und vertrat erstaunlich moderne, bis heute aktuelle Auffassungen. Es lassen sich in seinem Denken aber auch einige zeitbedingte negative Sichtweisen feststellen. Hierzu gehört vor allem die bei ihm schon deutlich spürbare nationale Komponente. An einigen Stellen seiner Erläuterungstexte ist eine erkennbare Abneigung gegen Polen nicht zu übersehen. So schreibt er etwa im Zusammenhang mit der Gefährdung des Heilsberger Schlosses im Nordischen Krieg: Es »musste Heilsberg in den Kriegen Schwedens gegen Polen dafür büssen, dass dieser Sitz, den deutsche Frömmigkeit und deutsches Blut dem Christenthum und der Gesittung erworben, nunmehr bloss polnischen Magnaten unter dem Titel von Bischöfen als Mittel diente, um ein schwelgerisches Genussleben zu führen.«[16]

Mehrfach äußert von Quast auch eine Geringschätzung der künstlerischen Leistungen der unmittelbar vorhergehenden Generationen. Dies betraf vor allem die Zeit des ausgehenden 18. und beginnenden 19. Jahrhunderts. Mehrmals macht er abfällige Bemerkungen über Barockbauten oder den »Zopfstil«. So sah er z.B. im barocken Flügel der Allensteiner Burg nur eine »Verunstaltung« des Schlosses, und die nach einem Brand von 1806 wiederaufgebaute Innenstadt von Rößel war für ihn »ohne das mindeste architektonische oder archäologische Interesse«.[17] Bezüglich der Innenausstattung des Frauenburger Doms verknüpfte er seine Abneigung gegen Polen und den »Zopfstil«: »Die Ausmöblierung der Kirche gehört, wie überall wo der Polonismus herrschte, der Zopfzeit an, welche nur wenige ältere Monumente verschont hat.«[18] Solche zeitbedingten Negativurteile sind allerdings nur eine Randerscheinung im Werk Ferdinand von Quasts. Man sollte sie aus falsch verstandener Wertschätzung gegenüber dem Autor zwar nicht übersehen, allerdings auch nicht überbewerten. Zugunsten der Persönlichkeit des Konservators muss an dieser Stelle darauf hingewiesen werden, dass er zwischen seinem persönlichen Geschmack und den

Ferdinand von Quast: »Denkmale der Baukunst in Preussen. Ermland«

53

7   Ermländische Dorfkirchen, Tafel 23 des Albums

vernünftigen Grundsätzen denkmalpflegerischen Handelns zu unterscheiden wusste. Wenn notwendig, hat er sich auch für den Erhalt der barocken Ausstattung in mittelalterlichen Kirchen eingesetzt, auch wenn er den künstlerischen Wert dieser Kunstwerke nicht besonders schätzte.[19]

### Schlusswürdigung

Mit seinem Werk über die Baudenkmäler des Ermlands schuf Ferdinand von Quast ein glänzendes Beispiel populärwissenschaftlicher Literatur. In einer gelungenen Mischung aus romantischer Beschaulichkeit und wissenschaftlich fundierter Sachlichkeit, wird der Betrachter in den Bann einer kleinen und bis zur Mitte des 19. Jahrhunderts noch weitgehend unberührten Kulturlandschaft gezogen. Ferdinand von Quast, einer der wichtigsten Gründerväter der deutschen Kunstgeschichte, zeigt sich im Ermlandband nicht nur als brillanter Pädagoge, der Sachkenntnis und Begeisterung für den Gegenstand seines Faches zu vereinigen weiß, sondern auch als Künstler, der mit Stift und Feder sowohl die von Werken der Architektur ausgehenden Stimmungen als auch technische Details genauestens wiederzugeben verstand.

### Anmerkungen

1 Dieser Beitrag ist (mit einigen Modifikationen) schon im Ausstellungskatalog zu den ermländischen Ansichten publiziert worden (HERRMANN/RZEMPOŁUCH 2006, S. 75–81).
2 KOHTE 1977, S. 114–138, S. 135.
3 Ebenda, S. 133.
4 Möglicherweise dachte von Quast auch an den Erfolg des 1799 von Friedrich Frick veröffentlichten Tafelbandes über die Marienburg, der die Berliner Öffentlichkeit auf den geschichtlichen Wert und die Gefährdung der ehemaligen Hochmeisterresidenz aufmerksam gemacht und einen entscheidenden Anstoß zur Erhaltung und Restaurierung dieses Denkmals gegeben hatte.
5 GStA PK, I. HA, Rep. 76Ve, Sect. I, Abt. XV, Nr. 168. Abschrift von Thorsten Kahlbaum, der mir diese Quelle freundlicherweise zur Verfügung gestellt hat.
6 JAHN 1936.
7 VON QUAST 1852, Textband, Kommentar zu Blatt XIII (S. 23).
8 Ebenda, Textband S. 6.
9 Die Tagebücher von Quasts sind kriegsbedingt nicht mehr erhalten. Es wurden jedoch 1930 Auszüge (für die Jahre bis 1865), die dienstlichen Angelegenheiten betreffend, angefertigt, die sich heute in der Plansammlung der Universitätsbibliothek der TU Berlin befinden. Die nachfolgenden Angaben basieren auf diesen Tagebuchauszügen.
10 Das Jahr 1860 wird auch bestätigt durch ein datiertes Wasserzeichen (»Watman 1860«) auf der von Ferdinand von Quast verfassten Vorlage für das Blatt XVI (Domvorhalle Frauenburg): Instytut Sztuki PAN, Warschau: Inventar Nr. 5777.
11 Ein Teil der Zeichnungen befindet sich heute im Warschauer Instytut Sztuki PAN; sie sind im Ausstellungskatalog vollständig abgebildet und beschrieben (HERRMANN/RZEMPOŁUCH 2006, S. 83–207).
12 Ferdinand von Quast war insbesondere darüber erbost, dass sein eigenes Ministerium zunächst keine Hefte des Ermlands subskribieren wollte (JAHN 1936, S. 18f.). Erst später wurde eine Bestellung von 50 Exemplaren getätigt (ebenda, S. 21).
13 Auch hier mag der Marienburger Tafelband von 1799 vorbildhaft gewirkt haben.
14 VON QUAST 1852, Textband, Kommentar zu Blatt II (S. 4).
15 Ebenda, Kommentar zu Blatt V (S. 10): »Es ist bekannt, dass die rege Phantasie dergleichen Schauergeschichten gern an jedes alte Gemäuer anknüpft, dadurch aber noch keinen Beweis derselben begründet.«
16 Ebenda, Textband, Kommentar zu Blatt II (S. 4).
17 Ebenda, Textband, Kommentar zu Blatt VII (S. 13).
18 Ebenda, Textband, Kommentar zu Blatt XVII (S. 33).
19 So etwa bei der Danziger Marienkirche, wo er seinen Standpunkt in einem Gutachten von 1846 erläuterte (KEYSER/GRUBER 1929, S. 87–89).

# Denkmalpflege in der preußischen Provinz Brandenburg nach Ferdinand von Quast

Andreas Meinecke

Die Geschichte der Denkmalpflege in der preußischen Provinz Brandenburg/Berlin ist ein Feld mit komplexen Fragestellungen, geprägt von Fortschritten und Widersprüchen, an der eine Vielzahl von Architekten, Provinzialdenkmalpflegern und Konservatoren Anteil hatten. Es ist daher schon vor längerer Zeit erkannt worden und seitens des Brandenburgischen Landesamtes vorgesehen, ein umfassendes Forschungsprojekt zu realisieren, das sich der Geschichte der Denkmalpflege in der Zeit nach Ferdinand von Quast widmet, die in etwa mit den historischen Zäsuren von 1870/71 und 1914/18 abzustecken ist. Dies geschieht in dem Wissen, dass jene Epochenschritte keineswegs deckungsgleich mit den Zäsuren in der Denkmalpflege sind, die eher um 1875/80, um 1891/93 und nach 1905/07 anzusetzen sind.

Hier kann nur ein kursorischer Überblick über einige Facetten der Denkmalpflege in der Provinz Brandenburg gegeben werden. Es ist eine Bestandsaufnahme der Arbeiten, die vor einigen Jahren an der Brandenburgischen Technischen Universität geleistet wurden und zugleich der Versuch, Problemfelder zu definieren. Die Betrachtung müsste mit der Untersuchung der letzten Wirkungszeit von Quasts einsetzen.

## Ferdinand von Quasts letzte Jahre

Vieles von dem, wofür von Quast in der Denkmalpflege gekämpft hatte, wies für Jahrzehnte voraus, beispielsweise die listenweisen Aufstellungen von restaurierungswürdigen Bauwerken in den detaillierten Jahresberichten (ab 1845), die Regelung des Verhältnisses zur Oberbaudeputation, die Forderung nach Begründung eines Zentralarchivs, nach Herausgabe einer Zeitschrift für Denkmalpflege und nach einer fundierten Ausbildung der Architekten in Bezug auf historisch wertvolle Baudenkmäler, die Gründung einer Kommission zur Erforschung und Erhaltung der Kunstdenkmäler, die systematische Bereisung der Provinzen und natürlich der Kampf um einen jährlichen festen Fonds für Denkmalpflege.

Die in der Plansammlung der Technischen Universität Berlin noch vorhandenen Tagebücher könnten Hinweise auf die Aktivitäten aus dem letzten Jahrzehnt des Wirkens von Quasts liefern. Von den einst zehn Bänden Tagebüchern, die von Quast führte, existieren noch zwei Auszugstagebücher, die 1930 als kompilierende Abschriften zusammengestellt wurden. Das zweite umfasst wenigstens die Zeit bis Ende 1865 und ist auch für die berufliche Tätigkeit von Quasts relevant. Wichtig waren die Auslandsreisen, u.a. 1867 nach Paris und Belgien, 1868 nach Dänemark und 1874 nach Kopenhagen und Schweden und die Kontakte zu Persönlichkeiten der

Gesellschaft. Für die jährliche Inspektionsreise ließ sich von Quast z.B. 1876 von Rudolf Bergau vertreten, der ihn noch in Radensleben besuchte.[1]

Aus den dreizehn noch erhaltenen Notizbüchern ist zumindest zu entnehmen, welche brandenburgischen Baudenkmäler von Quast während seiner Inspektionsreisen aufsuchte und zu welchen er Bauzustandsbeschreibungen verfasste: nämlich von der Wunderblutkapelle in Wilsnack (1843–49), der Franziskanerklosterkirche in Berlin (1842–62), dem Dom in Havelberg (1841), dem Dom St. Nikolai in Jüterbog (1841–58), der Prämonstratenserklosterkirche in Jerichow (1843–56), der Marienkirche in Königsberg/Neumark (1847, Turm erst 1859–61) (Abb. 1), von St. Pauli in Brandenburg (1853–54), der Stadtbefestigung in Gransee (1857), von den Zisterzienserklöstern in Zinna (1846) und Zehdenick (1856) und der Schlosskapelle in Ziesar (1858). Daten aus den 1870er Jahren sucht man hier vergebens.

Ferdinand von Quast wurde nur in einer Reihe von Fällen auf vorausgehende Anfrage aus den Bauverwaltungen der Regierungsbezirke durch den Kultusminister zu einem fachlichen Gutachten aufgefordert. Selbst in der Oberbaudeputation, deren Mitglied er war, trat er vorwiegend als Baugeschichtsforscher (Erechtheion auf der Athener Akropolis, Mittelalterliche Denkmäler Siziliens) und als kunsthistorischer Berater und Abnehmer von Prüfungen auf. Zwei Beispiele für Gutachten von Quasts über Instandsetzungen und Restaurierungsvorhaben an brandenburgischen Kunstdenkmälern aus dem letzten Lebensjahrzehnt seien aber erwähnt: das zur Franziskanerklosterkirche in Angermünde (November 1872) und jenes zur Ruine der Heiliggeistkapelle in Jüterbog (September 1874), in denen er sich jeweils für eine sichernde Erhaltung und gegen kostspielige Wiederherstellungen aussprach. Im letztgenannten Fall bescherte dies dem Denkmal letztendlich den Untergang, weil eine solche Argumentation vom Handelsministerium als Verzicht auf die Erhaltung interpretiert wurde.

## Die Situation in der Provinz Brandenburg / Berlin um 1875/85

Das Jahrzehnt von 1870 bis 1880 war auch geprägt durch eine Reihe verschiedenster Entwicklungen.

1. Für die staatlich verwaltete Denkmalpflege bedeutete die »Neue Provinzialordnung für die sechs östlichen Provinzen« vom 29. Juni 1875 einen wichtigen Schritt. Sie stellte zwar eine größere konstitutionelle Selbstverwaltung der Provinzen sicher. Damit war aber das Nebeneinander des Oberpräsidenten der Provinz – der in Finanz-, Besetzungs- und Organisationsfragen der Denkmalpflege und

1   Marienkirche in
Königsberg/Neumark

für Restaurierungen die oberste Instanz war –, und des
Regierungspräsidenten an der Spitze der Bezirksregierung
verbunden, der wiederum in der »Abteilung I Inneres« die
Bauangelegenheiten (Hochbau, Erhaltungen, architektonische Restaurierungen) verwalten ließ.[2] Dies war für
die Entwicklung einer einheitlichen denkmalpflegerischen
Praxis, Inventarisation und Methodik ungünstig.

Mit der Provinzialordnung verbunden war das Dotationsgesetz vom 5. Juli 1875, das eine größere finanzielle
Eigenständigkeit der Provinz garantierte. Der Schwerpunkt der provinzialen Selbstverwaltung lag allerdings
im Straßenbau und der Volkswohlfahrt, während die
Aufgaben des Denkmalschutzes und die Förderung von
Geschichts- und Altertumsvereinen hinten anstanden.[3]

2. In Potsdam war Paul Emanuel Spieker (1819–96), der
noch unter Stüler studiert hatte und Lehrbeauftragter an
der Bauakademie war, von Anfang der 1870er Jahre bis
1878 als Regierungs- und Baurat in der Kgl. Regierung,
Abt. I des Innern, für die Bausachen und die Restaurierungen von Baudenkmälern im Regierungsbezirk
Potsdam tätig. Spieker – der uns heute vor allem durch
den Großen Refraktor auf dem Telegrafenberg geläufig
ist – war 1877 sowohl für die Instandhaltung der Sakristei
der Pfarrkirche St. Nikolai in Jüterbog als auch für die
Instandsetzung der baufälligen Hospitalskapelle St. Georg
in Eberswalde (Abb. 2) verantwortlich. Im Gutachten zu
letztgenanntem Bau prägte Spieker den Satz: »Erhalten
werden muss, was irgend erhalten werden kann.« Er

2  St. Georg in Eberswalde, Innen-
aufnahme vor der Restaurierung 1879

3  Fürstenwerder (Uckermark),
Woldegker Tor, um 1956

unterschied als Architekt methodisch klar zwischen der Instandsetzung und dem entwerferisch anspruchsvolleren Gebiet der »architektonischen Restauration«.[4]

3. Bedeutsam, aber bisher nicht gewürdigt, wurde die Tätigkeit von Heinrich von Dehn-Rotfelser (1825–85) zunächst für die Provinz Brandenburg, später als Konservator der Kunstdenkmäler für Preußen. Er war durch das vorbildliche Inventar der »Baudenkmäler im Regierungsbezirk Cassel« (mit Wolfgang Lotz 1870) hervorgetreten. Wenig bekannt ist, dass der als Hofbaumeister in Kassel-Wilhelmshöhe tätig gewesene Dehn von April 1878 bis 1880 als Regierungs- und Baurat in Potsdam für Hochbauten und Erhaltungen an Baudenkmälern im Regierungsbezirk verantwortlich war. Eigenartigerweise

trat er noch als Baurat entgegen den Bestimmungen des Kultusministers im Mai 1878 für den Abbruch des mittelalterlichen Woldegker Tores in Fürstenwerder (Uckermark) (Abb. 3) ein.[5]

Die von Dehn-Rotfelser als oberster Konservator in der Provinz Brandenburg betreuten und begutachteten Restaurierungen zwischen 1880/82 und 1886 zu ermitteln, bleibt ein Bestandteil der Forschungsarbeit. Als Beispiele können das Gutachten vom 2. August 1879 für die Erhaltung der Franziskanerklosterkirche Angermünde, das Dehn-Rotfelser als Dritter nach von Quast und Bluth erstellte[6] und das Gutachten über die Restaurierung der Klosterkirche Zinna (1878) (Abb. 4), in dem er sich gegen die Purifizierung aussprach, angeführt werden.[7] Dehn-

4    Zisterzienserklosterkirche Zinna, Aufnahme um 1886

Rotfelser wurde 1880 kommissarisch und am 5. April 1882 endgültig zum preußischen Konservator berufen.

4.  Die Denkmalpflege krankte in Preußen und den Provinzen im Gegensatz zu Frankreich trotz der Dotationsgesetze an der von ministeriellen und königlichen Etats abhängigen Finanzierung. Einen zentralen, nur für die Erfordernisse der Inventarisation von Instandsetzungen und Restaurierungen zuständigen Fonds gab es nicht. Die Wurzeln dieses Übels lagen in den unterschiedlich verteilten Zuständigkeiten, die davon abhingen, in welchem Besitz sich die Denkmale befanden und in den immediaten Eingriffen der Regenten.

Der Vorstoß des Kultusministers von Raumer auf Grundlage des Gutachtens von Ferdinand von Quast (vom 15. Dezember 1856) im Juli 1857, einen im Staatshaushalt verankerten Spezialfonds von 10 000 Talern im Jahr zu schaffen, scheiterte am Widerstand des Finanzministers von Bodelschwingh, der die prekäre Lage des Staatshaushalts im Blick hatte.

Zwei Beispiele sind für die hoffnungslose Aufsplitterung der Verantwortlichkeiten bei der finanziellen Unterhaltung der Bau- und Kunstdenkmäler im Zeitraum zwischen 1875 und 1886/91 bezeichnend: Zum einen der Kampf um einst 250 Taler für ein anerkanntes Monument, die Ruine des Prämonstratenserklosters Gramzow (Abb. 5), um die jahrelang zwischen Finanz-, Kultusministerium und den Regierungsbehörden gerungen wurde, und der Streit um die Bereitstellung der Finanzmittel zur Erhaltung der Hospitalskapelle St. Georg in Eberswalde, deren Restaurierung zwischen 1877 und Ende 1879 erfolgte. (Abb. 6)

5.  Zu diesem Punkt zählen die Bemühungen um die Inventarisation. Die erste Aufforderung an die Provinz Brandenburg, eine Übersicht über die Kunst- und Geschichtsdenkmäler in den Regierungsbezirken Potsdam und Frankfurt/Oder anzufertigen, erging am 30. Juni 1875 durch den Kultusminister. Darauf folgte am 7. August 1877 eine weitere Verfügung, eine Übersicht über alle »Gebäulichkeiten die im Interesse der Kunst oder Geschichte aufgrund rechtlicher Verpflichtungen […] aus Staatsfonds unterhalten werden« zu erstellen.[8] Diese sollte durch Regierungsbaurat Spieker und die örtlichen Baubeamten erarbeitet werden. Somit wurde der Versuch unternommen, die zuvor eingestellte Inventarisation an die Aufstellung jener Bauwerke zu knüpfen, für die eine Unterhaltungspflicht durch Fonds (Staatsfonds, Patronats-

5   Ruine des Prämonstratenserklosters Gramzow, Aufnahme nach 1885

6   St. Georg in Eberswalde

baufonds, Domainenbaufonds) bestand. Zum Abschluss der Bemühungen folgte ein ernüchternder Ergebnisbericht von Spieker vom 21. November 1877. Die Erfassung der bisher punktuell aus verschiedenen Staatstöpfen finanzierten Objekte konnte zu nichts führen, weil ein profundes wissenschaftliches Inventar eben fehlte und – wie schon 1844 – die Ausbildung der örtlichen Bauinspektoren und Wasserbaumeister nicht ausreichte.

Eine neue Initiative erfolgte durch den Provinzialausschuss. Dieser legte im März 1878 dem Provinziallandtag das Ersuchen vor, die vom Architekten- und Ingenieurverein zu Berlin errechnete Summe von 10 000 Reichsmark zur Aufnahme eines Inventars der geschichtlichen und architektonisch wichtigen Baudenkmäler der Provinz Brandenburg zur Verfügung zu stellen.[9] Damit sollte endlich eine wissenschaftliche Grundlage zur Beurteilung der Denkmäler von architektonischer und historischer Bedeutung geschaffen werden, wie sie in Hannover und Hessen-Kassel bereits vorhanden war. In diesem Zusammenhang wurde Rudolf Bergau aus Nürnberg gewonnen. Gustav Bluth war als Landesbaudirektor an den Vorbereitungen beteiligt und referierte den Antrag des

Provinzialausschusses über die Erstellung und Bedeutung des Inventars im Provinziallandtag. Darin beschrieb er zugleich den Einfluss, den ein solch fundiertes Inventar für die »Konservierung der in der Provinz vorhandenen Denkmäler der Architektur und Skulptur« haben würde.[10] Der Sohn Ferdinand von Quasts bot zudem an, die von seinem Vater angefertigten Zeichnungen von Kunstdenkmälern in der Provinz Brandenburg für die Herstellung des Inventarbandes zur Verfügung zu stellen. Dieser Vorgang wurde beeinflusst durch die Initiative des Verbandes der Architekten- und Ingenieurvereine im Deutschen Reich und von Rudolf Redtenbacher, der in der »Denkschrift über die Baudenkmäler im Deutschen Reich, ihre Inventarisierung, Aufnahme, Erhaltung und Restaurierung« auf die Mängel in der Organisation der staatlichen Denkmalpflege hingewiesen hatte.

Der daraufhin entstandene Inventarband von Rudolf Bergau (1885) stellte einen wichtigen Schritt in der Inventarisation der Kunstdenkmäler des Landes dar. Der Band enthielt aber keine Klassierung der Denkmäler nach nationaler Wertigkeit wie in Frankreich, womit die Bereitstellung von staatlichen Erhaltungsgeldern verbunden gewesen wäre. Dies war in Brandenburg–Preußen unmöglich.

Zusammenfassend lässt sich, wie im Bericht im 3. Jahrgang der »Denkmalpflege« von 1901 mitgeteilt, feststellen, dass es noch bis 1886, dem Jahr der Berufung von Reinhold Persius zum Konservator der preußischen Kunstdenkmäler, trotz der Wirksamkeit von Dehn-Rotfelser keine wirklich planmäßige Einrichtung der Denkmalpflege gab.

## Der Einfluss Friedrichs III. als Kronprinz und der Denkmalschutz

Das Wirken des Kronprinzen Friedrich III. (1831–88) und späteren 99-Tage-Kaisers für den Denkmalschutz ist bislang nur wenig gewürdigt worden. Bekannt sind sein geistiges Bildungsgut, seine liberale Grundhaltung, die Aufgeschlossenheit gegenüber künstlerischen Fragen, seine Beförderung der Museumsfrage in Berlin und die künstlerische Mitwirkung

7    Jederitzer Tores in Rathenow,
Aufnahme um 1880

8 Rathaus in Frankfurt/Oder, Aufnahme vor 1864

an der Ausgestaltung der Schlosskapelle zu Wittenberg als protestantisches Nationaldenkmal. Friedrich III. wuchs in die Rolle als Protektor der Denkmalpflege hinein und unterhielt engen Kontakt zu von Quast und später zu Dehn-Rotfelser.

Der Kontakt mit von Quast kam 1866 zustande, als Friedrich dem Konservator eine Audienz im schlesischen Erdmannsdorf gewährte. Von Quast, der über viele Jahre mit den Schwierigkeiten in der ministeriellen Verwaltung von Denkmalangelegenheiten zu kämpfen hatte, überreichte dem Kronprinzen am 31. August 1866 eine Denkschrift, die Vorschläge zur Verbesserung der Organisation der Denkmalpflege in Preußen enthielt. Er schlug u.a. vor, dem Kronprinzen die höchste Entscheidungsgewalt über Anträge auf Niederlegungen von Denkmälern zu übertragen. Damit wollte sich von Quast gegenüber seinem eigentlichen Dienstvorgesetzten, dem Kultusminister, einen Verbündeten schaffen, um der Sache der Denkmalpflege mehr Gewicht zu verleihen. Parallel zur Denkschrift überreichte von Quast eine Übersicht der Denkmäler, die entgegen seinem fachlichen Votum dennoch abgebrochen worden waren.

Friedrich hat sich, obgleich er sich für viele bedeutende Denkmäler durch Immediatvortrag bei Wilhelm I. einsetzte, nicht dazu entschließen können, die Denkschrift von Quasts dem Ministerium vorzulegen. Damit war ein möglicher Konflikt vermieden, aber auch eine Chance zur Verbesserung der Struktur der Denkmalpflege noch vor den Dotationsgesetzen

(1875) verschenkt. Von Quast berichtete dem Kronprinzen bis zuletzt über den Zustand von Denkmälern sowie von Abbruchgesuchen und konnte somit zahlreiche Zerstörungen wertvoller Bausubstanz verhindern (Stadtmauern Köln, Trier und Nürnberg, Großer Saal im Stettiner Schloss, Gerichtslaube Berlin).

Aufschlussreich ist der von historischer Kenntnis getragene, direkte Einsatz des Kronprinzen für verschiedene Monumente in der Provinz Brandenburg, der aus den Quellen der Ministerien ersichtlich wird. Als Protektor in Sachen Denkmalpflege unterzog er sich aus eigenem Antrieb der Aufgabe, Eingaben bei Wilhelm I., beim Kultusminister und den Regierungsbehörden in Potsdam einzureichen. Immediateingriffe des Kronprinzen gab es in der Provinz Brandenburg zugunsten der Stadtmauern in Jüterbog (1867), des Jederitzer Tores in Rathenow (1877/81) (Abb. 7) und der Hof- und Garnisonkirche in Potsdam (ab 1882). In Jüterbog unterstützte er das Gutachten und die Bemühungen von Quasts, musste aber die Abbruchgenehmigung durch Wilhelm I. hinnehmen.

Friedrich III. muss über die Entwicklung der englischen Denkmalpflege und ihrer Methoden in der Zeit zwischen 1878 und 1888 und die Gründung der »Society for the protection of ancient buildings« informiert gewesen sein. Die Vermittlung erfolgte dabei auch über Zeitschriften, die er sammelte. Nach dem Tod von Quasts 1877 wirkte der Kronprinz neben Kultusminister von Gossler darauf hin, die Position des obersten Konservators der Kunstdenkmäler Preußens mit größerer Entscheidungsbefugnis auszustatten.

Ein Potential für den Ausbau der Denkmalpflege als Institution war mit Friedrich III. zweifelsohne vorhanden, durch seinen frühen Tod konnte er in seiner kurzen Regentschaft (März–Juni 1888) jedoch nichts befördern.

### Das Wirken von Reinhold Persius

Zu den Exponenten der Denkmalpflege in den letzten beiden Jahrzehnten des 19. Jahrhunderts gehörte Reinhold Persius (1835–1912). Von 1886 bis 1901 wirkte er als oberster Konservator der preußischen Kunstdenkmäler. Sein Schaffen fiel in die Zeit der Diskussionen um die Vollendungsbauten mittelalterlicher Sakralbauten, der Formulierung des Denkmalbegriffes (mit A. von Wussow 1884/85) und der Neuordnung der Provinzialdenkmalpflege. Er bestimmte also eine der wichtigsten Perioden der Geschichte der Denkmalpflege entscheidend mit.

Mit der Kenntnis des ersten französischen Denkmalschutzgesetzes erarbeitete Persius 1887 gemeinsam mit Oberregierungsrat Polenz im Kultusministerium Vorschläge zur Organisation und zur gesetzlichen Regelung der Denkmalpflege in Preußen.[11]

Persius war durch fachliche Gutachten an einer Fülle von Restaurierungen auf preußischem Staatsgebiet und darüber hinaus beteiligt. Zu den wichtigsten gehörten: der Dom in Bremen, die Kapelle des Heiliggeist-Hospitals in Lübeck und die Kirchen der Rheinprovinz, wie der Westbau von St. Pantaleon in Köln und die Rekonstruktion des Ostbaues von St. Quirinus in Neuss.[12]

Im Gegensatz zu von Quast 30 Jahre zuvor, hatte Persius als oberster Konservator, Geheimer Regierungsrat und Vortragender Rat eine weitaus einflussreichere Stellung im Kultusministerium. Hinzu kam sein gutes Verhältnis zu Friedrich Adler, der dem Kirchenbauressort im Handelsministerium vorstand.

In der Provinz Brandenburg nahm Persius u.a. Begutachtungen an folgenden Baudenkmälern vor: an der Marienkirche und der Promnitzschen Gruftkapelle in Sorau, an der Marienkirche in Frankfurt/Oder, der Marienkirche in Königsberg/Neumark, der Pfarrkirche in Kyritz, an der Kirche in Bärwalde und bei der Restaurierung des Kreuzganges und des Paradiessaales am Havelberger Dom. Außerdem trug er zur Planung eines »Restaurierungsbaues« des Rathauses in Frankfurt/Oder (Abb. 8) bei[13] und förderte ab 1897 eine gegenüber Bergau verbesserte Neuverzeichnung der Bau- und Kunstdenkmäler Brandenburgs. In Zusammenarbeit mit Oskar Hoßfeld (1847–1915) wirkte er bei der Schaffung und Etablierung der dem Zentralblatt der Bauverwaltung angegliederten Zeitschrift »Die Denkmalpflege« (ab 1899) mit. Hoßfeld vermittelte später als Mitglied der Provinzialkommission praktische und theoretische Kenntnisse, die er bei der Leitung von größeren Restaurierungsarbeiten, wie etwa bei der Erneuerung der Malereien der Nikolaikirche

in Potsdam[14] und bei der dritten Restaurierungsphase (ab 1904) des Domes in Havelberg gewonnen hatte.[15]

### Die Organisation der Denkmalpflege in der Provinz Brandenburg nach 1891/93

Um 1890 gab es trotz der Einrichtung der Dotationsfonds gravierende Missstände in der Organisation der staatlichen Denkmalpflege. Grob umrissen wären folgende Punkte zu benennen:

1. Persius als oberster Konservator konnte trotz der besseren Stellung im Kultusministerium nicht die Fülle der einzelnen Restaurierungen an bedeutenden Kunstdenkmälern begutachten, begleiten, geschweige denn überwachen.

2. Die Mehrzahl der denkmalpflegerischen Maßnahmen – deren Inhalte nicht abgestimmt waren und für die es auch keine einheitlichen Grundsätze gab – konnte der staatliche Konservator überhaupt nicht beeinflussen, es sei denn, er erhielt zufällig von ihnen Kenntnis. Die Maßnahmen betrafen Denkmäler in provinzialständischem, kommunalem, kirchlichem oder privatem Besitz.[16]

3. Es gab keinen zentralen Staatsfonds und keine zentrale Zuständigkeit für Denkmalpflege. Sowohl das Finanzministerium, das Kultusministerium und die Provinzialverbände waren entscheidungsbefugt und unterhielten gering ausgestattete Fonds zur Bezuschussung von Erhaltungen und Restaurierungen. Zudem führten sowohl das Kultusministerium (mit dem obersten Konservator), als auch das Handelsministerium Gutachten und Pläne zu Restaurierungen herausragender Kunstdenkmäler aus.

4. Es fehlte eine zentrale Denkmalkommission – wie etwa in Frankreich die »Commission de monuments historiques« – die die Erforschung und Erhaltung der Kunstdenkmäler unter Einbeziehung der Geschichts- und Altertumsvereine steuerte und koordinierte.

Der entscheidende Schritt zur Modernisierung der Organisationsstruktur war die Schaffung der Grundlagen für die Provinzialdenkmalpflege durch den »Erlass zur weiteren Organisation der Denkmalpflege«, der am 19. November 1891 von Wilhelm II. genehmigt wurde.[17] Das Ziel bestand darin, die bis dato »nebeneinander wirkenden Bestrebungen des Staates, der Provinzialverbände, der Kommunen, der zahlreichen Geschichts- und Altertums-Vereine, Gesellschaften und Privatpersonen zusammenzufassen.«[18]

Daraufhin wurden Provinzialkommissionen zur Erforschung und Erhaltung der Kunstdenkmäler gebildet, denen verschiedene Aufgaben oblagen und die die Provinzialkonservatoren als sachverständige Ratgeber bestellten. In Brandenburg trat die Provinzialkommission zum erstenmal 1892 unter der Leitung des ersten Provinzialkonservators Karl Gustav Bluth zusammen.

9   Berlin, Heiliggeistkapelle, Aufnahme 1891 vor der Restaurierung

## Die Sondersituation in Berlin

Die Stadt Berlin war nach dem Gesetz vom 30. Juli 1883 aus dem Provinzialverbund mit Brandenburg ausgeschieden und verfügte auch nach 1891/93 nicht über einen eigenen Provinzialkonservator. Mehrfach wurde gegenüber dem Magistrat die Forderung erhoben, eine Denkmalkommission mit einem eigenen Konservator für Berlin nach dem Vorbild der brandenburgischen Provinzialkommission für Denkmalpflege zu berufen, etwa durch den Verband der deutschen Geschichtsvereine (1893, 1894), durch den Architekten Peter Wallé (1897, 1899), durch Julius Kohte[19] und den Verein für die Geschichte Berlins (Eingabe vom 20. Mai 1898). Gerade in Berlin waren die privaten und öffentlichen Baudenkmäler infolge der Bauspekulation und des weltstädtischen Verkehrs einer besonderen Gefahr des Abbruchs und der Überbauung

ausgesetzt. So wurden die älteren Berliner Tore, die Gertraudenkirche (1881), das Köllnische Rathaus, das Gebäude der Kgl. Preußischen Seehandlung am Gendarmenmarkt (erbaut um 1730, Abriss auf Betreiben des Finanzministers 1901)[20], das Palais des Grafen Redern (1906) und das Landhaus Wartenberg in Charlottenburg (1905) abgebrochen.[21] Der Magistrat lehnte die Forderung nach einer Denkmalkommission jedoch ab, und so blieb es bei der Regelung von 1821, dass in Berlin für Bau- und Restaurierungen die Baupolizei und die Ministerial- und Baukommission zuständig ist. Wallé schlug dagegen vor, die zu begründende Denkmalkommission an das Märkische Provinzialmuseum anzubinden und brachte seine Initiative zur Berufung eines Provinzialkonservators für Berlin auch als Mitglied der brandenburgischen Provinzialkommission im dortigen Gremium ein.

10   Berlin, Königskolonnaden, Aufnahme vor der Translozierung 1909–10

Da sich der Provinzialkonservator für Brandenburg »in verdienstvoller Weise der der Stadt Berlin anvertrauten Kunstschätze«[22] angenommen hatte und auch mit Gutachten bei Restaurierungen gefragt wurde, müssen einige prominente Beispiele, die vor und nach 1900 in Berlin denkmalpflegerisch betreut wurden, in die Betrachtung einbezogen werden, etwa die Heiliggeistkapelle (1905–06 in den Neubau der ehemaligen Handelshochschule einbezogen, Abb. 9) oder die Versetzung der Königskolonnaden (1909–10, Abb. 10). Seit 1907 war zudem Georg Büttner als brandenburgischer Provinzialkonservator zugleich Mitglied der Berliner Ministerialbaukommission, wo ihm »die Denkmäler [nicht Kunstdenkmäler] der Stadt Berlin und des Tiergartens« und die vom Staat unterhaltenen Kirchen unterstanden.[23]

## Das Wirken der ersten Provinzialkonservatoren – Überblick über bedeutende Restaurierungen 1870–1914

Im Folgenden soll ein Überblick über die wichtigsten Instandsetzungen und Wiederherstellungen der Zeit zwischen 1897 und 1914 in Form von drei vorläufigen Zusammenstellungen[24] gegeben werden, ohne dass bei der Fülle der Arbeiten eine Vollständigkeit beabsichtigt sein kann. Zugleich folgen einige Bemerkungen zu den Leistungen der ersten brandenburgischen Provinzialkonservatoren Bluth, Büttner und Goecke.

### Karl Gustav Bluth (1828–1901, Provinzialkonservator 1892–1901)

Karl Rudolf Gustav Bluth stand seit 1876 als Landesbaudirektor an der Spitze des brandenburgischen Hochbauwesens und wurde am 22. Februar 1892 als Provinzialkonservator

vorgeschlagen, um sich vorrangig um den Fortgang der Inventarisierung in Brandenburg zu kümmern und die Arbeit
der Provinzialkommission zu organisieren.[25]

Zunächst widmete er sich der Arbeit an dem Leitfaden
für Denkmalpflege, der »Anleitung für die Pflege und Erhaltung der Denkmäler in der Provinz Brandenburg«, die 1896
erschien. Das Verdienst der Arbeit bestand darin, dass Bluth
den Versuch unternahm, den Denkmalbegriff zu definieren
und die Denkmalwerte zu formulieren. Die Kategorien für
die Denkmalwerte waren schon damals erstaunlich umfassend, sie wurden in folgendem erkannt: in der geschichtlichen wie in der künstlerischen Bedeutung, im Alterswert
einer abgelaufenen Kulturperiode, im Aussagewert für die
Kunstindustrie und in Bezug auf die architektonische und
landschaftliche Umgebung.

Zudem listete er zum ersten Mal für Brandenburg die
möglichen denkmalwerten Zeugnisse auf, wozu bei den
profanen Denkmälern mittelalterliche Befestigungen, Rathäuser, Hospitäler, Schlösser und Herrenhäuser (Bauwerke des
18. Jahrhunderts und der Schinkelzeit inbegriffen), Wohn-,
Holz- und Bauernhäuser gehörten.[26]

Zu den praktischen Arbeiten, die Bluth bis 1901 betreute,
gehörten das Kurfürstendenkmal in Rathenow, die Malerei der
Kirche in Niederwerbig, die Wandmalereien in Quartschen
(Abb. 11), die Promnitzkapelle in Sorau, die Klosterkirche in
Zinna, die Nikolaikirche in Brandenburg sowie die Stadtbefes-
tigungen und Tore in Bernau, Königsberg und Gransee.[27]

Außerdem wurde Bluth zu Gutachten für die Restaurierung der Georgskapelle in Eberswalde, zur Wiederherstellung
des Rathauses in Jüterbog, zum Umbau von Dorfkirchen,
dem Abbruch von Stadtmauern und zu geplanten Restaurierungen von Stadtpfarrkirchen (z.B. St. Nikolai in Kyritz)
herangezogen.[28]

*Georg Büttner (1858–1914, Provinzialkonservator 1902–07)*
Georg Büttners Wirken als Provinzialkonservator (1902–Ende
1907) wies die zeittypische Verbindung von Architekt und
gestaltendem Denkmalpfleger auf. Seit 1905 war er nebenamt-
lich Vorsteher des kirchlichen Bauamts des Kgl. Konsistoriums
der Provinz Brandenburg und seit 1907 unterstanden ihm als
Mitglied der Ministerialbaukommission zu Berlin u.a. »die
Denkmäler [nicht Kunstdenkmäler] der Stadt Berlin und des
Tiergartens« und »die Kirchen fiskalischen Patronats«.[29]

Für die Neubearbeitung des »Verzeichnisses der Kunstdenkmäler der Provinz Brandenburg« nach 1903/05 waren
Büttner als Schriftleiter und der Architekt Paul Eichholtz für
die Inventarisation verantwortlich. Außerdem war Büttner
Schriftleiter des baukünstlerischen Teils der Monatsschrift
»Die Dorfkirche« (seit 1907). Dort stellte er nicht nur Kirchenneubauten, sondern auch denkmalpflegerische Erfahrungen
im Umgang mit nachmittelalterlicher Ausstattung vor und
bekämpfte dadurch negative Veränderungen im Dorf- und
Landschaftsbild. Er unterstützte die Bestrebungen des Hei-
matschutzes, die Einbeziehung von Grünanlagen in die Gestaltung und die Förderung von landestypischer Bauweise.

11    Quartschen (Chwarszczany, ehem. Neumark), Wandmalereien

Zu den praktischen Restaurierungsarbeiten, die Büttner
betreute, gehörten die Nikolaikirche in Brandenburg[30] und
die Kirche in Hohenfinow (Eberswalde). Außerdem sind
Restaurierungsarbeiten an der Jakobikirche in Berlin (Stüler-
bau), und an Dorfkirchen, z.B. Bietikow (Kreis Prenzlau)
und Wardin (Neumark) zu nennen.

Als Vorsteher des kirchlichen Bauamts des Kgl. Konsis-
toriums hat Büttner etwa zwanzig Landkirchen und eine
Anzahl von Pfarrhäusern gebaut (z.B. Kirchen in Zeuthen,
Sachsenhausen, Schlachtensee). Er war der Auffassung, dass aus
dem Studium der Denkmäler nützliche Erfahrungen für die
Architektur und das Handwerk gewonnen werden könnten.

Zu würdigen ist, dass er barocke Innenausstattungen
nicht nur als Vorbilder für sein eigenes Schaffen nutzte,
sondern einige jener historischen Ausstattungsstücke aus
Vorgängerbauten in Neubauten wiederverwandte – eine
Tendenz, der kurz darauf Wilhelm Jung bei seinen behutsamen Restaurierungen folgte, wie z.B. an der Kirche in
Tammendorf (Krossen).

*Theodor Goecke (1850–1919, Provinzialkonservator 1908–19)*
Theodor Goecke, seit 1891 Landesbauinspektor, verantwortete
nach 1902 als Landesbaurat die Errichtung einer Reihe bedeutender Kleinsiedlungen, Krankenhäuser und Anstaltsbauten

in der Provinz.[31] Neben dem umfangreichen theoretischen Wirken als Mitbegründer und Autor der Zeitschrift »Der Städtebau« ist hier Goeckes Tätigkeit als Mitglied in der Provinzialkommission und als Provinzialkonservator von Interesse. Goecke übernahm 1908 das Amt und zugleich als Schriftleiter die Herausgabe der in Arbeit befindlichen Verzeichnisse der Kunstdenkmäler. Dabei legte er besonderen Wert auf die Einbeziehung von Straßenzügen und städtebaulichen Anlagen.

Nach Verabschiedung des Verunstaltungsgesetzes (1907) wies er vermehrt auf die darin enthaltene Möglichkeit hin, mittels Ortsstatuten denkmalwerte Ortsbereiche wirksamer zu schützen. Neben den Einzeldenkmalen sollten aus städtebaulicher Sicht einzelne Straßenzüge, Platzbereiche und stadtbildprägende Anlagen dem Schutz vor Verunstaltung unterliegen.

Im Zusammenhang mit der Begutachtung der gut erhaltenen Stadtbefestigung von Gransee pflichtete er dem Votum bei, auf die vollständige Wiederherstellung aller alten Weichhäuser zu verzichten. »Gerade hier« – so Goecke – »soll nach dem Grundsatze ›Erhalten, nicht wiederherstellen‹ verfahren werden.«[32] Es verwundert nicht, dass sich die Provinzialkommission unter seiner Leitung in der Zeit bis zum Ersten Weltkrieg verstärkt mit städtebaulichen Aufgaben befassen musste. Als zeittypische Beispiele wären zu nennen:

- in Prenzlau, die Planung der teilweisen Freilegung der Marienkirche (an der Südseite), trotz eines abweichenden Gutachtens von Goecke, und der Entwurf einer Rahmenarchitektur für Um- und Neubauten an der Marktseite (1918);
- in Frankfurt/Oder, der Wettbewerb zu einem Erweiterungsbau, der alte Bürgerhäuser, die sich östlich an das Rathaus anschlossen, beseitigte (1908–14);
- in Berlin, die beiden Wettbewerbe für das Opernhaus (1909, 1913) mit dem völligen Umbau bzw. Belassen des historischen Knobelsdorff-Baus und einem Neubau
- und in Potsdam der Wettbewerb um die Erweiterungsplanung des Alten Rathauses (1913/14). Als Mitglied der Wettbewerbskommission legte er zunächst ein Gutachten vor, das den Erhalt des Alten Rathauses als Museumsbau und den Neubau eines Verwaltungsgebäudes an anderer Stelle (wie später erfolgt) befürwortete.[33] Auf das Einzeldenkmal bezogen war das eine konsequente Haltung. Sie wurde jedoch dadurch beeinträchtigt, dass Goecke einem Abbruch des Wohnhauses Knobelsdorffs aus künstlerischen und verkehrstechnischen Erwägungen zugestimmt hätte. Seine Begeisterung für wertvolle städtebauliche Anlagen brachte ihn jedoch in den Zwiespalt, architektonische Lösungen – wie die künstlerische Verdoppelung der Boumannschen Fassade und des Tambours von Bruno Möhring – zu befürworten, die eine neue einheitlichere Platzfront des Rathauses als Grundlage für eine harmonische geschlossene Platzanlage vorschlugen. Vom Standpunkt der Denkmalpflege aus war aber Möhrings Entwurf des Tambours nicht akzeptabel.

## Methodenstreit

Ein sehr häufig verwendeter Terminus in der Denkmalpflege war der des »Herstellungsbaus«. Darin waren, so die gängige Praxis, »stilgerechte Restaurierungen«, Rekonstruktionen und »würdige Wiederherstellungen« eingeschlossen.

Die von Ludovic Vitet verfasste und 1852 anonym in der Allgemeinen Bauzeitung verbreitete Schrift »Über die Reparatur, Restauration, Erhaltung und Vollendung mittelalterlicher Baudenkmäler« entwickelte sich zu einem Katalysator für den Vorrang der Erhaltung gegenüber der Wiederherstellung, hatte jedoch in Preußen keinen Einfluss auf die Restaurierungspraxis. Lediglich Ferdinand von Quast kommt das Verdienst zu, mit wachsender Kenntnis des Restaurierungswesens, das behutsame Belassen, Konservieren und Reparieren von Klosterkirchen, Stadtmauern und Ruinen (Angermünde, Jüterbog) anstelle von stilgerechten Wiederherstellungen an sakralen Denkmälern 1853 gefordert zu haben. Da zudem weiterhin Abbrüche von Stadtmauern und Toren in den 1850/60er Jahren genehmigt wurden, sah sich von Quast veranlasst, seiner Haltung größeres Gehör zu verschaffen und publizierte 1863 den Artikel »Herstellung älterer Monumente«. Darin griff er, der mit Alphonse Napoleon Didron und Arcisse de Caumont persönlich befreundet war, die Auffassungen von Vitet auf. Allerdings hat auch von Quast sich selbst – wie bekannt – bei eigenen Arbeiten (Wartburg) widersprüchlich gegen jene Prinzipien verhalten.

*Das Kirchenbauressorts im Ministerium für öffentliche Arbeiten*
Kirchenneu- und umbauten sowie die Umbauten und Wiederherstellungen von bereits anerkannten Kunstdenkmälern wurden im Handelsministerium, Dezernat für Kirchenbau und Denkmäler, betreut. Nach Friedrich August Stüler hatte Wilhelm Salzenberg (1803–87) diese bedeutende Funktion von 1865–77 inne. In dieser Zeit leitete er beispielsweise die Wiederherstellung der Klosterkirche Lehnin (1871–77) und trug mit eigenen Entwürfen zum »Restaurationsbau« bei.

Lehnin ist zugleich ein Beispiel für den Widerstreit in der denkmalpflegerischen Methode. Von den vier Projekten, die zwischen 1829 und 1861 aufgestellt wurden, hatte von Quast zum zweiten Projekt und zum Ausführungsprojekt gutachterliche Bemerkungen abgegeben. Während der erste Plan von 1859, dessen Konzept von Quast in der Revision zugestimmt hatte, nur behutsame Erneuerungen, die Sichtbarmachung der Zerstörungsspuren am Langhaus und den Verzicht auf die Totalrekonstruktion der ruinösen Westfassade vorsah, folgte 1861 mit dem vierten Projekt von Friedrich Adler die Entscheidung zugunsten eines vollständigen Ausbaus der Ruine. Gegen den Restaurationsbau war von Quast aufgetreten und hatte die Planungen unterbunden. Die Wiederherstellungen und Stilverbesserungen konnte er nicht verhindern.

*Friedrich Adler (1827–1908)*
Die Zeit zwischen 1877, dem Tod von Quasts und dem Ende des Wirkens von Wilhelm Salzenberg, und 1900/05 war entscheidend geprägt durch das Wirken von Friedrich Adler.

12    Straßburger Münster, Aufnahme vor 1893

Adler verantwortete nach der Amtsübernahme des Kirchen-baueressorts im Ministerium für öffentliche Arbeiten von 1877 bis 1908 etwa 350 Kirchenneubauten und war landesweit an zahlreichen bedeutenden Kirchenwiederherstellungen durch Entwürfe und Gutachten beteiligt (z.B. Schlosskirche Wittenberg, Köln, Schleswig). Darüber hinaus trug er mit den Forschungen zu den »Mittelalterlichen Backsteinbau-werken des preußischen Staates« (1862/98) und zu Schlüter (1863) dazu bei, die Kenntnisse der mittelalterlichen und der barocken Bauwerke in der Mark zu vertiefen.[34]

An bedeutenden Arbeiten Adlers in der Provinz Bran-denburg sind zu nennen: die Restaurierungsprojekte für Kloster Lehnin, der Turmumbau an St. Nikolai in Pritzwalk

(1879–82), die Restaurierung der Liebfrauenkirche Jüterbog (1890/91), die Gutachten für Kloster Zinna, das Oranienbur-ger Tor Berlin und die St. Petrikirche Berlin.

*Auffassungen innerhalb des Hofbauamtes*
Im Berliner Hofbauamt wurde nach 1860 der restaurato-rische Umgang mit dem Berliner Schloss prägend für den Umgang mit Baudenkmälern. Wilhelm I. hatte bestimmt, die projektierten Um- und Restaurierungsarbeiten »in modo des ursprünglichen Zustandes« auszuführen, das hieß »mit größter Schonung des zur Zeit des Königs Friedrich I. Ge-schaffenen und tunlichst im Stil dieser Zeit fortzufahren.«[35] Damit war die Methode im Umgang mit den Bauteilen

Andreas Schlüters vorgegeben. Von allerhöchster Stelle wurde das Schloss fortan als Monument der Architektur und der Geschichte seiner Königlichen Bewohner angesehen. Demzufolge sollte bei Ergänzungen im Barockstil Schlüters von um 1700 fortgefahren werden. Diese Auffassung konnte als durchaus zeittypisch gelten, hatte doch in Frankreich Eugène Emmanuel Viollet-le-Duc (1814–79) bei den Restaurierungen der mittelalterlichen Kathedralen in dieser Weise gearbeitet und die Methodik der Vollendung des Bauwerks im Hochstil der architekturgeschichtlichen Epoche entwickelt. Der Platz, den bei den französischen Kathedralen die Hochgotik einnahm, gebührte am Berliner Schloss der Zeit Schlüters. Diese Arbeitsmethode, auf die August Stüler, Ludwig Ferdinand Hesse und nach 1876 Reinhold Persius verpflichtet waren, blieb nicht ohne Wirkung. Auch für Persius, der nach seiner Tätigkeit als Hofbaurat in Potsdam (ab 1867) und Berlin zum Konservator der preußischen Kunstdenkmäler berufen wurde, dürfte diese Auffassung zunächst prägend gewesen sein.

*Persius und Karl Schäfer*
Von großer Bedeutung war kurz vor 1900 das Gutachten von Persius zu Jung St. Peter in Straßburg, das Wirkung auf die Restaurierungsmethodik in Preußen hatte. In Kürze sei erwähnt, dass Schäfer das sogenannte Erwinsportal frei rekonstruierte, die Chorscheitelkapelle ergänzte und eine farbige Fassung mit Fugennetz für das Äußere entwarf, die nicht auf Befunden basierte, sondern auf Stilvergleichen. Persius lobte in einem Gutachten Schäfers scharfsinnige Analyse der kunsthistorischen Zusammenhänge, auch unter dem Aspekt, dass ein bedeutendes klassifiziertes Baudenkmal mit Staatszuschuss wiedergewonnen war.[36] Das bedeutete, dass Persius sich hier an höchster fachlicher Stelle nicht von den Restaurierungsidealen Viollet-le-Ducs distanzierte, die jener Arbeit Schäfers zugrunde lagen.

*Tendenzen gegen kostspielige Wiederherstellungen*
Es gab Bemühungen, die ähnlich wie in Frankreich und England, gegen die aufwendigen und stilgerechten Wiederherstellungen gerichtet waren.

Karl Gustav Bluth führte 1896 in seiner »Anleitung für die Pflege und Erhaltung der Denkmäler in der Provinz Brandenburg« mit Blick auf die Architektenkollegen aus: »Die Gefahren, welche den kirchlichen Gebäuden drohen, sind nicht nur Abbruch und vollständige Zerstörung, sondern auch Schädigung durch wesentliche Veränderungen, Umbauten und Restaurationen.«[37] Er forderte die Beschränkung: »Wo der bauliche Zustand eines kirchlichen Gebäudes oder einzelner Theile desselben eine Restauration nothwendig erscheinen lässt, ist die Wiederherstellung auf solche Theile zu beschränken, welche in der Substanz selbst angegriffen sind [...].« Zudem rief er dazu auf, »dem vielfach sich geltend machenden Bestreben zur Herstellung des Innern der Kirchen in einheitlichem Stile« entgegenzuwirken.[38] »Es ist gerade die Aufgabe der Denkmalspflege« – so Bluth – »entgegen den Strömungen des jeweilig herrschenden Ge-

schmackes – den Schöpfungen aller Perioden die angemessene Fürsorge zuzuwenden.«[39] Eine sehr ähnliche Haltung nahm Reinhold Persius ein.

Einen wichtigen Schritt markierte die Haltung der Preußischen Akademie für Bauwesen in Berlin (ehemals Oberbaudeputation), die im März 1894 als oberstes Gremium des preußischen Bauwesens Kritik an den Purifizierungen und radikalen Erweiterungsbauten am Straßburger Münster (Abb. 12) übte. In einem Gutachten verwarf die Akademie ausdrücklich das »ganze Prinzip dieser weitgehenden Erneuerungssucht«[40] und sprach sich wie der neue Münsterbaumeister Ludwig Arntz u.a. gegen massive Materialerneuerungen der Fenstermaßwerke und Strebepfeiler und die Verwendung von Zement aus.

In Brandenburg lassen sich ähnliche Tendenzen an Gutachten zugunsten der Erhaltung der Stadtmauern in Jüterbog (1867), des Jederitzer Tores in Rathenow (1877/81) und teilweise bei der Restaurierung von Zinna (1892) nachweisen.

Thesenartig ließe sich aus der brandenburgischen Perspektive sagen, dass Georg Dehios Forderungen auf der Straßburger Rede von 1905, die Zusammenfassung einer fünfzehn bis zwanzig Jahre währenden Debatte war, die auch deshalb vor den ersten Denkmaltagen keine größere öffentliche Wirksamkeit entfalten konnte, weil sie auf ministerieller Ebene geführt wurde.

## Das Wirken von Hans Lutsch (1854–1922)

Obwohl Hans Lutsch nach Ferdinand von Quast so lange wie kein anderer Architekt das oberste Fachamt der preußischen Denkmalverwaltung innehatte und sich sein Wirken auf die Zeit von 1891 bzw. 1901 bis 1920 erstreckte, die von großen Umwertungen in der Denkmalpflege gekennzeichnet war, ist bisher nur wenig über ihn bekannt.[41] Nach dem Studium an der Bauakademie erarbeitete Lutsch von 1880–84 im Auftrag der Gesellschaft für pommersche Geschichte und Altertumskunde das später erschienene Inventarwerk der pommerschen Denkmäler.

Charakteristisch waren von Beginn an seine, die Praxis der Denkmalerforschung und Erhaltung begleitenden, theoretischen Überlegungen und seine schriftstellerische Tätigkeit. Neben der Konzentration auf die mittelalterlichen Sakralbauten, trat Lutsch insbesondere für die Kunst der Barockzeit ein, wie das Cornelius Gurlitt als Vorkämpfer in Sachsen tat. Im Februar 1901 wurde Lutsch, seit 1891 Provinzialkonservator in Schlesien, als Stellvertreter von Reinhold Persius und am 1. April 1901 zum Staatskonservator der Kunstdenkmäler Preußens berufen.

In den Jahren der ersten deutschen Denkmaltage, der großen Debatten um die Fragen der Konservierung in der Denkmalpflege, bemühte er sich um den weiteren Ausbau der Organisationsstruktur der Denkmalpflege. Er nahm beispielsweise Einfluss auf die Erarbeitung der »Anweisung des Kultus- und des Handelsministers an die Provinzialkonservatoren und den evangelischen Oberkirchenrat zur Förderung der Denkmalpflege« (Berlin, 6. Mai 1904).[42] Diese Anweisung war von großer Bedeutung, weil sie einige Befugnisse, die bisher nur dem obersten Konservator zustanden, auf die Provinzialkonservatoren übertrug und mit dem Verweis auf die »malerische Bedeutung für das Ortsbild oder die Landschaft« und die Vorbildhaftigkeit für das »Schaffen auf dem Gebiete der Baukunst, Technik und des Handwerks« neue zeitgemäße Denkmalwerte definierte. Darüber hinaus wurde eine begriffliche Umschreibung für die ortsbildprägende Bedeutung eingeführt. Außerdem wurde ein sogenannter »Vorarbeitskostenfonds« für die Kosten von bauhistorischen Dokumentationen eingerichtet, die vor Um-, An- oder Neubauten bei Baudenkmälern in staatlichem Besitz anfielen (Bauaufnahmen, Fotos) und die Zusammenarbeit zwischen den Provinzialkonservatoren und den Oberkirchenräten befördern sollte.

Seit etwa 1902 arbeitete Hans Lutsch an dem groß angelegten Werk über die Erforschung und Erhaltung der Denkmäler, das als »Technisches Handbuch der Denkmalpflege« neue Maßstäbe setzen sollte. Das ungedruckt gebliebene Handbuch widmet sich den Grundlagen der Denkmalpflege[43] und ist das theoretische Hauptwerk von Hans Lutsch, das vor dem Hintergrund der seit 1899/1900 auf den ersten »Tagen der Denkmalpflege« ausgetragenen Diskussionen um die praktische Denkmalpflege und die Erforschung und Inventarisierung der Denkmäler an Bedeutung gewann. Darin finden sich u.a. Kapitel zu den Grundzügen der Erhaltung der Städte- und Landschaftsbilder oder zur Erforschung der Denkmäler.

Mehrfach äußerte er sich auf den deutschen Denkmaltagen zu methodischen Fragen und korrespondierte 1903 mit Paul Clemen über die Frage der Einbeziehung von Kunsthistorikern bei Restaurierungsmaßnahmen. Von 1903–14 organisierte Lutsch die sogenannten Preußischen Konservatorentage, die direkt im Anschluss an die deutschen Denkmaltage die Diskussionspunkte inhaltlich vertiefen sollten.[44]

## Ausblick

Die Versuche zur Schaffung eines Denkmalschutzgesetzes nach französischem Vorbild, die Errichtung des Brandenburgischen Provinzial-Denkmalarchivs zwischen 1911–13 und der denkmalpflegerische Umgang mit privaten Denkmälern (z.B. Schloss Boitzenburg, Rückführung auf Renaissanceformen)[45] sind weitere Bestandteile des Forschungsprojektes.

Abschließend gehört auch die Würdigung von Julius Kohte, eines authentischen Zeitzeugen der Denkmalpflege nach 1900, des Mitarbeiters an der Zeitschrift »Die Denkmalpflege« (seit 1899) und des ersten Denkmalpflegehistorikers zu den Ausblicken auf das eingangs erwähnte Forschungsprojekt. Kohte, der ab 1899 regelmäßige Auftritte auf den »Tagen für Denkmalpflege« hatte und seit 1901 Provinzialkonservator in Posen war, entfaltete eine reiche publizistische Tätigkeit und muss als ein erster Chronist der Geschichte der Denkmalpflege in Preußen im frühen 20. Jahrhundert angesehen werden. Mit ihm entstand ein Stück Wissenschaftsgeschichte unserer Fachdisziplin.

## Anmerkungen

1   Jahn 1936.
2   Herzfeld/Heinrich 1968, S. 243.
3   Ebenda, S. 246.
4   BLHA I. Hb., Rep. 2A, Nr. 1160, unfol., Magistrat der Stadt Eberswalde an die Kgl. Regierung Potsdam, 28. Juli 1877, Aufschrift Spiker vom 4. August 1877.
5   BLHA I. Hb., Rep. 2A, Nr. 1160, fol. 67, 69f.
6   BLHA I. Hb., Rep. 2A, Nr. 1268, S. 267ff.
7   Zit. nach: Buchinger/Cante 2000, S. 292.
8   BLHA I. Hb., Rep. 2A, Nr. 1160, unfol.
9   GStA PK, I. HA, Rep. 54, Nr. 178 Provinziallandtag, Landesdirektor von Levetzow an Provinziallandtag, Berlin 6. März 1878.
10  GStA I. HA, Rep. 54, Nr. 178, Bluth Antrag des Provinzialausschusses betreffend die Inventarisierung und Beschreibung der vorhandenen Baudenkmäler und Überreste der Vergangenheit, gehalten auf der 9. Plenarsitzung des Provinziallandtages am 14. März 1878.
11  »Entwurf eines preußischen Gesetzes betreffend die Erhaltung der Denkmäler«, vgl. Polenz 1899, S. 37–39, 45f.
12  Hoffmann 1995, S. 18.
13  Bericht über die Tätigkeit der Provinzialkommission für Denkmalpflege und des Provinzialkonservators, Berlin 1898, S. 21.
14  Nachruf Hossfeld 1915, S. 112.
15  Reichel 1998, S.149ff.
16  STA Stettin, NPPP Nr. 3199, fol. 6–21, fol. 9.
17  Vollständiger Bericht abgedruckt bei Lezius 1908, S. 25–27 und in Polenz 1899, S. 37–39 und S. 45.
18  STA Stettin, NPPP Nr. 3199, fol. 6-21, fol. 6.
19  Kohte 1899, S. 40ff.
20  Vgl. Die Gesetzgebung zum Schutz der Denkmäler, in: National-Zeitung, 01.10.1901.
21  Kohte 1906, S. 38ff.

22  Wallé 1899, S. 40ff.
23  Teltow 1992, S. 75.
24  Wiederherstellungen 1870–97 (vor dem Einsetzen der Tätigkeitsberichte der Provinzialkommission):
    Havelberg, Dom, Paradiessaal
      Phase 1877–79
      Phase 1885–90 unter Persius, Adler
    Jüterbog, Liebfrauenkirche
      1890–91   Restaurierung Adler
    Lehnin, Zisterzienserklosterkirche
      1871–77   Salzenberg, frühere Projekte von Brecht, Adler
    Brandenburg, St. Gotthardt
      1861–68   Chormittelfenster nach von Quast als Geschenk Wilhelms I.
      1874      neuer Hauptaltar mit Gemälde von Pfannschmidt
    Mittenwalde, St. Moritz
      1877/78   neogotischer Backsteinturm
    Frankfurt/Oder, St. Nikolai
      1881      »gotischer Ausbau« mit zweitürmiger Anlage, Beseitigung des barocken Zustandes durch Adler
    Königsberg/Nm., St. Marien
      1881–84   neogotische Ausstattung und Innenrestauration mit Glasmalerei
    Quartschen, Johanniterordenskirche
      1870–98   stilgerechte Wiederherstellung, Freilegung, Restaurierung und Ergänzung der Wandmalereien von 1350
    Schwedt, St. Katharinen Stadtpfarrkirche
      1887–90   gotisierender Umbau von Dihm
    Königsberg/Nm., Rathaus
      1883      Restaurierung und leichte Gotisierung der Giebelseiten

Auswahl von bedeutsamen Restaurierungen 1897–1914; 1897–1901
(unter Bluth durchgeführt)

*1898–99*

Zinna, Zisterzienserklosterkirche
Restaurierung, Rekonstruktion des Hauptportals, Verzicht auf Ausmalung der Apsis

Beelitz, Pfarrkirche
»stilgemäßer Restaurationsbau« unter der Leitung von Tiedemann: neogotische Überformung und Erneuerung des Chorpolygons

*1900–02*

Angermünde, Franziskanerklosterkirche
Sicherung, Restaurierung

Kyritz, Pfarrkirche
Plan der »stilgemäßen Wiederherstellung des Innern«, unter Wiedergewinnung der Raumstruktur des 15. Jahrhunderts unter Zustimmung von Persius,
Restaurierung 1904

Prenzlau, Margaretenkapelle an St. Marien
Abbruch verhindert, Herstellung des Äußeren durch Lehmgrübner

Luckenwalde, St. Johannis
Wiederherstellung des spätgotischen Chorraumes, Portalvorbau, Anbauten
Erneuerung der Fenster, Rekonstruktion von Blendmaßwerk

Auswahl von bedeutsamen Restaurierungen 1902–07 (unter Büttner realisiert)

*1903*

Jüterbog, Rathaus
Entwurf zur Herstellung als Backsteinbau durch Kohte

Spandau, St. Nikolai
Entwurf zur Instandsetzung von Stiehl, Berlin

*1901–06*

Mühlberg/Elbe, Zisterzienserinnenkloster Güldenstern
durchgreifende Restaurierung, einheitliche Raumfassung

*1904–06/10*

Brandenburg, St. Gotthardt
umfassende Wiederherstellung durch Dihm (inkl. Ausmalung) nach Gutachten von Büttner

Rathenow, St. Marien und Andreaskirche
Innenrestaurierung mit Freilegung der Malerei, Dihm

*1906–08*

Fürstenwalde, Rathaus
Wiederherstellung/Umbau von Dihm auf Anraten Büttners

Neuruppin, ehem. Dominikanerklosterkirche
Ersatz des abgebrochenen Dachreiters durch zwei Chorflankentürme 1904–07 von Dihm aus Gründen der Monumentalisierung des Ortsbildes

Dobrilugk, Schlosskirche
behutsame Restaurierung nach Befunden im Innern

Auswahl von bedeutsamen Restaurierungen, 1908–19 (unter Goecke geleistet)

*1908–10*

Potsdam, St. Nikolai
Herstellung der Malereien im Chor und an den Gurtbögen

Gransee, Stadtbefestigung
Votum gegen vollständige Wiederherstellung der Weichhäuser

Tammendorf (ehem. Kreis Krossen)
Barockkirche um 1700, Instandsetzungsmaßnahmen mit größtmöglicher Erhaltung alter Stücke, realisiert durch Architekt Wilhelm Jung

Fürstenwalde, St. Marien-Domkirche
Regotisierung unter der Leitung von Baurat Dihm

*1908–14*

Frankfurt/Oder, Rathaus
Umbau und Wiederherstellung des Nordgiebels (1904) und der Gerichtslaube
sowie der Wettbewerb zu einem Erweiterungsbau, der sieben alte Bürgerhäuser, die sich östlich an das Rathaus anschlossen, beseitigte

*1909, 1913*

Berlin, 1. und 2. Wettbewerb für das Opernhaus
mit völligem Umbau bzw. Belassen des historischen Knobelsdorff-Baus und
Neubau anstelle des Krollschen Etablissements am Königsplatz

*1911–13*

Brandenburg, St. Katharinenkirche
Instandsetzungsprogramm durch Wilhelm Blaue

Brandenburg, Altstädtisches Rathaus
Umbau und Instandsetzung des Altstädtischen Rathauses nach Übernahme vom Militärfiskus

Cottbus, Oberkirche
Wiederherstellung

Sorau, St. Marienkirche Unserer Lieben Frauen
Sicherung und Wiederherstellung durch Roßteuscher, Berlin, nach Gutachten von Lutsch (1908)

*1913/14*

Potsdam, Altes Rathaus
Goecke Mitglied der Wettbewerbskommission beim Wettbewerb um die Erweiterungsplanung (Gutachten) für Erhalt des Alten Rathauses als Museumsbau und den Neubau eines Verwaltungsgebäudes an anderer Stelle

*1918*

Prenzlau, Marienkirche
Planung der beschränkten Freilegung der Marienkirche (an der Südseite), trotz eines abweichenden Gutachtens von Goecke, und der Entwurf einer Rahmenarchitektur für Um- und Neubauten an der Marktseite

25 GStA PK, I. HA, Rep. 54, Nr. 178, Landesdirektor von Levetzow an Brandenburgischen Provinziallandtag, Berlin 22. Februar 1892.

26 Anleitung für die Pflege und Erhaltung der Denkmäler in der Provinz Brandenburg, Berlin 1896, S. 48f.

27 Zentralblatt der Bauverwaltung, Nov. 1901, S. 584.

28 Bericht über die Tätigkeit der Provinzialkommission für Denkmalpflege und des Provinzialkonservators, Berlin 1897, S. 25.

29 Teltow 1992, S. 75ff. mit dem Verweis auf die unpubl. Diplomarbeit des gleichen Autors, Halle 1991.

30 Drachenberg 1995, S. 53ff., insbesondere S. 53 und 54.

31 Vogt 1995, S. 47ff.

32 Geschäftsbericht der brandenburgischen Provinzialkommission für Denkmalpflege und des Provinzialkonservators über die Jahre 1908 bis 1910, Berlin 1911, S. 42.

33 Goecke 1914, S. 29ff. – Schulze-Gahmen 1913, S. 669ff.

34 Lemburg 1989.

35 Geyer 2001, S. 92, der sich auf eine archivarische Passage bezog in Rep. 113, Oberhofmarschallamt, Bauangelegenheiten des Berliner Schlosses, Bd. V, 1860–70, S. 40, Akte verschollen.

36 Das Erwinsportal 1909, S. 518ff.

37 Anleitung 1896 (wie Anm. 26), S. 31f.

38 Ebenda, S. 31.

39 Ebenda, S. 31.

40 Zit. nach Paul Clemens Resümée der Denkschrift von Arntz an den Kultusminister, in: GStA PK, I. HA Rep. 76 Ve, I. Bd., S. 41f.

41 Meinecke 2002, S. 106ff.

42 GStA PK, I. HA Rep. 76 Ve, Sekt. 1, Abt. VI, Nr. 23c, S. 39–41, das Original versehen mit handschriftlichen Kommentaren von Lutsch.

43 Archivum Panstwowe Szczecin, Nachlaß Lutsch, Nr.40–87: Hans Lutsch, Technisches Handbuch der Denkmalpflege, Ein Hilfsbuch für Denkmalpfleger und Künstler, Stadt- und Kirchengemeinden und Museumsleiter. Das Werk war auf zwei Bände konzipiert und stand kurz vor dem Druck. Es sollte im Verlag Carl Heymanns Berlin erscheinen, bei dem auch der Architekten-Verein Berlin seine Wochenschriften drucken ließ.

44 GStA PK, I. HA Rep. 76 Ve, Sekt. 1, Abt. VI, Nr. 23a, S. 15.

45 Freundlicher Hinweis von Dr. Michael Lissok, Greifswald.

# Der Brandenburgische Provinzialverband und »Die Kunstdenkmäler der Provinz Brandenburg«[1]

Klaus Neitmann

Als der Althistoriker Theodor Mommsen 1890 den Kirchenhistoriker Adolf Harnack als neugewähltes Mitglied der Königlich Preußischen Akademie der Wissenschaften begrüßte, rühmte er dessen »Gabe jüngere Genossen zu fruchtbarer Arbeitsgemeinschaft zu gewinnen und bei derjenigen Organisation, welche die heutige Wissenschaft vor allem bedarf, als Führer aufzutreten. [...] Auch die Wissenschaft hat ihr sociales Problem; wie der Großstaat und die Großindustrie, so ist die Großwissenschaft, die nicht von Einem geleitet, aber von Einem geleitet wird, ein notwendiges Element unserer Kulturentwickelung, und die Akademieen sind ihre rechten Träger oder sollten es sein. [...] Die Großwissenschaft braucht Betriebskapital wie die Großindustrie und wenn dies versagt, so ist die Akademie eben ornamental und müssen wir es uns gefallen lassen, von dem Publikum als Dekoration angesehen und als überflüssig betrachtet zu werden.«[2] In gewisser Weise verallgemeinerte und erweiterte Mommsen mit diesen Äußerungen einen Gedankengang, den er 1858 anlässlich seiner eigenen Zuwahl in die Akademie und der damit übernommenen Leitung ihres großen Editionsunternehmens, des *Corpus Inscriptionum Latinarum*, angesprochen hatte: »Es ist die Grundlegung der historischen Wissenschaft, daß die Archive der Vergangenheit geordnet werden. In der Abteilung, die Sie mir und meinen Mitarbeitern übertragen haben, hoffen wir Ordnung zu stiften und einen guten Katalog herzustellen. Ob jedes Stück, das er aufhebt und aufheben muß, auch wirklich des Aufhebens wert sei, danach fragt der Archivar zunächst nicht.«[3] Die Zitate des berühmtesten Althistorikers des 19. Jahrhunderts, in dem sich die wissenschaftlichen Bestrebungen seiner Zeit in herausragender Weise verdichten, stehen am Anfang dieses Aufsatzes, weil die in ihnen angedeuteten Gesichtspunkte die inhaltlichen und organisatorischen Herausforderungen eines kunst- und geschichtswissenschaftlichen Großunternehmens wie das der »Kunstdenkmäler der Provinz Brandenburg« aufzuhellen vermögen. Die »Kunstdenkmäler« sind geboren aus dem Geist, in dem das 19. Jahrhundert die Erforschung vergangener Epochen anpackte, und sie zeugen von den Schwierigkeiten in der Erreichung des anfänglich aufgestellten Zieles, als die Umbrüche des 20. Jahrhunderts die einst geschaffenen Voraussetzungen in Frage stellten.

Drei wesentliche Kriterien des wissenschaftlichen Großbetriebes hebt Mommsen hervor: 1. Die schriftlichen und monumentalen Überreste der Vergangenheit müssen ohne bestimmte inhaltliche Zielsetzung archivisch erfasst, geordnet und beschrieben werden, damit auf der Grundlage eines inventarisierten Quellenstoffs die Wissenschaftler die vielfältigen Erscheinungen der Historie erforschen und darstellen können. 2. Diese Arbeit ist so umfangreich und langwierig, dass sie selbst in einzelnen Teilausschnitten nicht von einem Einzelnen geleistet werden kann. Es bedarf einer größeren arbeitsorganisatorischen Einheit, in der mehrere Wissenschaftler unter Anweisung und Aufsicht eines erfahrenen Leiters die anstehenden Aufgaben wahrnehmen. 3. Ein solches Großvorhaben – in sachlicher ebenso wie in zeitlicher Hinsicht – kann nur durchgeführt werden, wenn die Finanzierung seiner Arbeiten und seiner Arbeiter gewährleistet ist, wenn die erforderlichen Sach- und Personalmittel bereitgestellt werden. Mommsen ordnete die »Großwissenschaft« auf Grund seiner Erfahrungen den Akademien zu. Die »Kunstdenkmäler« gehörten am Anfang des 20. Jahrhunderts zu den Vorhaben, deren Realisierung andere Träger in ihr Aufgabengebiet übernahmen. Die »Kunstdenkmäler« sind überhaupt das erste historische Großprojekt, das in der Provinz Brandenburg fern der bisherigen Berliner Wissenschaftszentren, der Friedrich-Wilhelm-Universität, der Preußischen Akademie der Wissenschaften und des Preußischen Geheimen Staatsarchivs, in einer Kombination von zentralstaatlichen und provinzialen Kräften konzipiert und umgesetzt wurde, in einer Art und Weise, die sich die seit dem späteren 19. Jahrhundert bestehende innere Verwaltungsorganisation des preußischen Staates zunutze machte.[4] Ausgehend von den Kriterien Mommsens, wird mein Beitrag im Folgenden die wissenschaftsorganisatorische Herausforderung, die mit der Erarbeitung und Veröffentlichung der Kunstdenkmäler der Provinz Brandenburg verbunden war, in den Mittelpunkt rücken und demgegenüber ihre inhaltlichen, wissenschaftsinternen Probleme ein wenig vernachlässigen.

## Provinziale Denkmalpflege in Preußen zwischen Kultusministerium und Provinzialverband

Der Verwaltungsaufbau des preußischen Staates von 1815 mit seiner Einteilung in Provinzen wurde durch die Provinzialordnung von 1875 erheblich umgestaltet.[5] Die Verwaltung der Provinzen wurde zweigeteilt, in einen staatlichen Verwaltungsbereich mit dem Oberpräsidenten und den Regierungspräsidenten zur Wahrnehmung der allgemeinen inneren Angelegenheiten und in einen kommunalen Selbstverwaltungskörper, den »Provinzialverband«, der sich aus sämtlichen Landkreisen und kreisfreien Städten der jeweiligen Provinz zusammensetzte. Organe des Provinzialverbandes waren der Provinziallandtag als Legislative sowie der vom Landtag auf sechs Jahre gewählte Provinzialausschuss mit höchstens dreizehn Mitgliedern und der ebenfalls von ihm auf zwölf Jahre gewählte, vom König zu bestätigende Landesdirektor, die zusammen als Exekutive die gesetzlich zugewiesenen Selbstverwaltungsaufgaben wahrnahmen. Der Staat überwies den Provinzialverbänden im sogenannten Dotationsgesetz besondere Fonds für die im Einzelnen beschriebenen Arbeiten. Bis 1945 galt das Gesetz vom 30. April 1875 zur Dotation der Provinzial- und Kreisverbände, nach dessen § 4 die den Provinzialverbänden überwiesenen Jahresrenten u.a. zur Pflege von Kunst und Wissenschaft, darunter zur »Unterhaltung von Denkmälern«, zu verwenden waren. Diese Aufgabenzuweisung beruhte auf der Einsicht, dass landschaftliche Kulturvorhaben besser unter der Obhut einer provinzialen Instanz als unter der einer gesamtstaatlichen Bürokratie gediehen, und auf der Erfahrung, wie es ein kultusministerieller Immediatbericht über fünfzehn Jahre später einmal ausdrückte, »daß das wesentlichste Moment für die gedeihliche Denkmalpflege in dem Interesse der örtlichen Organe in den Denkmälern ihres Landesteils und in der freiwilligen Tätigkeit dieser Organe liegt«.[6]

In den ersten Jahrzehnten seines Wirkens griff der Brandenburgische Provinzialverband auf kulturellem Gebiet zustimmend inhaltliche Anregungen der fachlich interessierten staatlichen Kultur- und Wissenschaftsverwaltung auf und bewilligte dafür gemäß der Zuständigkeitsregelung von 1875 Etatmittel, ohne von sich aus Themen und Vorhaben vorzugeben und zu entwickeln. Programmatische Ziele führte zuerst das Preußische Kultusministerium in die politische Debatte ein, indem es im Juni 1875 den Oberpräsidenten der Provinz Brandenburg auf seine Absicht hinwies, »daß auch in der hiesigen Provinz, wie es schon in den Provinzen Hessen und Hannover geschehen und in der Rheinprovinz und in Schlesien angestrebt werde, eine Inventarisierung und Beschreibung der vorhandenen Baudenkmäler und Überreste der Vergangenheit ins Werk gesetzt werde«. Ein derartiges Werk sollte den bestehenden Zustand überwinden, dass über die Arbeiten der Denkmalpflege nur gelegentliche Veröffentlichungen zu einzelnen oder bestenfalls zu einer Gruppe besonders ausgezeichneter Denkmäler vorlagen.[7] Nachdem der Oberpräsident ein Fachgutachten des Architektenvereins zu Berlin eingeholt und geeignete Bearbeiter einschließlich des verantwortlichen Leiters, Professor Rudolf Bergau aus Nürnberg, gewonnen hatte, wandte er sich im Februar 1878 an den ersten Landesdirektor des Brandenburgischen Provinzialverbandes Albert von Levetzow mit der Bitte, sich beim Provinziallandtag für die Bewilligung der erforderlichen Gelder einzusetzen. Dieser bewog innerhalb von vierzehn Tagen den Provinzialausschuss und den Provinziallandtag dazu, im Etat 1878/79 eine erste Rate von 10 000 Mark »zur Aufnahme eines Inventars und einer Beschreibung der geschichtlich und architektonisch wichtigen Baudenkmäler der Provinz Brandenburg zur Verfügung [zu] stellen«. Der im November 1878 vom Provinzialverband beauftragte Bergau stützte sich für die Ermittlung und Darstellung der Denkmäler auf zahlreiche öffentliche Stellen wie manche

Geschichtsvereine in der Provinz, die sich um die «Altertümer« – nach damaligen Verständnis sowohl mittelalterliche Kunstgegenstände als auch vor- und frühgeschichtliche Funde – kümmerten. Bergaus 1885 erschienenes, über achthundertseitiges »Inventar der Bau- und Kunstdenkmäler in der Provinz Brandenburg« inventarisierte »Denkmäler der Baukunst, Bildhauerkunst, Malerei und der verschiedenen Kunstgewerbe von der ältesten Zeit bis auf unsere Gegenwart«. Ausarbeitung und Drucklegung des Werkes kosteten den Provinzialverband insgesamt 63 164,20 Mark.

Ebenso wie das Preußische Kultusministerium in den 1870er Jahren die Provinzialverbände zu ersten Inventarisierungsarbeiten der Denkmalpflege angeregt hatte, ergriff es um 1890 die Initiative zu deren festerer institutioneller Verankerung. Eine Denkschrift des Kultusministers Gustav von Gossler vom Mai 1887 arbeitete die mangelhafte Organisation der Denkmalpflege heraus und sah ihre entscheidende Schwäche in der Beziehungslosigkeit zwischen zentralen und regionalen Bestrebungen. »Eine systematische Erforschung der vorhandenen Denkmäler, mit der dann Schutz und Erhaltung sich von selbst verknüpft und die ihrer Natur nach auf räumlich begrenzte Kreise zu beschränken, von örtlichen Organen vorzunehmen und von oben nur zu unterstützen ist, hat noch nicht Platz gegriffen.« Die Denkschrift befürwortete eine »Arbeitstheilung«, sie dachte daran, »Einheitlichkeit und Planmäßigkeit von oben – durch die Einwirkung des [staatlichen] Conservators zu wahren, für die Ausführung selbst aber die örtlichen Interessen zu organisieren«. Sie wünschte dafür klare Verantwortlichkeiten dadurch zu schaffen, dass die bislang nebeneinander betriebenen staatlichen, kommunalen und gesellschaftlichen Bestrebungen organisatorisch gebündelt und in einem zuständigen Gremium zusammengefasst würden.[8] Die vorgeschlagenen Maßnahmen wurden in den folgenden Jahren eingehend mit dem Finanzministerium und mit verschiedenen Selbstverwaltungskörperschaften erörtert und im November 1891 vom Kultusminister Grafen von Zedlitz in abgewandelter Form noch einmal zusammengefasst. Eine Provinzialkommission zur Erforschung und zum Schutze der Denkmäler sollte nach der den Provinzialverbänden zu überlassenden Wahl aus dem Landesdirektor, dem Vorsitzenden des Provinzialausschusses und Vertretern von Geschichts- und Altertumsvereinen und kirchlicher Organe gebildet werden. Ihr sollte als sachverständiger Beirat und zugleich als staatlicher Delegierter des preußischen Konservators ein auf Zeit gewählter Provinzialkonservator zur Seite gestellt werden, dessen jährliche, pauschal auf 2400 Mark veranschlagte Auslagen je zur Hälfte vom Staat und vom Provinzialverband zu tragen waren. Nachdem Kaiser Wilhelm II. noch im November 1891 den Immediatbericht von Zedlitz gebilligt hatte[9], beschloss der Brandenburgische Provinziallandtag im Februar 1892 die Einsetzung der empfohlenen Provinzialkommission zur Erforschung und Erhaltung der Denkmäler der Provinz und die Bestallung eines Provinzialkonservators und stellte zur Entschädigung für seine Unkosten die erbetenen 1200 Mark in den Etat ein. Dem exekutiven und damit maßgeblichen engeren Ausschuss der 1896 achtzehn Personen umfassenden Provinzialkommission gehörten der Oberpräsident, der Landesdirektor und der Provinzialkonservator an, dieser wiederum fungierte als Delegierter des gesamtpreußischen staatlichen »Konservators der Kunstdenkmäler« für den Bereich seiner Provinz und war ihm unterstellt.[10] Der Provinzialkommission und dem Provinzialkonservator oblag es, den Zustand der Kunst- und Baudenkmäler zu prüfen sowie die Durchführung von Restaurierungsarbeiten zu überwachen, einen jährlichen Plan für größere Unternehmungen zur Erforschung der Denkmäler aufzustellen und wissenschaftliche Publikationen zu unterstützen oder selbst herauszugeben. Die dafür erforderlichen Sachmittel wurden vom Provinziallandtag bewilligt.

## Blütezeit der brandenburgischen Kunstdenkmälerinventarisation (1902–1914/18)

Als auf der Sitzung der Provinzialkommission im Dezember 1897 eines ihrer Mitglieder, der Architekt Peter Wallé aus Berlin, die Neubearbeitung des Inventars von Bergau zur Schließung der vorhandenen Lücken anregte, stieß er mit seinem Vorschlag unter den maßgeblichen Verantwortlichen, dem ersten brandenburgischen Provinzialkonservator Karl Rudolf Gustav Bluth und dem Kommissionsvorsitzenden, dem brandenburgischen Oberpräsidenten Heinrich von Achenbach, zunächst auf Zurückhaltung, da nach Bluths Einschätzung der Provinziallandtag derzeit wegen anderer umfangreicher Aufgaben des Provinzialverbandes kaum zu einer Bewilligung der erforderlichen umfangreichen Mittel geneigt wäre. Immerhin diskutierte man trotzdem konzeptionelle Fragen eines erneuerten Inventars, so die Einteilung des Gesamtwerkes nach regionalen Einheiten wie den damaligen Kreisen oder den historischen Landschaften oder seine Ausstattung mit zahlreichen Abbildungen, so dass der Ruf Wallés nicht völlig ungehört verhallte.[11] Erfolg war seinem Vorstoß ein paar Jahre später beschieden, als sowohl die wissenschaftlichen Denkmalpfleger als auch das Preußische Kultusministerium das Thema nachdrücklich und zielgerichtet aufgriffen, genauer, als der Deutsche Denkmalpflegetag in Dresden 1900 ausführlich die Inventarisierung von Denkmälern behandelte und debattierte[12] und Sachverständige 1902 unter dem Vorsitz des Konservators der Kunstdenkmäler aus wissenschaftlichen Erkenntnissen und praktischen Erfahrungen Grundsätze für die Gestaltung der Verzeichnisse ableiteten.[13] Demnach sollte ein Verzeichnis alle vorhandenen Denkmäler von der Vorgeschichte bis zum Jahr 1870 in öffentlichem und privatem Besitz berücksichtigen und beschreiben, etwa im Falle von Bauwerken die Baugeschichte, den Organismus des Gebäudes, Anbauten und Ausstattungsstücke darstellen, dazu die vorhandene orts- und kunstgeschichtliche Literatur ebenso wie die archivalischen Quellen auswerten, die speziellen, den einzelnen Orten gewidmeten Untersuchungen sowohl durch kunstgeschichtliche Zusammenfassungen als auch zum

besseren Verständnis der Denkmäler durch geographisch-geologische und kulturgeschichtliche Einleitungen für landschaftlich zusammengehörige Gebiete ergänzen und dem Text zahlreiche Abbildungen und Karten beigeben. Im Sinne einer umfassenden Bestandsaufnahme waren demnach alle festen und beweglichen Gegenstände von geschichtlichem oder Kunstwert zu inventarisieren und zugleich in allgemeine landeskundliche und landesgeschichtliche Zusammenhänge einzuordnen, so dass die Beschreibungen der künstlerischen Einzelobjekte in ihrer Summe in eine Darstellung der Orts- und Regionalgeschichte einmündeten.

Auf die neuen Entwicklungen reagierte die Brandenburgische Provinzialkommission für Denkmalpflege sehr schnell, auf ihrer Sitzung am 27. November 1902 fasste sie zwei Beschlüsse, deren Tragweite die Beteiligten sicherlich damals nicht erahnten: »Die Notwendigkeit der Neuarbeitung des Inventars der Kunstdenkmäler der Provinz Brandenburg wurde anerkannt, und der Wunsch ausgesprochen, die Neuarbeitung den sehr viel aufwendigeren Inventaren der anderen Provinz würdig anzureihen«.[14] Als die Kommission 1903 und 1904 unter Übernahme der staatskonservatorischen Grundsätze von 1902 die »Kunstdenkmäler der Provinz Brandenburg« vorbereitete[15], beabsichtigte sie ausdrücklich, über Bluths ursprüngliche Erwägungen deutlich hinausgehend »nicht eine Wiederherausgabe der Bergauschen Arbeit [...], sondern eine vollständige Neuherausgabe«[16] mit dem doppelten Anspruch auf Vollständigkeit und auf Interdisziplinarität. Ihr wissenschaftliches Ziel lautete in einer späteren Formulierung: »Das Werk soll kein einseitig architektonisches, sondern zugleich ein kulturgeschichtliches sein.«[17] Das Gesamtwerk war schließlich in sieben Bände eingeteilt, die weitgehend den historischen Landschaften der Provinz entsprachen; dabei sollte jeder Kreis in einem besonderen Heft behandelt werden. Für die Bearbeitung waren zunächst zwei Personen vorgesehen, ein Architekt für den kunstgeschichtlichen Hauptteil und ein ihm zugeordneter wissenschaftlich gebildeter Hilfsarbeiter, ein Historiker, der das für die Bearbeitung erforderliche historische Material zu sichten, die Quellen nachzuweisen und bereitzustellen hatte. Die Leitung des Gesamtwerkes war dem Provinzialkonservator selbst übertragen, er sollte die Verhandlungen mit den Autoren führen, die Verträge mit ihnen abschließen und deren Ausführung überwachen, insgesamt also als Mittelglied zwischen den Verfassern und der Provinzialverwaltung wirken. Für die Entlohnung der Mitarbeiter und die Bestreitung der Sachausgaben, unter denen die zwecks objektiverer Wiedergabe der Kunstwerke bevorzugte fotografische Darstellung und die Druckkosten den größten Teil ausmachten, rechnete man in einer ersten Schätzung mit insgesamt 193 000 Mark für die gesamte Dauer von sieben Jahren. Man gedachte 1903, mit der Bearbeitung der Prignitz zu beginnen, und verpflichtete die Autoren, 1904 sechs weitere Kreise fertigzustellen. Man erwartete also in den ersten Planungen eine schnelle Erscheinungsfolge der kreisbezogenen Hefte und den Abschluss des Gesamtvorhabens bis ca. 1910.

Sehr schnell stellte sich heraus, dass die Beteiligten in ihrem Programm und in ihrer Organisation von unzutreffenden Voraussetzungen ausgegangen waren und die Konsequenzen ihrer Zielsetzungen nicht ausreichend bedacht hatten. Der wesentliche, durchaus verständliche Irrtum lag darin, dass der Umfang der Aufgabe wegen unzulänglicher Kenntnisse über die Masse der zu erfassenden Objekte ganz erheblich unterschätzt worden war. 1906 musste Provinzialkonservator Georg Büttner eingestehen: »Die Neubearbeitung des Verzeichnisses der Kunstdenkmäler war nicht so schnell zu einem greifbaren Ziele zu fördern, als bei der Inangriffnahme der Arbeit gehofft wurde. Es ist das darauf zurückzuführen, daß genügende Anhaltspunkte zur Schätzung des Stoffes wie der Arbeit nicht vorhanden waren. […] Und nicht nur der zu inventarisierende Stoff selbst war noch nicht bekannt, auch für die Art der Bearbeitung konnte aus den bereits vorhandenen Verzeichnissen anderer Provinzen ein unmittelbares Vorbild nicht entnommen werden. Seit dem Abschluß des ersten Verzeichnisses der Denkmäler der Provinz Brandenburg durch Bergau im Jahre 1885 hat sich das Verständniß für die Kunst früherer Epochen so vertieft und verbreitet, daß jetzt an ein Verzeichniß der Kunstdenkmäler wesentliche andere Anforderungen gestellt werden als damals.«[18] Im selben Jahr an anderer Stelle fasste Büttner das Problem in der Bemerkung zusammen, »daß der Stoff in einer vorher nicht zu ahnenden Weise sich gehäuft habe. Bei der Sammlung des Stoffes habe er einem früher von der Kommission ausgesprochenen Wunsche folgend eine möglichste Vollständigkeit angestrebt […] Das Ergebnis sei, daß z.B. für den Kreis Ostprignitz 13 Druckbogen Text mit rund 350 Abbildungen erforderlich würden.«[19] Die nähere Prüfung hatte ergeben, »daß die Zahl kirchlicher und profaner Bauwerke von Denkmalwert sowie insbesondere die der kirchlichen Ausstattungsstücke und anderer kunstgeschichtlich bedeutender Werkarbeiten erheblich über die ursprüngliche Schätzung hinausging«.[20]

Den Sitzungsprotokollen der Provinzialkommission und ihres engeren Ausschusses für die Denkmälerinventarisation ist abzulesen, wie sich die Mitglieder erst allmählich der unausweichlichen Konsequenzen ihres einmal aufgestellten Zieles bewusst wurden. Ausdrücklich lehnten sie es ab, ihr ursprüngliches wissenschaftliches Programm um der schnelleren Vorlage der Ergebnisse willen einzuschränken, »da hierdurch der ausgesprochene Zweck der Arbeit, ein vollständiges Verzeichnis zu erhalten, vereitelt würde«.[21] Im Gegenteil, man verständigte sich darauf, die Ausstattung der Bände zu verbessern, indem man einzelne Gegenstände, besonders Gegenstände der inneren Ausstattung, Reste von Wandmalereien, Glasfenster usw. in farbiger Darstellung wiedergeben wollte. Auch die Beigabe von Karten zur geologischen Gestaltung des jeweiligen Gebietes wurde befürwortet.[22] Da man nicht nur ein wissenschaftliches, sondern auch »ein auf volkstümliche Belehrung gerichtetes Werk« schaffen wollte, sollten neben kirchlichen und monumentalen Bauwerken mehr Schloss- und Profanbauten, nicht nur von künstlerischem Wert, sondern auch solche von Bedeutung

für die Landschaft und die Landesgeschichte, abgebildet und Straßen-, Städte- und Ortsbilder beigegeben werden.[23] Schrittweise stellte man sich darauf ein, dass mit längeren Fristen bis zur Abgabe der Manuskripte zu rechnen war, und betonte durchaus, »man sollte dem Bearbeiter Freiheit lassen, ihn nicht zur Einhaltung der vertragsmäßigen Termine drängen und mehr Wert auf Gründlichkeit als auf Schnelligkeit der Arbeit legen«.[24] Unter dieser Prämisse gab man zwar das ursprüngliche Ziel, innerhalb eines Jahres etliche Kreise bearbeiten zu lassen, rasch auf, schreckte aber vor der Schlussfolgerung zurück, dass die Vollendung des Werkes dann in eine allzu ferne Zukunft verschoben werden müsste. Nach dreijährigen Erfahrungen meinte man im Januar 1906 prognostizieren zu können, dass »bei gleich schnellem Weiterarbeiten das ganze Werk vor dem Jahre 1920 kaum abgeschlossen werden könne«, und schlug daher vor, für das Kernstück, die Inventarisierung der Objekte, einen weiteren hauptamtlichen Bearbeiter, einen zweiten Architekten, einzustellen, so dass der eine den Regierungsbezirk Potsdam, der andere den Regierungsbezirk Frankfurt/Oder bearbeiten könne und dann die Arbeit schon im Jahre 1914 abgeschlossen werden würde. Zuvor waren bereits für andere Teilaufgaben, für die Bearbeitung der prähistorischen Funde, der orts- und regionalgeschichtlichen Abschnitte und der geologisch-geographischen Untersuchungen, andere wissenschaftliche Kräfte gewonnen worden[25], so dass die gewünschte Mitarbeiterschar auf fünf Personen anwachsen sollte.

Die aufgestellten Forderungen, d.h. das unveränderte Ziel der vollständigen Erfassung der Denkmäler entsprechend der gewünschten Bearbeitungstiefe und die Fertigstellung des Projektes etwa innerhalb eines Jahrzehntes durch vermehrten Personaleinsatz, waren nur zu verwirklichen, wenn der Provinziallandtag erheblich mehr Mittel als zunächst beantragt bereitstellte. Hatte man wie erwähnt in den ersten Berechnungen 193 000 Mark für das Gesamtwerk angesetzt, debattierte man Anfang 1905 schon über 250 000 Mark[26], und darüber hinaus war man sich im Klaren, dass die Aufstockung des Personals den in den Etat einzustellenden Betrag auf ungefähr das Doppelte erhöhen würde. Als Ende 1906 auf Grund der beiden ersten vorliegenden Hefte für die Kreise Ost- und Westprignitz präzisere Kostenvoranschläge erstellt worden waren, beliefen sie sich in der Summe auf Grund des Denkmalreichtums der einzelnen Kreise auf ca. 400 000 Mark; danach betrugen die Sach- und Druckkosten 199 000 Mark und die Gehälter 200 000 Mark. Dass damit die ursprüngliche Schätzung nach wenigen Jahren um mehr als 100% übertroffen worden war, vermochte die verantwortlichen Mitglieder der Provinzialkommission freilich nicht um ihren Mut und ihre Zuversicht zu bringen. Gerade eine entscheidende Person wie der Vorsitzende des Provinzialausschusses von Saldern sah in der Höhe der Summe keine Schwierigkeit für die Bewilligung. Und der Oberpräsidialrat Joachim von Winterfeldt (ab 1925 von Winterfeldt-Menkin), die rechte Hand des Oberpräsidenten August von Trott zu Solz, erklärte kurz und bündig: »Wenn wir ein erstklassiges

Werk erhalten, darf die Kostenfrage kein grundsätzliches Hindernis bilden. Ich bin überrascht von der Schönheit der herumgereichten Abbildungen. Ich habe auch schon früher den Wert der Aufnahme von farbigen Abbildungen betont. Denn das Werk soll auch ein Hausbuch werden. Er befürwortet nochmals die Bewilligung der Mittel.«[27] So leicht, wie es diese hingeworfenen Worte vermuten lassen, waren die Mittel vom Provinziallandtag nicht zu bekommen, es bedurfte einiger Überzeugungsarbeit unter dessen Abgeordneten, wie der Befürworter von Winterfeldt spätestens dann erkennen musste, als er 1911 zum Landesdirektor des brandenburgischen Provinzialverbandes gewählt wurde und damit die politische Hauptverantwortung für die Kunstdenkmälerinventarisierung übernahm. In seinen Erinnerungen »Jahreszeiten des Lebens« weist er darauf hin, dass in den Etatsberatungen der sogenannte Kulturetat alljährlich von neuem heiß umkämpft wurde, weil er sich nicht auf reale Dinge wie Straßenbau, Flussregulierungen und ähnliche zentrale Aufgabenfelder des Provinzialverbandes bezog, sondern »Mittel zur Erfüllung idealer Aufgaben«, insbesondere Mittel für »das monumentale Kunstdenkmäler-Inventar der Provinz sowie für die Unterstützung von Wiederherstellungsarbeiten an künstlerisch oder historisch bedeutsamen Bauwerken«, enthielt. »Hier zeigte sich der Provinziallandtag meist wenig gebefreudig, und es bedurfte schon meiner ganzen Beredsamkeit, um dem Landtag klarzumachen, daß ›der Mensch nicht von Brot allein leben könne‹.«[28] Die glänzende Finanzlage des Kaiserreiches ermöglichte letztlich die Ausweitung des Vorhabens.

Die Kunstdenkmäler der Provinz Brandenburg stehen mit ihren angedeuteten konzeptionellen, personellen und finanziellen Herausforderungen unter den großen Quelleneditions- und Inventarisierungsvorhaben des 19. und frühen 20. Jahrhunderts nicht allein da. Immer wieder ist dabei zu beobachten, dass die Protagonisten in ihren ersten Überlegungen und Planungen sich des Ausmaßes der zu erledigenden Arbeiten nicht bewusst waren, dass sie in unzureichender Kenntnis des zu bewältigenden Stoffes mit Fristen rechneten, die sich über kurz oder lang als illusionär erwiesen. Aus den zuerst vorgesehenen wenigen Jahren oder einem Jahrzehnt wurden in der Folge mehrere, etliche Jahrzehnte, und die Wissenschaftsgeschichte kennt durchaus auch Jahrhundertwerke. Die Ordnung der Archive, die von Mommsen so emphatisch beschworene Aufgabe des 19. Jahrhunderts, war keine Leistung, die in einer einzigen Generation erbracht werden konnte, es charakterisiert geradezu die diesem zentralen Forschungsziel zuzuordnenden Großprojekte, dass sie sich im Hinblick auf ihre Vollendung als unabsehbar erwiesen. Der Irrtum der Initiatoren ist nachvollziehbar, denn die genaue Einschätzung des Arbeitsumfanges hätte gerade die Kenntnis vorausgesetzt, die man sich durch die Erarbeitung des Werkes erst aneignen musste. Im Nachhinein betrachtet, kann man sich eigentlich über diesen Irrtum nur freuen, denn ohne ihn wären solche Vorhaben wie die *Monumenta Germaniae Historica*, die Herausgabe der Quellen zur mittelalterlichen

Geschichte des Deutschen Reiches, oder eben auch die Inventarisierung der Kunstdenkmäler in den preußischen Provinzen und den anderen deutschen Ländern wohl gar nicht in Angriff genommen worden.

Die skizzierten Anforderungen der Brandenburgischen Provinzialkommission für Denkmalpflege wurden jedenfalls erfüllt, und so gingen die Arbeiten an dem Unternehmen spürbar voran und überzeugten durch die Qualität der im Druck vorgelegten Ergebnisse. Vornehmlich fünf Mitarbeiter der Neuherausgabe des Denkmalverzeichnisses waren in dem knappen Vorkriegsjahrzehnt angestrengt um seine Förderung bemüht: die beiden Architekten Paul Eichholz aus Charlottenburg und Dr. Wilhelm Jung aus Schöneberg, die die Denkmäler des Regierungsbezirkes Potsdam bzw. Frankfurt/Oder bearbeiteten, beide als Mitarbeiter im Dienste der Provinzialverwaltung, Eichholz durch Vertrag gegen eine Jahresvergütung von zuerst 5400 Mark, dann nach mehreren Steigerungen von 8000 Mark ab 1915, Jung zuerst durch Vertrag, seit 1912 als Landesbauinspektor mit einem Gehalt von 7600 Mark ab 1916; der Oberlehrer Dr. Willi Spatz aus Wilmersdorf, der die geschichtlichen Einleitungen für beide Regierungsbezirke verfasste, ursprünglich gegen Vergütung nach Bogen, dann, weil die historischen Arbeiten stark in Rückstand gekommen waren, vorübergehend im Dienste der Provinzialverwaltung mit einem Gehalt von 8100 Mark; der Direktorialassistent am Völkerkundemuseum Berlin Dr. Alfred Götze, der die vor- und frühgeschichtlichen Hefte erstellte, und der Geograph Dr. Friedrich Solger aus Berlin, der die geologisch-geographischen Partien anfertigte – beide nach Bogen vergütet. Unterstützend wirkten Hilfskräfte: Der Fotograf und Maler Max Zeisig war mit den fotografischen Aufnahmen für den Regierungsbezirk Potsdam beauftragt, den beiden Architekten stand je ein Zeichner gegen eine Monatsvergütung von 130 bis 150 Mark zur Seite, dem Provinzialkonservator war in seiner Funktion als Schriftleiter ein mittlerer Beamter im Nebenamt zum Lesen der Korrekturen beigegeben. Dem Provinzialkonservator gelang es nicht wie einstmals beabsichtigt, neben seinen anderen Aufgaben den einen oder anderen Kreis persönlich zu bearbeiten, allein die Schriftleitung erforderte schon seine tatkräftige Mitarbeit, in den Worten Theodor Goeckes: »Mit sämtlichen Mitarbeitern halte ich gemeinsame Sitzungen ab; ich prüfe und ergänze die Manuskripte und die Vorschläge für die Abbildungen auf Grund meiner konservatorischen Erfahrungen und suche ohne allzu starke Beschränkung der Selbstständigkeit des einzelnen Mitarbeiters namentlich zwischen dem Historiker und den Architekten leicht auftretenden Meinungsverschiedenheiten auszugleichen, um dem Werke eine möglichst einheitliche Gestalt zu sichern.«[29]

1914 war man zwar, anders als man 1906 vorhergesagt hatte, trotz des vermehrten Personals noch weit von der Vollendung des Gesamtwerkes entfernt, die Arbeiten schritten langsam voran, weil eine überraschend große Zahl von Denkmälern festgestellt wurde und weil die kunstwissenschaftlichen Untersuchungen, insbesondere hervorragender Bauwerke, und die Sichtung historischer Quellen und literarischer Werke in Archiven und Bibliotheken sehr viel Zeit kosteten. Aber immerhin waren seit 1907 in kontinuierlicher Folge etliche Hefte publiziert worden: für die Kreise Ostprignitz (Bd. I Tl. 2, 1907), Westprignitz (Bd. I Tl. 1, 1909), Lebus (Bd. VI Tl. 1, 1909), Stadt und Dom Brandenburg (Bd. II Tl. 3, 1912), Stadt Frankfurt a. Oder (Bd. VI Tl. 2, 1912), die Kreise Weststernberg (Bd. VI Tl. 3, 1913), Westhavelland (Bd. II Tl. 1, 1913) und Ruppin (Bd. I Tl. 3, 1914), dazu zwei selbständig publizierte Hefte über die Vor- und Frühgeschichte der Kreise Ost- und Westprignitz. Unter den Fachkollegen erzielte die provinzialbrandenburgische Denkmalpflege mit dieser Leistung hohe Anerkennung. Der Kunsthistoriker Paul Clemen, Vorsitzender des Denkmalrates der Rheinprovinz, schrieb seinem Kollegen Goecke im Mai 1916: »Ich habe mit dem grössten Interesse und mit wachsendem Respekt die in rascher Folge erscheinende stattliche Reihe von Bänden verfolgt, in denen unter Ihrer Leitung die Denkmäler der Provinz verzeichnet sind. Ich bewundere die Raschheit des Voranschreitens und freue mich über die gleichmässige Exaktheit der Beschreibung und über den Reichtum und die Schönheit der Illustrationen.«[30]

Dieses Ergebnis hatte seinen Preis – einen Preis, der die 1906 geschätzten Gesamtkosten von 400 000 Mark mittlerweile weit hinter sich gelassen hatte. Nach einer Aufstellung des Provinzialkonservators vom Mai 1916 waren in den Jahren von 1903 bis 1915 (einschließlich) Ausgaben in Höhe von 577 318,80 Mark entstanden, und für das Gesamtwerk veranschlagte er damals 1¼ Millionen Mark.[31] Angesichts einer solchen Kostenexplosion mag schon damals, nach dem Ausbruch des Ersten Weltkrieges 1914, den einen oder anderen Beteiligten der Zweifel beschlichen haben, ob ein derartiges Betriebskapital vom verantwortlichen Provinzialverband und dem Provinziallandtag auf Dauer aufgebracht und bereitgestellt werden könnte. Trotz der gewaltig gestiegenen Druckkosten wurden noch während und nach dem Weltkrieg dank des Entgegenkommens des Provinzialausschusses in erheblich verlangsamter Folge drei weitere Hefte veröffentlicht: Luckau (Bd. V Tl. 1, 1917), Prenzlau (Bd. III Tl. 1, 1921) und Crossen (Bd. VI Tl. 6, 1921), dazu das vorgeschichtliche Heft zu Lebus-Frankfurt a.O. Die Bearbeitung von sieben weiteren Kreisen war damals, 1921, mehr oder minder weit vorangeschritten: Oststernberg, Königsberg in der Neumark, Landsberg an der Warthe, Angermünde, Templin, Züllichau-Schwiebus, Sorau. Aber die wirtschaftlichen und finanziellen Nöte der Zeit, die wenig später zunächst in der Inflation, später in der Weltwirtschaftskrise gipfelten, stellten die bisherigen materiellen Voraussetzungen und konzeptionellen Planungen der Kunstdenkmäler nicht nur in Frage, sondern beseitigten sie weitgehend, so dass, wie im Rückblick festzustellen ist, das Gesamtwerk nach und infolge des Ersten Weltkrieges aus seiner goldenen Epoche geradezu in seine eiserne überging, jedenfalls in die zweite Phase seiner Existenz eintrat, in der die Fortschritte nur noch im Schneckentempo erzielt werden konnten.

## Krise, Neuansatz und Ende der brandenburgischen »Kunstdenkmäler« (1919–1945)

Der Provinzialverband gab die Kunstdenkmäler nicht auf, er förderte weiterhin das Vorhaben in bescheidenerem Maße. Der Personaleinsatz wurde verringert, nach dem altersbedingten Ausscheiden des Architekten Eichholz 1922 blieb nur noch sein Mitstreiter, Baurat Jung, hauptamtlich tätig, während andere Bearbeiter wie der Historiker Willy Hoppe, der den 1920 verstorbenen Spatz ablöste, der Kunsthistoriker Voß, dem zur Entlastung Jungs ein die Kreise Königsberg/Neumark und Landsberg umfassender Abschnitt übertragen wurde, und andere Hilfskräfte mit einem Privatdienstvertrag verpflichtet oder mit Bogenhonorar vergütet wurden. Sie führten die eigentlichen Inventarisierungsarbeiten für eine Reihe von Kreisen über die Jahre hinweg fort. Aber die deutliche Verringerung der verfügbaren Mittel brachte es mit sich, dass die Untersuchungen und die Drucklegung ihrer Ergebnisse während der Inflation und der Weltwirtschaftskrise gänzlich ausgesetzt[32] und ansonsten nur zögerlich vorangetrieben wurden. So erschienen zwischen 1921 und 1937 gerade einmal zwei, wenn auch sehr starke Bände, Königsberg/Neumark (Bd. VII Tl. 1, 1928) und Angermünde (Bd. III Tl. 3, 1934). Das Ziel, das man im letzten Jahrfünft vor dem Ersten Weltkrieg verfolgt und nahezu erreicht hatte, nämlich in jedem Jahr zwei Kreisbände, einen für jeden Regierungsbezirk, herauszubringen, war längst hinter dem Horizont verschwunden. Darüber hinaus drohte die sich immer weiter öffnende Schere zwischen der Fertigstellung von Manuskripten und der Herausgabe der Druckerzeugnisse die wissenschaftliche Qualität der Bände in zweierlei Hinsicht zu beeinträchtigen. 1935 lagen für fünf Kreise die von Eichholz, Voß und Jung bearbeiteten kunstgeschichtlichen Texte seit Jahren abgeschlossen vor. Eichholz war damals fast achtzig Jahre alt, Voß schon vor Jahren verstorben, Jung stand unmittelbar vor dem Eintritt in den Ruhestand, so dass diese Autoren an der Drucklegung ihrer Werke nicht mehr selbst mitwirken und dabei nicht mehr aus ihrer umfassenden Kenntnis des Stoffes und ihrer Aufzeichnungen während der Bearbeitung aufgetretene Irrtümer beseitigen konnten – was Dritte allenfalls unter erheblichem Mehraufwand zu leisten vermocht hätten. Die Folgen der Ausschaltung des Autors wurden noch verschärft durch den zunehmenden zeitlichen Abstand zwischen Textniederschrift und Drucklegung, denn dadurch fanden zwischenzeitlich eingetretene Veränderungen im Bestand und im Zustand keinen Eingang mehr in die Beschreibung.[33] Trotz aller Wertschätzung drohte den Kunstdenkmälern der Provinz Brandenburg die Gefahr, gewissermaßen zu versanden, es fehlte jedenfalls in den frühen 1930er Jahren der entschiedene Antrieb, der das gestrandete Schiff wieder flott gemacht hätte.

Die Wende wurde durch zwei Umstände herbeigeführt, durch konzeptionelle Neuüberlegungen der beteiligten Denkmalpfleger auf der Reichsebene und durch die neue kulturpolitische Schwerpunktsetzung des Brandenburgischen Provinzialverbandes. Die »Kunstdenkmäler der Provinz Brandenburg« standen mit ihren skizzierten Problemen innerhalb der gesamtdeutschen Inventarisierungsarbeiten nicht alleine da. Überall hatten die Forderung nach Vollständigkeit und die Finanzierung der Druckwerke das zügige Voranschreiten der Inventarisierung verhindert und die Vollendung in eine anscheinend ungreifbare Zukunft gerückt. Infolgedessen bestand, wie es der bereits erwähnte Paul Clemen auf dem Kasseler Tag für Denkmalpflege und Heimatschutz im Oktober 1933 ausdrückte, »die ernste Gefahr, daß vielfach die große seit einem halben Jahrhundert unternommene Arbeit verloren geht, wenn es nicht gelingt, jetzt abschließend das Werk sicher zu stellen«. Zur Erreichung dieses Zwecks empfahl Clemen für die konzeptionelle Gestaltung der deutschen Denkmalinventarisation nachdrücklich eine Konzentration auf das Wichtige, befürwortete er, dass für die Veröffentlichungen »überall eine gekürzte Form zugrunde gelegt wird«. Er kritisierte »die oft ganze Abhandlungen und fast selbständige Bücher bildenden Einleitungen, die zur völligen Unübersichtlichkeit anwachsenden Bibliographien, [...] die viel zu breiten, mit Einzeluntersuchungen und kritischen Excursen belasteten Baugeschichten, die ins einzelne gehenden Baubeschreibungen, [...], die eingehende Beschreibung und die Kritik der künstlerischen Ausstattung«. Insbesondere die Texte sollten entlastet werden, ihre Aussagen nach Möglichkeit durch Beigabe von Plänen, Schnitten und Abbildungen ersetzt werden. Der Deutsche Denkmalpflegetag machte sich Clemens Empfehlungen zu eigen, wies aber auch darauf hin, dass die erforderlichen Geldmittel wohl nur in seltenen Fällen allein von den Trägern der Inventarisation aufgebracht werden könnten. Daher suchte er in nachfolgenden Verhandlungen zu erreichen, von dritter Seite, vom Reich wie von der Notgemeinschaft der deutschen Wissenschaft, ergänzende Zuschüsse zu erhalten, durchaus mit Erfolg, wie sich zeigen sollte.[34]

Wirkungen für die brandenburgische Denkmälerinventarisierung zeigten die Kasseler Beschlüsse erst, als der Brandenburgische Provinzialverband zum 1. Januar 1936 eine eigene Kulturabteilung unter Leitung des aus dem Rheinland stammenden Kunsthistorikers Oskar Karpa einrichtete. Ihre Hauptaufgabe bestand nach dem Willen des Landesdirektors Dietloff von Arnim-Rittgarten darin, das kulturelle Eigenleben der Provinz Brandenburg zu fördern und auszugestalten, und zwar durchaus jenseits des weltstädtischen Kulturlebens Berlins, das durch verwaltungspolitische Entscheidungen der frühen NS-Zeit endgültig aus der Provinz ausgeschieden war.[35] Eine solche allgemeine kulturpolitische Zielsetzung rückte das Kunstdenkmälerwerk unter den kulturellen Schwerpunktaufgaben des Provinzialverbandes in die erste Reihe, und Karpa bemühte sich von Beginn seiner Tätigkeit an mit besonderem Nachdruck darum, anstelle des Provinzialkonservators, dessen frühere organisatorische Leitungsaufgabe von ihm übernommen wurde, das steckengebliebene Großvorhaben wieder in Gang zu setzen und zu einem deutlich beschleunigten Publikationsrhythmus zu kommen. In konzeptioneller Hinsicht übernahm er Clemens Empfehlungen und die auf ihnen aufbauenden Richtlinien

des Deutschen Denkmalpflegetages und machte sie für die Weiterführung des brandenburgischen Werkes verbindlich, wie vom Reichserziehungsministerium als Voraussetzung einer Reichsförderung verlangt. Die nähere Prüfung der für die Kreise Templin und Landsberg/Warthe vorliegenden Manuskripte offenbarte im Einzelnen die durch die langen Entstehungszeiten eingetretenen Schwierigkeiten. Die vor fünfzehn bzw. zwölf Jahren abgelieferten Manuskripte waren in erheblichem Maße sachlich unvollständig und fragwürdig, die vorliegenden Photographien und sonstigen Abbildungen nur bedingt brauchbar, so dass in dem einen Fall eine gründliche Überarbeitung und ergänzende Bereisung des Kreises, in dem anderen Fall eine fast völlige Neubearbeitung und Neubereisung für notwendig erachtet wurden. Die Auswahl weiterer Kreise bezog zwar vorhandene Materialien ein, setzte aber letztlich in der Erfassung und Beschreibung der Denkmäler und der dazugehörigen ergänzenden historischen Darstellungen neu an. In personeller Hinsicht stützte sich Karpa in erster Linie auf den zum 1. März 1936 vom Provinzialverband angestellten jüngeren Kunsthistoriker Heinrich Jerchel. Ihm übertrug er die Schriftleitung, so dass dieser neben der Abfassung eigener Texte vor allem die Beiträge der zahlreichen beauftragten Mitarbeiter redaktionell zu sichten und die Drucklegung durchzuführen hatte. Mit der Inventarisierung der einzelnen Objekte wurden vor allem jüngere Kunsthistoriker und Architekten beauftragt, die auf ihre Arbeit in speziellen Fachkursen vorbereitet worden waren und die als Forschungsstipendiaten verpflichtet wurden. Für die geschichtlichen und vorgeschichtlichen Abschnitte nahm man fachkundige Bearbeiter aus dem Kreise der Lokal- und Regionalhistoriker zu Hilfe. Man gedachte also durch die Bildung kleiner Forschergruppen unter Anleitung und Aufsicht einer hauptamtlichen Kraft die Stagnation zu überwinden. In finanzieller Hinsicht ergänzte Karpa die eigenen Mittel des Provinzialverbandes durch Zuschüsse von zwei verschiedenen Seiten. Der Deutsche Denkmalpflegetag zahlte aus Reichsmitteln einen sogenannten Einrichtungszuschuss von 3000 Reichsmark (RM) zur Beschaffung von Arbeitsgerät, insbesondere für einen Kraftwagen und Photoapparaturen, die für eine beschleunigte und sparsame Durchführung der Bestandsaufnahmen unerlässlich waren. Weitere Reichsmittel wurden für die teilweise Vergütung von Personal und für Sachzwecke eingesetzt. Darüber hinaus überzeugte Karpa Stadt- und Landkreise davon, die Drucklegung der sie betreffenden Bände mit Beihilfen zu fördern. Auf diese Weise wurden etwa im Jahr 1936 die Mittel des Provinzialverbandes in Höhe von 21 000 RM durch die Fremdmittel auf insgesamt 39 000 RM erhöht.[36]

Die Neuorganisation der Denkmälerinventarisation verfolgte ein einziges Ziel: Ausgehend davon, dass Anfang 1936 von insgesamt 41 Kreisen nur dreizehn über gedruckte Verzeichnisse verfügten, sollte die Erarbeitung der kreisbezogenen Darstellungen in ihrer Schnelligkeit so deutlich gesteigert werden, dass die Vollendung des Gesamtwerkes nicht erst der nächsten oder gar der übernächsten Generation überlassen werden sollte, sondern wegen einer greifbaren zeitlichen Nähe von den Beteiligten mit gebührendem Nachdruck und Einsatz angestrebt wurde. Der Verwaltungsbericht des Provinzialverbandes verkündete in einem einzigen Satz das ehrgeizige Ziel: »Die neue Bearbeitung der Denkmälerinventarisation wird in jedem Jahr nunmehr 2 Bände (Kreise) herausbringen, sodaß die Beendigung des Gesamtwerkes statt im Jahr 2000 bereits im Jahr 1950 beendet sein dürfte.«[37] Auch wenn in der Folgezeit nicht alle Blütenträume Karpas und Jerchels reiften, muss man anerkennen, dass der neue Nachdruck in der dritten und letzten Phase des brandenburgischen Denkmälerverzeichnisses innerhalb von wenigen Jahren zur Herausgabe von insgesamt sechs Heften führte: über die Kreise Templin und Landsberg/Warthe (Bd. III Tl. 2 bzw. Bd. VII Tl. 3, 1937), den Stadt- und Landkreis Cottbus (Bd. V Tl. 3, 1938), den Kreis Sorau und die Stadt Forst (Bd. V Tl. 6, 1939), die Kreise Niederbarnim (Bd. III Tl. 4, 1939) und Teltow (Bd. IV Tl. 1, 1941).

Der Ausbruch des Zweiten Weltkrieges brachte das Vorhaben, wie man an den letztgenannten Erscheinungsjahren sieht, noch nicht gleich zur Einstellung. Trotz kriegsbedingter Einschränkungen wie der Einziehung einzelner Mitarbeiter zur Wehrmacht – der Schriftleiter Jerchel wurde seit November 1943 an der Ostfront vermisst[38] – bemühten sich die Verantwortlichen und Beteiligten um die Weiterführung der Arbeiten. Nach einem Bericht vom Februar 1943 befand sich damals der Band Oststernberg (Bd. VI Tl. 4) im Druck. Der Band »Potsdamer Bürgerbauten« lag im Text wie im Bilderteil nahezu vollständig vor, für das Manuskript war die Druckerlaubnis bereits erteilt und die Papierbewilligung erfolgt – der im Entwurf stehende Nachsatz »so daß mit seinem Erscheinen trotz der heutigen schwierigen Verhältnisse mit größter Wahrscheinlichkeit noch gerechnet werden kann« wurde jedoch gestrichen. Teilweise bearbeitet waren die Kreise Zauch-Belzig und Jüterbog-Luckenwalde. Allerdings waren die reinen Inventarisierungsarbeiten schon eingestellt und stattdessen die damals vordringlichen Aufgaben der Bestandsaufnahme – Erfassung der Metallreserven, Sicherung des Kunstgutes, Inventarisation der Glocken – aufgegriffen worden.[39] Noch im September 1944 bewilligte der Reichserziehungsminister dem Provinzialverband 3000 RM für die Inventarisation der Bau- und Kunstdenkmäler in der Provinz Brandenburg, aber der zuständige Dezernent des Ministeriums wies in seinem diesbezüglichen Schreiben in unmittelbarem Anschluss auf eine andere, in der damaligen dramatischen Kriegslage viel wichtigere Aufgabe hin: »In Anbetracht der ständig zunehmenden Verluste an Kunst- und Kulturgut durch den Luftkrieg halte ich es für dringend erwünscht, dass die wertvollen Baudenkmäler und sonstigen nicht beweglichen Kunstwerke in besonders gefährdeten Gebieten und Orten möglichst weitgehend – d.h. bis ins Detail – photographisch aufgenommen werden. Für die zusätzliche – im Interesse des kriegswichtigen Kunstschutzes liegende – Durchführung einer solchen Maßnahme könnte ich die Bewilligung einer mäßigen Reichsbeihilfe vermitteln.«[40]

Kriegsende und Kriegsfolgen bedeuteten das endgültige Aus für die »Kunstdenkmäler der Provinz Brandenburg«. Im Rahmen der von der sowjetischen Besatzungsmacht verfügten politischen Neuordnung wurde der Brandenburgische Provinzialverband aufgelöst, damit entbehrte die bisherige Organisationsform der Kunstdenkmäler ihres belebenden Mittelpunktes, und die Funktionsnachfolger des Provinzialverbandes, die Provinzialregierung der Provinz Mark Brandenburg bzw. die Landesregierung des Landes Brandenburg, griffen ihrerseits die Trägerschaft des Vorhabens nicht wieder auf, so dass es tatsächlich 1945 sein Ende gefunden hatte, wenn man davon absieht, dass der Band Oststernberg, dessen während des Krieges angelaufener Druck damals nicht mehr vollendet wurde, 1960 in der Bundesrepublik dank der Bemühungen Karpas, der als Landeskonservator von Niedersachsen wirkte, noch veröffentlicht wurde.

Auf Grund dieses Ausganges liegt das wissenschaftliche Großprojekt »Die Kunstdenkmäler der Provinz Brandenburg« uns Heutigen als ein, gemessen an der ursprünglichen Zielsetzung, unvollendetes Werk vor: Kein einziger der vorgesehenen sieben Bände ist in allen Teilen vollendet worden. Geht man von den tatsächlich behandelten Kreisen der Provinz Brandenburg aus, ist das Programm ziemlich genau zur Hälfte erfüllt worden, so dass man wahrlich von einem respektgebietenden, wohl sogar von einem monumentalen Torso sprechen kann. Die Geschichte des Kunstdenkmälerverzeichnisses ist, so habe ich hoffentlich verdeutlichen können, angemessen nur zu verstehen, wenn man neben seinen konzeptionellen Planungen, d.h. seinen wissenschaftlichen Auswahlkriterien und Bearbeitungsgrundsätzen, seine organisatorischen und finanziellen Rahmenbedingungen in die Betrachtung einbezieht. Die Verantwortlichen waren sich mit ihren Ansprüchen auf vollständige und ausführliche Erfassung und Bearbeitung der Kunstdenkmäler und der daraus folgenden Konsequenzen für den Arbeitsumfang und die Arbeitsdauer zu Beginn nicht bewusst, da sie in Unkenntnis von Quantität und Qualität der zu berücksichtigenden Objekte von viel zu optimistischen Erwartungen ausgegangen waren. Die Unabsehbarkeit der Fertigstellung des Gesamtwerkes trat erst im Nachhinein immer deutlicher zutage. Der gewählte Ansatz wurde trotzdem lange Zeit nicht in Frage gestellt, im Gegenteil, er wurde bekräftigt, da die erreichten Ergebnisse durch ihre wissenschaftliche Qualität überzeugten. Er konnte aufrechterhalten werden, da die verantwortlichen politischen Stellen sowohl gewillt als auch in der Lage waren, die erforderlichen erheblichen Mittel zu bewilligen. Diese entscheidenden Voraussetzungen entfielen mit den materiellen Folgen des Ersten Weltkrieges, die großen Wirtschaftskrisen der Weimarer Zeit schlossen die Fortsetzung des Projektes in den Bahnen des Kaiserreiches wegen des unaufbringbaren Mittelbedarfes aus. Gewissermaßen auf Sparflamme wurden die Inventarisierungsarbeiten weitergeführt, gerieten aber unweigerlich immer mehr in eine konzeptionelle Krise, da die Aufrechterhaltung der vorherigen wissenschaftlichen Bearbeitungsgrundsätze die

Vollendung des Gesamtwerkes geradezu auf den Sankt-Nimmerleins-Tag verschob. Erst als in den 1930er Jahren eine neue Konzeption das Ausmaß der Inventarisierungsarbeiten reduzierte, schritt das Unternehmen wieder rüstiger voran, in Brandenburg besonders dadurch gefördert, dass dem Provinzialverband an der Herausstellung der kulturellen Eigenständigkeit und Leistungen der Provinz auch mit wissenschaftlichen Werken viel gelegen war. Den Untergang ihres organisatorischen Trägers 1945 überlebten die Kunstdenkmäler in der bisherigen Form nicht. Immerhin bleibt am Ende festzuhalten, dass die verantwortliche politische Instanz, der Brandenburgische Provinzialverband, über Höhen und Tiefen hinweg mit erheblichem eigenem Einsatz mehr als vier Jahrzehnte lang unbeirrt an dem Großprojekt festgehalten hat – dieses Ziel sollten vergleichbare Nachfolger erst einmal erreichen.

### Anmerkungen

1   Der hier vorgelegte Aufsatz versteht sich als erste, vorläufige Untersuchung des Themas, das angesichts einer reichhaltigen Quellenüberlieferung, insbesondere der Akten des Brandenburgischen Provinzialverbandes im Brandenburgischen Landeshauptarchiv, eine vertiefende, ausführlichere Darstellung verdient. Der Verfasser behält sich ausdrücklich vor, in diesem Sinne in absehbarer Zukunft den Gegenstand wiederaufzugreifen, so dass er sich an dieser Stelle auf einige Grundgedanken und die unmittelbar dazugehörigen Nachweise beschränkt.

2   MOMMSEN 1905, S. 209f.

3   Ebenda, S. 37f. – Zur Bedeutung vgl. HEUSS 1956/1996, S. 103f.

4   Erfreulicher- und zutreffenderweise werden »Die Kunstdenkmäler der Provinz Brandenburg« in einer solch repräsentativen und gewichtigen Gesamtdarstellung wie der Brandenburgischen Geschichte, hg. v. MATERNA/RIBBE 1995, S. 550f., 610, 650, mehrfach erwähnt, allerdings verständlicherweise ohne nähere Berücksichtigung der hier im Mittelpunkt stehenden wissenschaftsorganisatorischen Problematik.

5   Das Folgende übernimmt Ausführungen von NEITMANN 2006A, S. 179–181.

6   LEZIUS 1908, S. 25 (Immediatbericht des Kultusministers Grafen von Zedlitz vom 4. November 1891).

7   BÜTTNER 1901, S. 126f.

8   Abdruck der Denkschrift bei POLENZ 1899, S. 37–39.

9   Abdruck des Immediatberichtes des Kultusministers Grafen von Zedlitz vom 4. November 1891 und der Allerhöchsten Kabinettsorder Kaiser Wilhelms II. vom 19. November 1891 bei POLENZ 1899, S. 45f., und bei LEZIUS 1908, S. 25–27.

10  Zur verwaltungsrechtlichen Stellung des Konservators der Kunstdenkmäler vgl. LEZIUS 1908, S. 20–22.

11  Bericht über die Verhandlung der Provinzial-Kommission für die Denkmalpflege in der Provinz Brandenburg und über die Thätigkeit des Provinzial-Konservators im Jahre 1897, Berlin o.J., S. 5f.; vgl. noch: Bericht über die Verhandlung […] im Jahre 1898, Berlin o.J., S. 7.

12  Vgl. den Tagungsbericht des Brandenburgischen Provinzialkonservators in: Bericht über die Verhandlung der Provinzial-Kommission für die Denkmalpflege in der Provinz Brandenburg und über die Thätigkeit des Provinzial-Konservators im Jahre 1900, Berlin o.J., S. 11–15.

13  Abgedruckt bei LEZIUS 1908, S. 36–41.

14  Bericht über die Tätigkeit der Provinzialkommission für Denkmalpflege und des Provinzial-Konservators der Provinz Brandenburg in den Jahren 1902 und 1903, o.O.u.J., S. 14f.

15  BLHA, Rep. 55 XI, Nr. 122, Bl. 20–22. – Bericht über die Tätigkeit […] in den Jahren 1902 und 1903 (wie Anm. 14), S. 18–22. – Bericht über die Tätigkeit […] in den Jahren 1904 bis 1907, o.O.u.J., S. 9f.

16  BLHA, Rep. 55 XI, Nr. 122 Bl. 21v.

17  Geschäftsbericht der brandenburgischen Provinzialkommission für Denkmalpflege und des Provinzialkonservators für die Jahre 1908 bis 1910, o.O.u.J., S. 13.

18  BLHA, Rep. 55 XI, Nr. 122 Bl. 3v–4r.

19  Bericht […] in den Jahren 1904 bis 1907 (wie Anm. 15), S. 16.

20  BLHA, Rep. 55 XI, Nr. 126 Bl. 54v.

21  Bericht […] in den Jahren 1904 bis 1907 (wie Anm. 15), S. 17.

22  Ebenda, S. 18, 23.

23  Geschäftsbericht […] in den Jahren 1908 bis 1910 (wie Anm. 17), S. 12.

24  Bericht […] in den Jahren 1904 bis 1907 (wie Anm. 15), S. 9.

25  Ebenda, S. 12f., 17 (Zitat), 21.

26  Ebenda, S. 12f.

27  Ebenda, S. 17, 22f., Zitat S. 23.

28  VON WINTERFELDT-MENKIN 1942, S. 168f., Zitat S. 169.

29  BLHA, Rep. 55 XI, Nr. 164 Bl. 249–250, 258 (auch zum Vorstehenden). – Im Einzelnen sind die Kosten des Vorhabens in den Jahren 1910–1923 zu ersehen aus der Akte BLHA, Rep. 55 XI, Nr. 124.

30  Ebenda, Nr. 164 Bl. 247.

31  Ebenda, Bl. 250.

32  MATERNA/RIBBE 1995, S. 610. – Geschäftsbericht […] über die Jahre 1922 bis 1925, o.O.u.J., S. 9. – BLHA, Rep. 55 XI, Nr. 126 Bl. 22: »Die Inventarisation der Kunstdenkmäler hat aus Mangel an Mitteln eingestellt werden müssen. Es läßt sich noch nicht übersehen, ob und wann die Arbeiten wieder aufgenommen werden« (Schreiben des Provinzialverbandes vom 31.12.1933).

33  BLHA, Rep. 55 XI, Nr. 126 Bl. 54 (Aktenvermerk vom Januar 1935).

34  BLHA, Rep. 55 XI, Nr. 126 Bl. 20–21, 25.

35  NEITMANN 2006B, S. 157f., 166–168, 172f.

36  BLHA, Rep 55 XI, Nr. 127 Bl. 1, 47, 89, 118; ebenda, Nr. 129 (ohne Paginierung): Aktenvermerk Karpas vom 20.4.1936, Vereinbarung des Provinzialverbandes mit dem Deutschen Denkmalpflegetag vom 19.5.1936 über die Durchführung der Bestandsaufnahme der Kunstdenkmäler in der Provinz Brandenburg; Besprechung über die Inventarisation der deutschen Kunstdenkmäler in Berlin am 20.7.1936. – Zu den Verhandlungen des Provinzialverbandes mit einzelnen Städten und Landkreisen über deren Bezuschussung der Kunstdenkmäler vgl. ebenda Nr. 169, bes. Bl. 7–8, 35–36, 68–69, 116, 147b; ebenda, Nr. 170, bes. Bl. 11.

37  Verwaltungsbericht des Provinzialverbandes von Brandenburg für das Rechnungsjahr 1935, o.O.u.J., S. 48.

38  BLHA, Rep 55 Pers Nr. 2999.

39  BLHA, Rep. 55 XI, Nr. 128 Bl. 18–21.

40  BLHA, Rep. 55 XI, Nr. 170 Bl. 71.

# Von Quast bis Riegl

## Zur Entwicklung einiger Grundsätze konservatorischer Praxis

Eberhard Grunsky

### Vom Restaurieren zum Konservieren?

Der Titel des vorliegenden Beitrages geht auf eine schon länger zurückliegende Bemerkung von Detlef Karg zurück. Er hat 1993 darauf hingewiesen, dass von Quast bereits vor John Ruskin und Alois Riegl die Geschichtlichkeit als unabdingbar für die Existenz des Denkmals und den Alterswert als eine seiner wesentlichen Qualitäten beschrieben hat.[1] Diese Einordnung soll hier etwas genauer betrachtet werden. Dabei kann die aktuelle Situation der Denkmalpflege als Hintergrund der Fragestellung nicht völlig ausgeblendet werden. Seit etwa zehn bis fünfzehn Jahren wird in politischen und manchmal auch in fachlichen Diskussionen über Denkmalpflege die Notwendigkeit eines »Paradigmenwechsels« drastisch ausgemalt, begründet mit immer wieder anderen, neuen »Paradigmen«. Deshalb dürfte es hilfreich sein, auch in der Denkmalpflege »die langen Linien des Ideenverkehrs zu erforschen, die Rezeptionen und Transformationen, die Abbrüche und Neuaufnahmen. […] Wie sich die Kunst aus dem Rekurs auf ältere Kunst erneuert, erprobt sich neues Denken im Angesicht des schon Gedachten.«[2]

Zunächst muss man sich vor Augen halten, dass sich staatliche Denkmalpflege nach einer weit verbreiteten Vorstellung von den Anfängen im frühen 19. bis zum Beginn des 20. Jahrhunderts kontinuierlich von einer romantisch-historistischen, statischen Auffassung des Denkmals emanzipiert haben soll. Demnach stand am Anfang die Zielsetzung, Denkmäler als Wahrzeichen ihrer Entstehungszeit so zu restaurieren, dass der ursprüngliche oder der ursprünglich beabsichtigte Zustand wiederhergestellt wird. Als Reaktion darauf sei in den Diskussionen unter Fachleuten Ende des 19. Jahrhunderts der alles beherrschenden historischen Praxis ein neues, dynamisches Denkmalverständnis entgegen gehalten worden, das sich schließlich um 1900 durchgesetzt habe. Maßgebliche Reformer wie z.B. Georg Dehio, Alois Riegl, Cornelius Gurlitt und Georg Hager hätten mit ihren Überlegungen zu Beginn des 20. Jahrhunderts einer antihistoristischen modernen Denkmalpflege zum Durchbruch verholfen. Wesentliche Beiträge dazu seien die Maxime »konservieren, nicht restaurieren«, die Anerkennung des Alterswerts als wichtige Qualität der Denkmäler und die Forderung gewesen, dass Ergänzungen, die neu zum Denkmal hinzugefügt werden, auch als neu zu erkennen sein müssen.

Durch eine große Zahl von Beispielen lässt sich belegen, dass zumindest seit den 1830er Jahren in mehreren Ländern Europas die Denkmäler tatsächlich von einer Flut von Erneuerungs- und Restaurierungs-Vandalismus überschwemmt wurden.[3] Die populären Zielsetzungen dabei sollen zwei Zitate vergegenwärtigen, die aus der Fülle des verfügbaren Materials mehr oder weniger beliebig ausgewählt wurden: Das Kölner Domblatt hat 1845 kurz über den Beschluss berichtet, die Kathedrale Notre Dame in Paris zu restaurieren; erläuternd wurde angemerkt: Die Franzosen wollten damit »die Geschmacklosigkeit ihrer Rococo-Zeit und den Vernunft-Fanatismus ihrer Revolutionsmänner, der an dem ehrwürdigen Bau seine widrigen Consequenzen übte, in Vergessenheit bringen.«[4] Das Deutsche Kunstblatt wies 1855 auf die laufende Restaurierung der karolingischen Michaelskapelle in Fulda hin, deren Überformung von 1716 als »Verunstaltung im widerwärtigen Geschmacke der damaligen Zeit« bezeichnet wurde, von der das Bauwerk jetzt »gründlich zu säubern« sei, um »alle Theile in ihrem ursprünglichen Stylcharakter so vollständig als möglich wieder herzustellen«.[5]

### Konservieren als Prinzip der frühen staatlichen Denkmalpflege in Preußen

#### Ferdinand von Quast und die Wertung »gewachsener« Denkmäler

Grundsätzliche Äußerungen von Ferdinand von Quast zu Aufgaben und Zielen der staatlichen Denkmalpflege in Preußen decken sich nicht mit der angenommenen geradlinigen Entwicklung vom Restaurieren zum Konservieren. Sie belegen vielmehr die Absicht, die Denkmäler nicht nach Wunschbildern von vergangener Pracht und Herrlichkeit wiederherzustellen, sondern sich sorgfältig mit den komplizierten Erhaltungsproblemen auseinanderzusetzen. Von Quast ging schon vor seiner Ernennung zum Konservator der Kunstdenkmäler am 1. Juli 1843 in seinem »Pro memoria in bezug auf die Erhaltung der Altertümer in den Königlichen Landen« von 1836/37[6] einleitend auf die Notwendigkeit staatlicher Bemühungen um Schutz und Pflege für die Denkmäler ein, um dann festzustellen, dass sich seit den Befreiungskriegen bereits vieles gebessert habe. Bei genauerem Blick auf die Ergebnisse dieser Anstrengungen sei allerdings »nicht zu leugnen, daß gerade die Wiederherstellung solcher Gebäude, wenn sie auch das Ganze vom Verderben rettet, leider das Einzelne, gewissermaßen die Blüte des Werks, nur zu oft zerstört.«[7] Von Quast versicherte, er könne Beispiele dafür nennen, »daß bei dergleichen Restaurationen dasjenige, was den älteren Resten ein Interesse verlieh, völlig vernichtet wurde.«[8] Beim Blick auf die damalige Praxis kam er zu der Schlussfolgerung: »Keine Zerstörung ist im Stande, den ursprünglichen Charakter eines Denkmals so zu ändern, wie manch so genannte Restauration.«

Ferdinand von Quast hat 1853 als Grundregel für den praktischen Umgang mit Denkmälern gefordert, »daß die Herstellung beschädigter Teile sich nur auf das Nothwendigste beschränken muß, und daß unbedeutende Fehler […] unbedenklich ohne Veränderung bestehen bleiben müssen.«[9] Nach seiner Auffassung sollte also an den Denkmälern zur Erhaltung soviel wie nötig und so wenig wie möglich getan werden. Beginnend mit dem »Pro memoria« von 1836/37 hat von Quast vier Jahrzehnte lang immer wieder nachdrücklich betont, dass spätere Veränderungen an der ursprünglichen Substanz und Gestalt eines historischen Bauwerks wesentliche Bestandteile des Denkmals sind. Ihm kam es darauf an, das historisch Gewordene in seiner Vielschichtigkeit zu erhalten.

Besonders deutlich hat sich von Quast dazu bei der Generalversammlung des Gesamtvereins der deutschen Geschichts- und Altertumsvereine 1858 in Berlin geäußert, als man dort die Frage erörterte, »wie die alten Kirchen bei der Restauration derselben in Beziehung auf ihre Dekoration« zu behandeln seien: »Die Frage würde sich sehr einfach dahin beantworten, daß man die Monumente der Vorzeit nur einfach in den als ursprünglich erkannten Zustand zurückzuführen brauchte, wenn alle Zuthaten späterer Jahrhunderte nur Verderbungen des Ursprünglichen wären. Dies ist aber keineswegs der Fall. Abgesehen davon, daß dieselben nur selten aus einem Guß erbaut sind, vielmehr häufig in ihren einzelnen Theilen aus verschiedenen Zeiten herrühren, die oft einen sehr verschiedenen Styl zeigen, so finden wir außerdem Zusätze, Ausschmückungen u. dergl. aus allen seitdem verflossenen Perioden. Wir dürfen der Geschichte nicht so ins Angesicht schlagen, alle ihre Spuren zu vernichten […] Außerdem sind jene Mittelglieder oft an sich von hervorragender Schönheit und Bedeutsamkeit, die unsere Anerkennung nicht minder als wie das ursprüngliche Werk verdienen.«[10] Nach von Quast lässt sich »aus all diesem […] im Allgemeinen folgender Grundsatz aufstellen: Wir treten die ganze Erbschaft der Vorzeit cum beneficio inventarii an. Wir erkennen das Recht einer jeden Zeit an, ihren Bedürfnissen und Wünschen im Anschlusse an die Monumente der Vorzeit einen Ausdruck zu geben und haben dieselben, in welchem späteren Styl sie auch immer ausgeführt sein mögen, zu respektiren.«[11]

Von Quast hat den Grundsatz, Denkmäler möglichst mit all ihren Veränderungen und mit allen späteren Zutaten zu erhalten, nicht nur theoretisch formuliert, sondern diese Maßgabe sollte auch durch eine Zirkularverfügung des preußischen Kultusministeriums vom 9. Oktober 1844 für die Praxis verbindlich werden. Darin wird gegen einen oft erhobenen Vorwurf näher ausgeführt, dass Kirchen, die noch in gottesdienstlichem Gebrauch stehen, selbstverständlich nicht zu Museen werden sollen, dass aber die meist zahlreichen Ausstattungsstücke aus unterschiedlichen Zeiten »Denkmäler des religiösen Sinnes verschiedener Geschlechter« seien, und »daß es schon die Pietät gegen das Andenken der Vorfahren

zur Pflicht macht, diese Denkzeichen, soviel es angeht, zu bewahren.« Weiter heißt es in der Verfügung: »Bei der Erneuerung des inneren Zustandes der alten Kirchen ist aber auch deshalb mit Schonung gegen die alten Denkmäler zu verfahren, weil dabei jedesmal die Geschmacksrichtung des Augenblicks zu entscheiden pflegt, deren Billigung seitens künftiger Generationen nicht immer vorauszusetzen ist. Wir können gegenwärtig den vielen Modernisierungen alter Kirchen, die in den Zeiten des Rokokogeschmacks erfolgt sind und oft alles Alte beseitigt haben, so wenig mehr unsere Zustimmung geben, wie den Restaurationen, die in neuerer Zeit in der ersten Begeisterung für den gotischen Baustil unternommen wurden und mehrfach ebenfalls Gelegenheit gaben, alles zu entfernen, was nicht mit gewissen, aus dem Prinzip des gotischen Stils abstrahierten Schulregeln übereinstimmen wollte.«[12]

Die Forderung, Baudenkmäler mitsamt ihren jüngeren Veränderungen und Ausstattungsstücken möglichst unverändert zu erhalten, hatte allerdings bei von Quast näher umrissene Grenzen. In dem schon erwähnten Vortrag von 1858 hat er die Forderung nach Respektierung aller jüngeren Zutaten durchaus eingeschränkt: »Zwiebelspitzen (wie an den Domen zu Seckau und Gurk und der Frauenkirche zu München) wird man gern den Abschied geben, weil sie die edlen Formen der ursprünglichen Thurmanlagen benachtheiligen, während sie den Kirchen des XVII. u. XVIII. Jahrh. keineswegs zur Unzierde gereichen.« Er fährt dann fort: »Die reichen Zopfaltäre dürfen [in älteren Kirchen] an ihrer Stelle nicht verbleiben, wenn die edlen Formen des Chorschlusses durch sie vernichtet, die edlen Fenstergruppen und deren Glasgemälde verdeckt werden, oder wenn sie den Anblick der schlanken Säulenbündel des Langhauses unmöglich machen.«[13]

Gemessen an der damals üblichen Praxis ging von Quast mit seiner Forderung nach Rücksichtnahme auf Werke aller Epochen aber erstaunlich weit: Wenn jüngere Ausstattungstücke als »spätere Eindringlinge« beseitigt werden sollten, um das »ältere, edlere Kunstwerk« wiederherzustellen, dann wären nach von Quast die »Zopfaltäre«, wenn sie »nur irgend welchen geschichtlichen oder Kunstwerth« hätten, nicht einfach zu beseitigen, sondern an anderer, »unschädlicher Stelle« wieder aufzustellen. Für den ersten preußischen Konservator waren Werke des Barock keineswegs generell und ausschließlich Zeugnisse früherer Geschmacklosigkeit, wie für die meisten seiner Zeitgenossen, speziell für die vielen Verfechter einer Wiederbelebung der Gotik, die sich mit ihren Vorstellungen von einer religiösen, gesellschaftlichen und künstlerischen Erneuerung aus dem Geist mittelalterlicher Frömmigkeit als Vorkämpfer für die Erhaltung und Restaurierung von Denkmälern verstanden. Von Quasts Wertung der »Zopfaltäre« war wesentlich differenzierter: »Dieselben reichgeschmückten oder vergoldeten Formenbildungen, welche uns an unrechter Stelle auf's Aergerlichste empören können, werden uns am angemessenen Ort erfreuen.« Und für die Wirkung von »Zopfaltären« im Kontext älterer Räume hat er festgestellt:

»Oft gewährt die Totalität des Anblicks in seiner jetzigen, oft sehr zufälligen Zusammenstellung eine solche Harmonie, daß es bedenklich ist, die verschiedenen disparaten Glieder, die im einzelnen keinen besonderen Anspruch auf Conservation haben, daraus zu entfernen, um einen gewissen Purismus zur Geltung zu bringen.«[14]

Für Ferdinand von Quast ließ sich »außer jenem leitenden Grundsatze, der jeder Zeit und jedem Style gerecht werden will, aber auch das Bedeutendere von dem Unbedeutenden sondert, […] kein allgemeines Princip bei der Herstellung der Monumente aufstellen; jeder einzelne Fall will einzeln überlegt und behandelt werden.«[15] Auch wenn ihm bewusst war, dass über Qualität »zu entscheiden allerdings schwierig ist«[16], und dass sich Geschmacksurteile schnell ändern können, hat er sich mit eigenen Werturteilen nicht zurückgehalten.[17]

Von Quast hat allerdings großen Wert darauf gelegt, dass die Planer von Restaurierungsarbeiten bei ihren unvermeidlich subjektiven Entscheidungen darüber, was im Einzelfall das Bedeutendere sei, wenigstens auf genauen Objektkenntnissen und gegebenenfalls auf einer detaillierten Untersuchung des betreffenden Denkmals aufbauen können. In einer Zirkularverfügung des preußischen Kultusministers vom 24. Mai 1844 wird bemängelt, dass die zur Begutachtung vorgelegten Entwürfe für Restaurierungsvorhaben meist nur »das Gebäude nach vollendeter Restauration darstellen.« Deshalb wurde in der Verfügung angeordnet, »daß in den […] an mich einzureichenden Zeichnungen vorerst der wirkliche gegenwärtige Zustand des Gebäudes so deutlich wie möglich und mit genauer Zeichnung der Profile dargestellt werde, wobei zugleich diejenigen älteren Theile, welche durch spätere Zusätze etwa verdeckt werden, in Separatzeichnungen deutlich zu machen sind.« Dass damit nicht nur eine formgerechte, beurteilungsfähige Antragsunterlage, sondern vor allem eine genaue Bauuntersuchung gemeint war, wird aus dem folgenden Textabschnitt deutlich: »Außerdem ist in der Zeichnung, oder wenigstens in der dazu gehörigen Beschreibung, die überhaupt mit Sorgfalt abzufassen sein wird, anzugeben, welche Gebäudetheile in ihrer Struktur und Verbindung, je nach ihrer Erbauungszeit einen verschiedenen Charakter zeigen. Da ein solcher Unterschied häufig nur im Mauerwerk selbst zu erkennen ist, bei den Restaurationsentwürfen aber gerade hierauf wesentlich Rücksicht genommen werden muß, so ist die Angabe dieser Stilgrenzen, so wie die Angabe der Art und Weise der Konstruktion des Mauerwerkes und des übrigen Materials in der Zeichnung sehr wünschenswerth.«[18]

## Der Alterswert bei Ferdinand von Quast und bei Franz Kugler

Für die Erhaltung von späteren Ergänzungen und Veränderungen, gegebenenfalls auch von Beschädigungen an Denkmälern, hat sich von Quast vor allem deshalb eingesetzt, weil er sie als unverzichtbare Quellen für gegenwärtige und künftige Geschichtsforschung erkannt hat. Daneben hat er

aber auch die Altersspuren als Schlüssel zu einem unmittelbaren, ohne historische Vorkenntnisse vermittelten emotionalen Zugang zu den Denkmälern gesehen. Deshalb prangerte er schon in seinem »Pro memoria« von 1836/37 den üblichen Umgang mit Denkmälern an, bei dem »man überhaupt das Zufällige, was sich historisch gegeben hat, aufräumt, und so das Unpassende zu entfernen meint«; dadurch aber »verwischt man leider auch den Hauch des Altertums«.[19] In seinem Urteil über die Wiederherstellung der römischen Basilika in Trier kritisierte er 1851, dass »alle Poesie, welche der Anblick alter Mauerwerke in uns zu erwecken pflegt«, vernichtet worden sei.[20] 1858 hat er zu den Alters- und Gebrauchsspuren ausgeführt, dass wir sie nicht beseitigen dürften, weil wir sonst »die Fäden zerreißen, welche uns mit der Vorzeit in organische Verbindung setzen. Welcher Unterschied wäre dann zwischen den wirklich alten Monumenten und deren mehr oder weniger gelungenen modernen Kopien? Unser Geist verlangt in solchen Dingen keine Täuschung, sondern Wahrheit; wir wollen die Jahrhunderte, welche uns von den alten Monumenten trennen, an deren zurückgelassenen Spuren erkennen, und durch sie zu jener älteren Zeit hinaufgeleitet werden, um so unseres innigen Zusammenhanges mit ihnen bewußt zu werden.«[21] Kategorisch lehnte von Quast als eines der Grundübel der Denkmalpflege einen »kleinlichen architektonischen Purismus« ab, »der nicht duldet, daß man den Monumenten die Jahrhunderte ansieht, die über sie hinweggegangen sind.«[22]

Dieser Aspekt hat in der Frühzeit der staatlichen Denkmalpflege in Preußen auch bei anderen Fachleuten eine wichtige Rolle gespielt. Das lässt sich durch verschiedene Äußerungen von Franz Kugler (1808–58) belegen. Er war ein enger Freund von Quasts, lehrte an der Akademie der Künste in Berlin Kunstgeschichte und war seit dem 23. Oktober 1843 als Referent für Kunstangelegenheiten im Kultusministerium in Berlin tätig. Die Arbeit des Konservators fiel in seine Zuständigkeit.[23] Kugler betonte 1850, dass ein wesentliches Element der Denkmäler ihr geschichtlicher Zustand sei. Es sei eine unglückselige pedantische Liebhaberei, die alten Bauwerke überall auf ihren ursprünglichen Zustand zurückführen zu wollen: »Im besten Fall erhält man dabei ein Exempel für einen kleinen Punkt der kunsthistorischen Wissenschaft; aber […] dem Beschauer ist das Band, das ihn mit dem Werk verbinden soll, zerrissen und seine persönliche Teilnahme abgekältet. Wer nicht an diesem oder jenem Abschnitt der kunstgeschichtlichen Studien hängen geblieben ist, wer auf der Höhe der geschichtlichen Anschauung steht und, weil er ein Herz für die ganze Vergangenheit hat, auch die Gegenwart fühlt und die Zukunft ahnt, dem gleichen sich die einzelnen Umwandlungen, die die Jahrhunderte mit den einzelnen Denkmälern vorgenommen haben, zu einer höheren Harmonie aus und sein zu einfacher Natürlichkeit zurückkehrendes Gefühl wird nicht verletzt, mag auch einer gothischen Façade ein Portal im Renaissancestyl vorgebaut oder ein romanisches Innere mit einer Roccoco-Dekoration überzogen sein.«[24]

Schon in einer Veröffentlichung von 1833 ist Franz Kugler näher auf die Notwendigkeit eingegangen, bei der Planung von Restaurierungen zwischen Anforderungen der Ästhetik, der Geschichte und der Poesie alter Bauten abzuwägen oder einen Ausgleich zwischen diesen unterschiedlichen Aspekten zu schaffen. Kugler vertrat dabei die Auffassung, dass wir kein Recht hätten, z.B. in Kirchen einzelne monumentale Ausstattungsstücke von ihren angestammten Standorten wegzurücken, um das Baudenkmal besser zur Geltung zu bringen. Er wies darauf hin, dass man bei der Restaurierung des Magdeburger Domes den Innenraum mit einer »blendend weißen Farbe« angestrichen habe, »um die Verhältnisse des Ganzen und seiner Theile noch deutlicher hervortreten zu lassen.« Dadurch sei aber »jenes magische Helldunkel, welches wie eine schöne fromme Sage vergangener Zeiten zu uns spricht« verloren gegangen. Abschließend charakterisierte Kugler die Wirkung der Restaurierung folgendermaßen: »Wir erinnern uns nun vielleicht an irgend einen Vortrag, den wir einmal über altdeutsche Architektur gehört haben, wir nehmen den Messstock zur Hand, freuen uns über die vortrefflichen Verhältnisse […] und sind, im Ganzen genommen, künstlerisch sehr erbaut, – ob aber auch, was man etwa so nennen dürfte, menschlich?«[25] 1837 hat Kugler an anderer Stelle hervorgehoben, dass an Denkmälern »die Farbe der Geschichte (die natürlich etwas Anderes ist als Schmutz und Verderbniß) gerade den mächtigsten Eindruck auf das Gemüth des Beschauers« hervorbringe.[26] Kuglers Wertschätzung des historisch Gewordenen und der »Poesie« gealterter Werke gründet sich offensichtlich u.a. auf seiner Wertschätzung des Handwerklichen. Die von ihm näher beschriebene Trennung von Kunst und Handwerk bzw. Kunst und Leben hat er als Fehlentwicklung eingestuft, die überwunden werden müsse.[27]

### Zur Gestaltung von Ergänzungen

Zu der Frage, wie notwendige bauliche Ergänzungen zu einem Denkmal zu gestalten seien, hat sich von Quast in seinem »Pro memoria« zurückhaltend, aber keineswegs unklar geäußert. Er befürwortete, »schonendste Sorgfalt« einzuhalten, »um so wenig wie möglich zu vernichten.« Außerdem dürfe nicht »das Bedeutendere« – womit von Quast den alten Bestand meinte – »dem Unbedeutenderen« – also dem Neuen – untergeordnet werden. »Auch die Hinzufügung des Neuen muß in solchem Geist geschehen, daß kein zu starker Kontrast hervorgebracht […] werde.« Weiterhin dürfe durch Stilangleichung keine »eingebildete Regelmäßigkeit« dort eingeführt werden, »wo dieselbe vom älteren Künstler niemals beabsichtigt wurde.«[28] Am Beispiel des neuen Kuppelmosaiks der Aachener Pfalzkapelle, das in Anlehnung an das karolingische Vorbild die Stuckdekoration des 18. Jahrhunderts ersetzen sollte, hat von Quast seine Haltung folgendermaßen formuliert: Ein Werk der Gegenwart, das auf ungenauen Kenntnissen über das Vorbild basiere, könne »nicht praetendiren, für eine bloße Replik eines alten

Werkes gelten zu wollen. Es ist großenteils ein mit großen Kosten und Kunstaufwand auszuführendes neues Werk, das sich bestrebt, den großartigen Traditionen jener christlichen Vorzeit in ihrer wirkungsreichen Gesamtauffassung und den traditionellen Formen sich anzuschließen, ohne der besseren Formkenntniß der Gegenwart sich zu entäußern.«[29] An anderer Stelle hat er seine Auffassung dazu knapp und einprägsam formuliert: »Alles Alte sollte alt, alles Neue neu erscheinen.«[30] Bei Hinzufügungen zu einem Denkmal trat von Quast also dafür ein, sie in zeitgenössischen Formen – aber nicht im Kontrast zum Altbestand, sondern in Harmonie mit ihm – auszuführen.

Aus heutiger Sicht ist diese Position beim Blick auf konkrete Denkmäler, mit denen von Quast als Konservator oder planender Architekt beschäftigt war, nicht immer ohne weiteres und auf Anhieb zu verstehen, weil für den »harmonischen Anschluss« im Sinne von Quasts die neuen Bauteile regelmäßig in den damals üblichen historisierenden Formen ausgeführt wurden. Ob gegen seine Intention eine historistisch gestaltete Ergänzung eines Denkmals als »eingebildete Regelmäßigkeit« dem alten Bestand angepasst wurde, oder ob das Neue in seinem Sinne als neues Werk im Zeitstil zu betrachten ist, muss heute gegebenenfalls erst sorgfältig analysiert werden.[31]

Ein Beitrag von Wilhelm Lübke (1826–93) im Deutschen Kunstblatt 1855 macht deutlich, dass die Forderung nach selbständiger Gestaltung von neuen Hinzufügungen zu Denkmälern damals im Umkreis von Kugler und von Quast ein zentrales Desiderat war, das in unmittelbarem Zusammenhang mit dem Konservierungspostulat stand. In seinem Artikel, den er in Briefform verfasst hat, ging Lübke auch auf die Wiederherstellung der Wartburg ein. Das Vorhaben war in seinen Augen »ein beklagenswerthes Unglück für den Bau«, weil »diese Restauration den ganzen alterthümlichen Charakter des Gebäudes vollständig zu verwischen droht. In den bereits fertigen Theilen kannst Du das Alte durchaus nicht mehr vom Neuen unterscheiden.« Mit Blick auf dieses Ergebnis sei man versucht, die frühere »Mißgunst« gegen die Werke der mittelalterlichen Architektur wieder herbeizuwünschen, »denn die Liebe des jetzigen Geschlechts scheint ihnen verderblicher werden zu wollen, als der Haß oder die Gleichgültigkeit der vorigen.«[32]

## Ferdinand von Quasts Positionen im Kontext der internationalen Konservierungsbewegung

### Opposition gegen den »vandalisme restaurateur« in Frankreich

Das Prinzip des Konservierens war also für die staatliche Denkmalpflege in Preußen vom ersten Konservator und vom Kunstreferenten im Kultusministerium von Anfang an als oberstes Gebot für den Umgang mit Denkmälern klar und deutlich formuliert. Die Praxis entsprach dem aber in Preußen ebenso wenig wie in anderen Ländern. In Frankreich dominierte seit den 1840er Jahren das Restaurieren nach dem Konzept der Stileinheit, das besonders mit dem Namen Eugène Viollet-le-Duc (1814–79) verbunden ist. Aber auch in Frankreich gab es von Anfang an Mahner zu größerer Zurückhaltung im Umgang mit Denkmälern. Charles de Montalembert (1810–1870) z.B. hat 1845 einen Bericht zur Restaurierung von Notre Dame in Paris mit Forderungen nach einer Eingrenzung von Restaurierungen im Allgemeinen verbunden. Der Staat solle nur noch Restaurierungen von Gebäuden finanzieren, deren Bestand akut gefährdet ist. Montalembert protestierte dagegen, alle Kathedralen »neu einzukleiden«, alle verstümmelten Statuen wieder mit den verlorenen Gliedmaßen auszustatten, alle Fassaden wieder herzustellen und auf alte Kirchtürme Helme zu setzen, die seit 600 Jahren nicht vorhanden sind, wie man damals für die Kathedrale in Reims geplant hat. Im Übrigen erinnerte de Montalembert daran, dass es gewiss ganz gut sei, unvollständige Denkmäler zu vervollständigen und vom Verfall bedrohte zu retten, dass es aber besser sei, für intakte Denkmäler so zu sorgen, dass erst gar kein Schaden eintrete. Das koste weniger Zeit, sei leichter umzusetzen und weniger teuer.[33]

Adolphe-Napoléon Didron (1806–67), Sekretär des staatlichen Comité historique des arts et monuments und Herausgeber der Zeitschrift »Annales archéologiques«, hat die Ausführungen von Montalembert in einer Nachbemerkung zur Veröffentlichung des Berichts noch einmal auf den Punkt gebracht: »Aufrecht halten, den Einsturz verhindern, das ist das Höchste an gesundem Menschenverstand, Weisheit; restaurieren, wieder neu machen, das ist unsinnig und ist bei verrückten Alten und tollkühnen Architekten in Gebrauch.«[34] Differenzierter, aber mit gleicher Zielsetzung sind die denkmalpflegerischen Grundsätze formuliert, die das Comité historique des arts et monuments 1839 beschlossen hat: »Für alte Denkmäler ist konsolidieren besser als reparieren, reparieren besser als restaurieren, restaurieren besser als wieder neu machen [refaire], wieder neu machen besser als verschönern; auf keinen Fall darf etwas hinzugefügt, und vor allem darf nichts weggenommen werden.«[35]

Seit dem Besuch des Kongresses der französischen Altertumsforscher 1845 gemeinsam mit Kugler hat von Quast Verbindungen nach Frankreich gepflegt. Ab 1846 war das preußische Kultusministerium Abonnent von sechs Exemplaren der Zeitschrift »Annales archéologiques«.[36] Besonders gut war wohl von Quasts Kontakt zu Arcisse de Caumont (1801–73), dem Gründer und Direktor der privaten Société française pour la description et la conservation des monuments historiques und Herausgeber der Zeitschrift »Bulletin monumental«. De Caumont hat 1855 die Restaurierungspraxis in Frankreich beklagt, die sich darin gefalle, perfekt Konstruiertes zu restaurieren, das hieße zu zerstören, um dadurch länger Arbeit zu haben, und damit Architekten über viele Jahre Honorare einstreichen könnten. Wenn gewisse berühmte Architekten sich alter Gebäude annähmen, würden diese verschwinden, um völlig neu hergestellten Kopien Platz zu machen. Von Quast hat de Caumont in seinem Kampf dagegen unterstützt,

indem er u.a. nach einer Besichtigungsreise zu restaurierten Denkmälern in Frankreich den französischen Kultusminister Hippolyte Fortoul (1811–56) in einem Gespräch auf diese »unheilvollen Restaurierungen« hingewiesen hat.[37]

## »Antirestorationists« in England

In England gab es schon wesentlich früher deutliche Wortmeldungen gegen die Wiederherstellung der ursprünglichen Gestalt von Denkmälern. Der Architekt John Carter (1748–1817) z.B. hat in einem Artikel im »Gentleman's Magazine« 1804 gefragt, warum das Original verschwinde, wenn die Restaurierung komme; er lehnte Restaurierungen generell ab und wollte die Arbeiten an Denkmälern auf bloße Reparaturen beschränkt sehen.[38]

In den 1840er Jahren hat der Protest gegen das dominierende Restaurieren nach den Prinzipien von Stileinheit und Stilreinheit in John Ruskin (1819–1900) einen besonders wortmächtigen Sprecher gefunden. In seinem Buch »Die sieben Leuchter der Baukunst« von 1849, in den drei Bänden über die »Steine von Venedig« von 1851 und 1853 und in einer kleinen Schrift über den Londoner Kristallpalast, die 1854 erschienen ist, hat sich Ruskin ganz entschieden gegen die Restaurierungsmanie seiner Zeitgenossen gewandt. Für ihn war Restaurieren »die schlimmste Art der Zerstörung von Bauwerken«[39], ein Verhängnis, »schlimmer als Feuer, Krieg und Revolution«.[40] Insofern kann übrigens Ruskins Maxime »konservieren, nicht zerstören« mit der Devise »konservieren, nicht restaurieren« der deutschen Denkmalpflegedebatte um 1900 ohne weiteres gleichgesetzt werden. Das heißt, dass es ihm keineswegs darum ging, die Denkmäler in Schönheit sterben zu lassen, wie ihm oft vorgeworfen wurde. Reparaturen zur Bestandssicherung lehnte Ruskin keineswegs ab. Man solle z.B. zerfallene Steine dort ersetzen, wo das für die Stabilität der Substanz notwendig sei, nachgebende Bauteile stützen, Skulpturen, die sich lösen, befestigen, Bewuchs von Mauern entfernen und die Ableitung des Regenwassers gewährleisten.[41] Wer sich rechtzeitig um seine Denkmäler kümmere, habe es nicht nötig, sie wieder herzustellen. Die Notwendigkeit zum Wiederherstellen könne trotzdem durchaus eintreten. Dann müsse man sich aber darüber im Klaren sein, dass diese Notwendigkeit mit dem Verlust des betreffenden Denkmals oder Denkmalteils identisch sei.[42]

Ruskins vernichtendes Urteil über das Restaurieren war zunächst ähnlich begründet wie bei von Quast. Man dürfe Denkmäler nicht zerstören, und man dürfe sie auch nicht durch Restaurierungen oder durch andere Eingriffe verfälschen, da sie unverzichtbare »Aufzeichnungen der Vergangenheit«[43] seien. Die Baukunst der Vergangenheit müsse als »die kostbarste aller Erbschaften« erhalten werden. Dabei komme es auch auf scheinbar unwichtige Kleinigkeiten an. Details, die von Quast »gewissermaßen die Blüte« des einzelnen Denkmals genannt hat[44], waren auch für Ruskin keine Nebensache: »Wer sich nicht für Kleinigkeiten interessiert, wird ein falsches Interesse für größere Dinge hegen.«[45]

Außerdem hat er der Einwirkung der Zeit und den Spuren des Alters einen Wert zuerkannt, der durch nichts ersetzt werden könne.[46] Um weit verbreiteten Vorbehalten gegen diese Argumentation zu begegnen, lehnte er es ab, in den Altersspuren nur den Anschein des allgemeinen Verfalls als Quintessenz des Pittoresken zu sehen: Nach seinen Worten können »die kraftlosen Gefühle des Romantischen [...] die Reste der großen Zeiten, an denen sie klammern wie blühende Ranken, nicht retten. Wir müssen sie [also die Gefühle des Romantischen] von den prächtigen Fragmenten herunterreißen, um diese aus eigener Kraft stehen zu sehen.«[47]

Die Wertschätzung handwerklicher Ausführung, die bei Kugler eine unausgesprochene Grundlage seiner denkmalfachlichen Position war, hat Ruskin als zentrales Argument in die Debatte eingeführt. Er betonte nachdrücklich die an sich nicht überraschende, aber erstaunlicherweise bis dahin nicht weiter beachtete Feststellung, dass die Objekte, um die es geht, von Hand gefertigt worden sind, und dass die Bearbeitungsspuren, die von den ausführenden Handwerkern auf den Oberflächen hinterlassen wurden, wesentliche Merkmale des jeweiligen Denkmals sind. Die Qualität eines alten Gebäudes ergibt sich nach Ruskin aus der Wechselwirkung von Entwurf, Bearbeitung, Material und Klima untereinander und aus der Alterung, die ihrerseits von diesen Faktoren abhängig sei.[48] Für Ruskin war es abwegig, ein altes Gebäude in seiner ursprünglichen Form wiederherstellen zu wollen, weil die Bearbeitungsspuren aus der Entstehungszeit unter den Arbeitsbedingungen des 19. Jahrhunderts nicht wiederholt werden könnten. In dem Kapitel über »Die Natur der Gotik« in seinem Werk »Die Steine von Venedig«[49] hat er seine Sichtweise näher ausgeführt: Die Schönheit mittelalterlicher Architektur und deren Dekoration resultiere aus der Freude, die jeder einzelne Handwerker bei der Herstellung eines solches Werks empfunden habe. Der Wert der Werke bemisst sich für Ruskin »nach dem Grad der Lebensfülle [...] dessen, der sie hervorgebracht hat und dessen Spur sie noch tragen.«[50] Dabei spiele das Maß an Freiheit, das die Handwerker bei der Ausführung genießen, eine entscheidende Rolle. Deshalb hat er die gotische Architektur besonders geschätzt. Denn bei der damals geringen Arbeitsteilung mit der vollständigen Fertigung von jedem einzelnen Werkstück aus einer Hand habe noch der Anreiz zu besonderen individuellen schöpferischen Leistungen der beteiligten Handwerker bestanden. Außerdem hätte es zur relativ freien und selbständigen Arbeit mittelalterlicher Handwerker gehört, dass ihre Arbeit nicht dem Zwang zur Perfektion unterlegen habe. Nach Ruskin ist es ein »universales Gesetz«, dass keine Architektur oder »irgend ein anderes edles Werk des Menschen« gut sein könne, ohne dass es unvollendet sei.[51] Deshalb habe die Gotik durch die Unvollkommenheit ihrer individuellen Oberflächengestaltung höchste ästhetische Qualitäten. Für Ruskin war die »unnachgiebige Forderung« nach Perfektion in der Renaissance die erste Ursache für den Niedergang der Kunst Europas.[52] Von dieser Position aus hätte Ruskin für die Erwägungen von Quasts zum Umgang mit »Zopfaltären« in

älteren Kirchen kein Verständnis gehabt, wenn er die Texte des preußischen Konservators gelesen hätte.

Obwohl Ruskin der Auffassung war, man dürfe zu Denkmälern nichts hinzufügen, hat er zur weiteren Entwicklung des Verhältnisses von Alt und Neu am Denkmal wesentliches beigetragen. In seinen sieben Leuchtern der Baukunst hat er als 27. Lehrspruch hervorgehoben: »Baukunst muss lebendige Geschichte sein und als solche erhalten werden.«[53] Unmissverständlich hat er dazu ausgeführt, dass es in Bezug auf Architektur zwei Pflichten gäbe, »deren Wichtigkeit nicht überschätzt werden kann.« Eine davon sei es, die Architektur der Vergangenheit als kostbarste aller Erbschaften zu erhalten. Die andere »besteht darin, die Baukunst der Gegenwart ›historisch‹ (nämlich ›unsere Zeit‹ ausdrückend) zu machen.«[54]

Aus den heftigen und lang anhaltenden Debatten in England zwischen »Restaurierern« und »Antirestaurierern« sollen hier nur noch zwei Stimmen erwähnt werden. 1865 hat das Royal Institute of British Architects allgemeine Empfehlungen zur Restaurierung alter Gebäude herausgegeben, die ganz dem Konservierungsgedanken verpflichtet sind.[55] Darin heißt es u.a., dass jedes alte Gebäude einen historischen Wert habe, und dass der verloren gehe, wenn die Authentizität der alten Struktur zerstört werde. Alte Gebäude seien in der Regel in verschiedenen Perioden verändert worden; wenn das der Fall sei, müsse das Ganze bewahrt werden. Wie in der erwähnten preußischen Zirkularverfügung vom 25. Mai 1844 enthalten die Empfehlungen der britischen Architektenschaft detaillierte Angaben dazu, dass jeder Planung für die Restaurierung eines Denkmals eine genaue Bestandsaufnahme des Gebäudes und seiner Ausstattung, und eine sorgfältige Analyse des Bestandes vorausgehen müsse.

Der Kunsthandwerker, Schriftsteller und Sozialist William Morris (1834–96) hat mit seinem Kampf gegen das Restaurieren unmittelbar an John Ruskin angeknüpft. Morris ist es gelungen, dafür eine feste und dauerhafte, noch heute bestehende Organisation, die Society for the Protection of Ancient Buildings (SPAB), zu schaffen. Außerdem haben er und seine Freunde es verstanden, ihre Positionen so geschickt zu vertreten, dass über zahlreiche Einzelfälle breite öffentliche Diskussionen geführt wurden.[56]

Im Manifest der 1877 gegründeten SPAB heißt es, die Denkmäler seien »Gegenstand von größtem Forschungsinteresse und eines religiösen, historischen und künstlerischen Enthusiasmus geworden, der einer der unstrittigen Gewinne unserer Zeit ist. Doch wir denken, dass bei der Fortsetzung des gegenwärtigen Umgangs mit ihnen unsere Nachkommen sie so vorfinden werden, dass sie unbrauchbar für die Forschung sind, und dass sie den Enthusiasmus erkalten lassen.«[57] Als Ergebnis einer langen Baugeschichte, so heißt es in dem Manifest weiter, sei ein Denkmal »oft ein Gebäude, in dem die vielen Veränderungen, obwohl sie schroff und offensichtlich sind, gerade wegen des Kontrastes interessant und lehrreich waren und unter keinen Umständen in die Irre führen konnten. Aber diejenigen, die in unseren Tagen Veränderungen unter der Bezeichnung Restaurierung ausführen, haben, trotz ihrer Behauptung, ein Gebäude in den Zustand zur besten Zeit seiner Geschichte zurückzuführen, keinen Leitfaden, sondern jeder arbeitet nach seiner individuellen Laune heraus«, was ihm besonders beachtenswert erscheint.[58] Morris und die SPAB dagegen waren der Auffassung, dass jede frühere Veränderung an einem Denkmal zwar einen Verlust an historischen Informationen über das ursprüngliche Gebäude bedeute. Aber jede Veränderung, »welche Geschichte sie auch zerstörte, hinterließ Geschichte in der Lücke«, weil der Ersatz für das Beseitigte vom Geist seiner Entstehungszeit geprägt sei.[59] Nach dem Manifest gilt »jedes Werk, von dem gebildete, künstlerische Leute meinen, es sei lohnend, darüber überhaupt zu diskutieren«, als Denkmal. Deshalb trat die SPAB dafür ein, »all diesen Gebäuden aller Zeiten und aller Stile [...] Schutz anstatt Restaurierung zukommen zu lassen, Verfall abzuwehren durch tägliche Fürsorge, zum Stützen einer gefährdeten Mauer oder zum Flicken eines undichten Daches solche Mittel einzusetzen, die zum Stützen oder Bedecken tatsächlich bestimmt sind und keine Vortäuschung von anderweitiger Kunst zeigen.« Außerdem ging es der Gesellschaft darum, »allem Fälschen am Gebäude, sowohl am Gefüge als auch an der Verzierung des Gebäudes so wie es dasteht, zu widerstehen.«[60] In einem Vortrag von 1884 nannte Morris es eine merkwürdige Ansicht von geschichtlicher Kontinuität, wenn gerade von den Veränderungen, die das Wesentliche dieser Kontinuität seien, keine Notiz genommen werde. Die Beschäftigung mit der Vergangenheit dürfe nicht dazu führen, »unsere Schritte wieder in die Vergangenheit zu lenken anstatt uns einen Schimmer von der Zukunft zu geben.«[61]

### Das Konservierungspostulat am Anfang der österreichischen Denkmalpflege

Um das Bild von den konservatorischen Grundsätzen in der Frühphase staatlicher Denkmalpflege abzurunden, soll schließlich noch ein kurzer Blick auf Österreich geworfen werden. Für die Planung einer staatlichen Denkmalpflegeinstitution in Österreich hat sich der österreichische Gesandte in Berlin 1850 beim dortigen Kultusminister Adalbert von Ladenberg (1798–1855) über die Denkmalpflege in Preußen erkundigt. Der Minister fügte seiner ausführlichen Antwort vom 26. September 1850 auch die Instruktion für den Konservator vom 24. Januar 1844 und drei Zirkularverfügungen bei, in denen besonderer Wert auf die Erhaltung des historisch gewordenen Zustands von Denkmälern gelegt wurde.[62] Auch wenn der Kontakt nach Berlin nicht dazu geführt hat, die staatliche Denkmalpflege in Österreich nach preußischem Vorbild aufzubauen, sind doch der praktischen Arbeit nahe verwandte konservatorische Prinzipien mit auf den Weg gegeben worden.

Nachdem Kaiser Franz Joseph bereits am 31. Dezember 1850 eine Vorlage des Handelsministers »Über die Nothwendigkeit einer umfassenden Fürsorge zur Erhaltung

der Bau-Denkmäler« genehmigt hatte, wurde 1853 die »k.k. Centralkommission zur Erhaltung der Baudenkmäler in Österreich« geschaffen. Von ihr ausgearbeitete Instruktionen für die ehrenamtlichen Konservatoren und für die Baubeamten wurden im Juni 1853 vom Handelsminister genehmigt und damit in Kraft gesetzt. Danach sollten die zur Erhaltung der Baudenkmäler notwendigen Arbeiten »vorzüglich die Herstellung oder Erhaltung der Eindeckung, die Befestigung locker gewordener Bestandteile, die Erneuerung des Bindemittels in den ausgewitterten Fugen und die Ergänzung solcher Theile umfassen, deren Mangel einen weiteren Verfall des Baudenkmals zur Folge hätte.« Grundsätzlich ausgeschlossen wurde »die Ergänzung anderer in den Charakter oder Baustil eingreifenden Bestandtheile [...], selbst wenn eine solche Ergänzung im Geiste des ursprünglichen Bauentwurfes vorzunehmen beabsichtigt würde.«[63] Das käme nur in Ausnahmefällen in Frage. Walter Frodl (1908–94) hat in seinem grundlegenden Buch über das Werden der staatlichen Denkmalpflege in Österreich darauf hingewiesen, dass dieser Kerninhalt der Richtlinien rasch wieder untergegangen bzw. gar nicht erst richtig zum Tragen gekommen sei.[64]

### Alois Riegl und »Der moderne Denkmalkultus«

Anfang des 20. Jahrhunderts hat sich Alois Riegl (1858–1905) bei der Arbeit am Entwurf eines Denkmalschutzgesetzes und einer neuen Organisation der Denkmalpflege in Österreich systematisch auch mit den Grundsätzen konservatorischer Praxis befasst. Seine Veröffentlichung »Der moderne Denkmalkultus. Sein Wesen und seine Entstehung« von 1903 ist Teil dieser Arbeit. Darin hat Riegl in einem Kapitel über »Denkmalwerte« den Begriff des Denkmals anhand von Wertkategorien näher untersucht. Mit der Darstellung der einzelnen Wertkategorien in ihrer historischen Entwicklung und in ihrer aktuellen Bedeutung versucht Riegl die Sinnschichten des Denkmals systematisch auszuloten. Gegliedert sind die Wertkategorien in denkmalkonstituierende »Erinnerungswerte« und in »Gegenwartswerte«, die für die Feststellung der Denkmaleigenschaft nicht maßgeblich seien, mit denen aber die Denkmalpflege zu rechnen habe.[65] Die »Gegenwartswerte« definiert Riegl als Qualitäten von Denkmälern, die nicht an historischen Bestand gebunden sind, sondern ebenso gut, wenn nicht noch besser, von Neubauten erbracht werden können.[66] Für den »Gebrauchswert« muss das nicht näher erläutert werden; und für den »Kunstwert« dann nicht, wenn man sich den Abschied des 19. Jahrhunderts von der normativen Ästhetik mit ihrer Annahme ewig gültiger Kunstwerte als unumkehrbaren Entwicklungsschritt in Erinnerung ruft. Als »Erinnerungswerte« nennt Riegl im Sinne einer historischen Abfolge mit stetiger Ausweitung des Begriffsumfangs den »gewollten Erinnerungswert«, den »historischen Wert« und den »Alterswert«. Die Entdeckung des »historischen Wertes«, also die Funktion von Denkmälern als »Sachüberreste« im Sinne der Quellenkunde, sei in erster Linie ein Verdienst des 19. Jahrhunderts.

Der entwicklungsgeschichtlich jüngere Alterswert zeige sich an jedem Werk von Menschenhand, »sofern es nur äußerlich hinreichend sinnfällig verrät, dass es bereits geraume Zeit vor der Gegenwart existiert und ›durchlebt‹ hat«. Der Erinnerungswert hafte in diesem Fall nicht, wie beim historischen Wert, an dem Werk in seinem ursprünglichen Zustand, sondern an der Vorstellung der seit seiner Entstehung verflossenen Zeit, die sich in Veränderungen und in den Spuren des Alters, das heißt an den Auswirkungen der zerstörenden Natur sinnfällig zeige.[67] Damit hat Riegl deutlich gemacht, dass die Geschichte, deren Spuren für den »Kult des Alterswerts« einen Gegenstand zum Denkmal werden lassen, nicht hier und heute endet. Während vom Standpunkt des historischen Wertes das »Originaldenkmal« grundsätzlich unantastbar sei, um es als Dokument in dem bis heute überkommenen Zustand zu bewahren, betrachte der Alterswert auch das künftige auflösende Wirken der Natur sozusagen als denkmalformend. Letztlich arbeite er an seiner eigenen Zerstörung. Wie »der Hauch des Altertums« bei Ferdinand von Quast ist auch der Alterswert bei Alois Riegl eine Qualität der Denkmäler, die von allen ohne weitere Voraussetzung erkannt werden kann, also einen unmittelbaren emotionalen Zugang zu den Denkmälern vermittelt.

Für unseren Zusammenhang hier ist vor allem von Interesse, dass Riegl in seinen Überlegungen der Bedeutung des Denkmals als historischer Quelle und dem Alterswert, also allen Spuren, die natürliche Alterung, Nutzung, spätere Veränderungen, Reparaturen usw. an der alten Substanz hinterlassen haben, besonderen Rang zuerkannt hat. Riegl hat dabei die Debatten zwischen »Restaurierern« und »Antirestaurierern« des 19. Jahrhunderts verarbeitet. Als Fazit hat er eine Position eingenommen, die Max Dvořák (1874–1921) 1911 als »den radikalsten Konservatismus Ruskins« charakterisiert hat.[68] Um Missverständnisse zu vermeiden, sei angemerkt, dass »Konservatismus« hier natürlich ganz wörtlich eine auf die Denkmäler bezogene konservierende Grundhaltung meint, der es darum geht, das Konservierungspostulat gegen die »Restauration« früherer Zustände durchzusetzen.

Zu den wichtigsten Neuerungen Riegls gegenüber älteren Grundsätzen der Konservierungsbewegung gehört der konsequente Verzicht auf ästhetische Urteile als Grundlage für konservatorische Entscheidungen. Von Quast kam noch zu dem Ergebnis, dass man an älteren Kirchen »Zwiebelspitzen (wie an den Domen zu Seckau und Gurk und der Frauenkirche zu München) [...] gern den Abschied geben [wird], weil sie die edlen Formen der ursprünglichen Thurmanlagen benachtheiligen.«[69] Riegl kam 1903 dagegen bei der Erörterung der gleichen Konstellation in einem fiktiven Fall zu einer ganz anderen Lösung: Wenn an einer gotischen Kirche ein schadhaft gewordener Zwiebelturm erneuert werden soll, dann sah nach Riegl die bisherige Praxis vor, entweder die Zwiebelhaube durch einen gotischen Helm zu ersetzen, oder

sie aus neuem Material in der alten Form nachzubauen. Die künftige, dem Alterswert verpflichtete Denkmalpflege müsse dagegen zunächst die Erhaltungsfähigkeit der vorhandenen Zwiebelhaube genauestens prüfen. Sollte die Untersuchung ergeben, dass eine Erneuerung der Turmbekrönung tatsächlich unumgänglich sei, so höre »in diesem Augenblick das Interesse der Denkmalschutzbehörde an dem Objekt vollständig auf.« Ob die neu zu errichtende Turmbedachung in gotischen, barocken oder anderen Formen erneuert werde, habe der Denkmalschutzbehörde vollständig gleichgültig zu sein. Die Gestaltung sei Sache der Bauherrschaft und ihres Architekten.[70]

Zusammen mit Riegls Verzicht auf Schönheit als Wertmaßstab bildet seine von der klassischen Ästhetik abweichende Wertung der Naturnachahmung in der Kunst das »Toleranzedikt der neuen Ästhetik«, das die vorurteilsfreie Betrachtung so genannter primitiver Kulturen und historischer Verfallszeiten und außerdem eine angemessene Analyse moderner Kunst ermöglicht hat.[71] Bei Ruskin dagegen haben die Naturbetrachtung als Basis künstlerischer Produktion und die Naturnachahmung als Qualitätsmaßstab eine zentrale Rolle gespielt.[72]

Im Unterschied zu seinen Vorgängern ist Riegl in der Darstellung der verschiedenen Denkmalwerte auch auf die Widersprüchlichkeiten und dialektischen Verflechtungen von Erinnerungs- und Gegenwartswerten eingegangen. Dabei hat er dem Alterswert keineswegs von vornherein absoluten Vorrang eingeräumt. Auch wenn moderne Denkmalpflege mit dem Alterswert, »und zwar in allererster Linie mit ihm«, zu rechnen habe, darf sie das nach Riegl nicht daran hindern, »auch die übrigen Werte eines Denkmals – Erinnerungswerte wie Gegenwartswerte – auf ihre Existenzberechtigung zu prüfen, den bezüglichen Wert gegen den Alterswert abzuwägen und, wo der letztere als der geringere befunden werden sollte, den ersteren zu wahren.«[73]

In seiner Argumentation ist Riegl auch auf einen Vorschlag von Ruskin zum Umgang mit nicht mehr gebrauchstauglichen Denkmälern eingegangen. Der hatte 1854 geschrieben: Wenn es entgegen seiner eigenen Auffassung unbedingt für notwendig gehalten werde, beschädigte Skulpturen und ruinöse Gebäude in ihrem vermuteten ursprünglichen Zustand zu reproduzieren, könne man das getrost tun, »aber lasst das originale Fragment oder die bestehende Ruine unangetastet [...] Meißelt oder errichtet ein Modell in irgend einem anderen Teil der Stadt, aber rührt nicht an das bestehende Gebäude.«[74] Riegl hat in seiner Schrift über den modernen Denkmalkultus die Frage erörtert, ob dem Alterswert in vollem Umfang gedient sei, wenn für den praktischen Zweck von Denkmälern Neubauten errichtet würden, so dass die Originale ohne Restaurierung »ihr natürliches Dasein ausleben dürften.«[75] Er verneinte diese Frage, weil dauerhaft unveränderte Erhaltung von noch genutzten Denkmälern nicht das Ziel sein könne. Die »menschliche Betriebstätigkeit« bei der Nutzung hat er zu den lebendigen, den Alterswert produzierenden Kräften gezählt.[76]

## Zweierlei Denkmalpflege

Der Blick auf konservatorische Grundsätze in der Zeit von Ferdinand von Quast bis Alois Riegl macht deutlich, dass die Maxime »konservieren, nicht restaurieren«, und dass die Achtung vor den Alters-, Gebrauchs- und Veränderungsspuren als wesentlichen Merkmalen der Denkmäler um 1900 bereits eine lange Tradition hatten. Er zeigt außerdem, dass vieles in der Argumentation der antihistoristischen Neuerer zu Beginn des 20. Jahrhunderts in der Frühzeit der staatlichen Denkmalpflege in Preußen z.T. schon formuliert worden ist, z.T. wenigstens in den Grundzügen angelegt war. Jukka Jokilehto hat 1999 festgestellt, dass die Anfänge der Rücksichtnahme auf historische Authentizität bei der Baudenkmalpflege in den Prinzipien des ersten preußischen Konservators von Quast zu finden seien.[77] Die Beschäftigung mit dem Thema zeigt auch, dass z.B. die Zielsetzungen, die der preußische Altkonservative von Quast[78] und der englische radikale Sozialist Morris mit der Konservierung von Denkmälern erreichen wollten, diametral entgegengesetzt waren, dass sie ihre Ziele aber mit den gleichen konservatorischen Grundsätzen ansteuerten. Jedenfalls war beiden ebenso wie anderen Restaurierungsgegnern die kindliche Wunschvorstellung fremd, sich in längst vergangene Zeiten zurück zu versetzen, was bei Wiederherstellungen nach Art des Historismus immer eine mehr oder weniger tragende Rolle gespielt hat.

Allerdings lassen die Ergebnisse der denkmalpflegerischen Praxis in der zweiten Hälfte des 19. Jahrhunderts wenig von den Konservierungsgrundsätzen und von der Ablehnung des Restaurierens erkennen. Es fehlte offensichtlich an Möglichkeiten, die fundierten Überlegungen in die Praxis umzusetzen. So gab es etwa keine Erfahrungen, wie Substanz schonende Reparaturen an gefährdeten Bauten ausgeführt werden sollen. Entsprechende Projekte, die im späten 19. Jahrhundert von Philipp Webb und anderen Architekten der SPAB durchgeführt wurden[79], haben keine größere Nachfolge gefunden.

Vor allem aber war es wohl die Konkurrenz spektakulärer Bauvorhaben an Denkmälern, die den sachgerechten Umgang mit historischer Substanz verdrängte. Damit sind Vollendungen von mittelalterlichen Großbauten wie etwa die des Kölner Doms ebenso gemeint wie die zahllosen Restaurierungen, die vernachlässigte, heruntergekommene und vielfach veränderte Denkmäler wieder im früheren Glanz ihrer glorreichen Vergangenheit neu erstehen ließen. Gewissenhaftes Konservieren, das sich nur auf notwendige Reparaturen und auf solche Veränderungen beschränkt, die für eine angemessene aktuelle Nutzung unverzichtbar sind, fand wenig Resonanz in der Öffentlichkeit.

Das Problem mangelnder Anerkennung für behutsame Reparaturen an Denkmälern hat John Ruskin schon 1854 angesprochen: »Unglücklicherweise sind Reparaturen, die derart gewissenhaft ausgeführt werden, immer unsichtbar und finden wenig Beifall beim allgemeinen Publikum. Deshalb verspüren die Verantwortlichen für öffentliche Arbeiten zwangsläufig die Versuchung, erforderliche Reparaturen in einer Art und Weise auszuführen, die zwar ordentlich aussehen mag, tatsächlich aber fatal für das Denkmal ist.«[80] Ruskin hat dann für seine Zeit bedauernd festgestellt, dass die Menschen, die für zurückhaltendes Konservieren eintreten, nur selten die sind, die Einfluss in öffentlichen Angelegenheiten haben. Tatsächlich werde das Schicksal der Denkmäler von rührigen Bürgermeistern und geschäftstüchtigen Architekten bestimmt.[81]

Die geschichtliche Position von Quasts wird noch deutlicher, wenn man seine Auffassungen späteren Äußerungen von Paul Clemen (1866–1947) gegenüberstellt. Der war als rheinischer Provinzialkonservator einer der wortführenden deutschen Denkmalpfleger im ausgehenden 19. und frühen 20. Jahrhundert. In einem umfangreichen Bericht von 1898 über die Denkmalpflege in Frankreich hat er die Losung »erhalten, nicht wiederherstellen« eine »durchaus gesunde Gegenwirkung gegen die Forderung der Stileinheit und das Übertreiben bei den Restaurationen« genannt. Gleichzeitig hat er darin aber auch eine »zuweilen etwas ungesunde romantische Anschauung« ausgemacht.[82] Bei Morris und der SPAB schienen ihm »Keime Walther Scottscher Romantik […] zu wuchern.« In der Forderung »konservieren, nicht restaurieren« liegt nach seinen Worten »ein gut Stück gefährlicher Egoismus«; um Denkmäler zu retten, solle Denkmalpflege »nicht für das nächste Jahrzehnt, sondern immer für das nächste Jahrhundert arbeiten.«[83] Bezeichnend für Clemens Haltung ist sein Lob für Viollet-le-Ducs Restaurierung der Stadtbefestigung von Carcassonne. Mit der vollständigen Wiederherstellung habe die Stadtsilhouette »entschieden gewonnen.« Auf »die große Menge der Besucher« hätte der frühere fragmentarische Zustand der Befestigungsanlage nicht belehrend wirken können. »Ganz anders, wenn, wie jetzt in Carcassonne, dieser ganze Apparat gewissermaßen noch zu functioniren scheint. Ich kenne keinen Ort, wo die Größe und Wucht mittelalterlicher Befestigungsanlagen so mit einem Schlage dem Besucher aufgeht. Der historische Lehrwert ist jedenfalls durch eine solche Wiederherstellung außerordentlich gestiegen.«[84] Clemen wendet sich damit ganz im Sinne der »Restaurierer« gegen die Maxime »konservieren, nicht restaurieren«, die schon 1882 bei der Generalversammlung des Gesamtvereins der Geschichts- und Altertumsvereine in Kassel von dem Archivar Hermann Grotefend aus Frankfurt a.M. formuliert worden ist.[85]

Die von Ferdinand von Quast ausgehende Entwicklung bis Riegl betrifft also offensichtlich nicht die ganze Denkmalpflege in der zweiten Hälfte des 19. Jahrhunderts, sondern eine von zwei parallel laufenden Denkmalpflegen. Auch nach der klärenden Systematisierung durch Riegl wurde die Existenz von zwei Parallelwelten der Denkmalpflege nicht aufgehoben.[86] Ob diese Situation bis heute weiter besteht oder sich inzwischen grundlegend geändert hat, möchte ich hier offen lassen, weil diese Frage nicht mehr unter dem Titel »Von Quast bis Riegl« zu behandeln ist.

## Anmerkungen

1  KARG 1993, S. 6. – Siehe auch folgende grundlegenden Arbeiten: BUCH 1990, besonders S. 219–220. – MOHR DE PÉREZ 2001, besonders S. 121.

2  RAULFF/SCHMIDT-GLINTZER/SEEMANN 2007, S. 4.

3  Erneuerungs- und Restaurierungsvandalismus sind Begriffe, die in der zeitgenössischen Diskussion in Frankreich immer wiederkehren. Meilensteine der Auseinandersetzung: DE MONTALEMBERT 1833 und DE MONTALEMBERT 1838 (beide Texte sind abrufbar unter: *http://fr.wikisource.org/wiki/Charles_de_Montalembert*). In den Zeitschriften Bulletin monumental (ab 1834) und Annales archéologiques (ab 1844) wurde in Rubriken über Neuigkeiten und Aktuelles öfter über Vandalismus mit seinen unterschiedlichen Motiven und in seinen unterschiedlichen Ausprägungen berichtet.

4  Die Restaurierung der Notre-Dame, in: Kölner Domblatt Nr. 10 vom 26.10.1845 (ohne Paginierung). Fast wörtlich übereinstimmend: FRANKREICH, S. 5.

5  K.G. 1855, S. 96.

6  KOTHE 1977, S. 114–136, S. 132–136. Wieder abgedruckt in: MOHR DE PÉREZ 2001, S. 282–287.

7  KOTHE 1977, S. 133.

8  Ebenda.

9  VON QUAST, Die Restauration von Kunstdenkmälern, 1853, Geheimes Staatsarchiv Preußischer Kulturbesitz, Abteilung Merseburg, Rep. 93 B, Nr. 2331, fol. 129f, zitiert nach BUCH 1990, S. 240.

10  VON QUAST 1858/59, S. 29.

11  Ebenda S. 30.

12  MOHR DE PÉREZ 2001, S. 266.

13  VON QUAST 1858/59, S. 30.

14  Ebenda.

15  Ebenda S. 31.

16  Protokoll der Verhandlungen der 2. Section bei der Generalversammlung des Gesamtvereins 1862 in Reutlingen, in: Correspondenzblatt des Gesamtvereins der Deutschen Geschichts- und Alterthumsvereine 10, 1862, S. 106.

17  Nach BUCH 1990, S. 217, war von Quast Wilhelm von Humboldts Auffassung, dass sich der Historiker nicht mit vorgefassten Meinungen mit der Geschichte beschäftigen dürfe, anscheinend fremd.

18  VON WUSSOW 1885, Anlagenband S. 39f.

19  KOTHE 1977, S. 133.

20  BUCH 1990, S. 83.

21  VON QUAST 1858/59, S. 29.

22  Ebenda S. 31.

23  BUCH 1990, S. 223.

24  KUGLER 1850, S. 94. Wieder abgedruckt in: KUGLER 1854A, S. 592–594.

25  KUGLER 1833, zitiert nach: KUGLER 1853, S. 125–126.

26  KUGLER 1837, zitiert nach: KUGLER 1854B, S. 226.

27  Ebenda S. 210–213. Die Anfänge dieses Irrweges liegen nach Kugler im 17. Jahrhundert. Seither hätten sich die Künstler »mehr und mehr von den praktischen Tendenzen des Lebens emancipirt«, allerdings »emancipirte sich dieses auch von ihnen«, so dass eine unnatürliche Feindschaft zwischen Kunst und Leben eingetreten und »der Weg, welcher durch die Gebiete des Handwerkers in die Regionen der Kunst führte«, abgeschnitten sei.

28  KOTHE 1977, S. 135.

29  Von Quasts Erläuterungsbericht von 1867 zu seinem Entwurf für das Aachener Kuppelmosaik, Stadtarchiv Aachen, Akten des Karlsvereins Nr. 108, Bl. 130–131v., zitiert nach BUCH 1990, S. 139.

30  VON QUAST 1872/73, S. 24, zitiert nach BUCH 1990, S. 94.

31  Zu dieser Frage ausführlicher am Beispiel von Ferdinand von Quasts Planung für die Wartburg: FINDEISEN 1995, S. 25–32.

32  LÜBKE 1855, S. 458.

33  DE MONTALEMBERT/DIDRON 1845, S. 113–128, hier besonders S. 120–121.

34  Ebenda S. 123.

35  Ebenda.

36  Liste des souscripteurs, in: Annales archéologiques 5, 1846, S. 375.

37  DE CAUMONT 1855, S. 525.

38  Näher dazu: JOKILEHTO 1999/2005, S. 106–109.

39  RUSKIN 1994, S. 363.

40  RUSKIN 1854, zitiert nach TSCHUDI MADSEN 1976, S. 111.

41  RUSKIN 1854, S. 112.

42  RUSKIN 1994, S. 366f.

43  RUSKIN 1846, Bd. 1, S. 102.

44  KOTHE 1977, S. 133.

45  RUSKIN 1903, S. 491, zitiert nach KEMP 1983, S. 185.

46  RUSKIN 1994, S. 352.

47  KEMP 1983, S. 144.

48  RUSKIN 1846, S. 102.

49  RUSKIN 1892/1977.

50  Zitiert nach KEMP 1983, S. 172.

51  RUSKIN 1892/1977, S. 33.

52  Ebenda.

53  RUSKIN 1994, S. 335.

54  Ebenda.

55  Conservation of Ancient Monuments and Remains. General Advice to Promotors of the Restoration of Ancient Buildings, in: Sessional Papers ot the Royal Institute of British Architects 1864–1865, London 1865, wieder abgedruckt in: TSCHUDI MADSEN 1976, S. 120–126.

56  Ausführlich dazu: MIELE 2005.

57  Manifest der Society for the Protection of Ancient Buildings, zitiert nach MIELE 2005, S. 337–339, S. 337. Der Text ist auch abgedruckt bei TSCHUDI MADSEN 1976, S. 144–146 und im Internet abrufbar unter: *www.spab.org.uk/html/what-is-spab/the-manifesto/* und unter *www.marxists.org/archive/morris/works/1877/spabman.htm*. Es ist wohl nicht anzunehmen, dass der Verfasser des Manifests, William Morris, Kuglers Beitrag zur Erhaltung und Kunde der Denkmäler von 1850 gelesen hat. Trotzdem sei darauf hingewiesen, dass die zitierte Formulierung in dem Manifest folgender Bemerkung von Kugler zur Beseitigung von Altersspuren nahe kommt: Dadurch werde »dem Beschauer das Band, das ihn mit dem Werk verbinden soll, [zerrissen und so] seine persönliche Teilnahme abgekältet« (wie Anm. 24, S. 94).

58  MIELE 2005, S. 337f.

59  Ebenda S. 338.

60  Ebenda S. 338f.

61  MORRIS 1966, Bd. 22, S. 314f.

62  Es handelt sich um die Zirkularverfügung vom 12. Dezember 1843, »betr. bautechnische Bemerkungen über die Ausführung von Wiederherstellungsarbeiten an alten Bauwerken« (MOHR DE PÉREZ 2001, S. 263f.), um die oben genannte Verfügung über Planunterlagen und Voruntersuchungen vom 24. Mai 1844 (VON WUSSOW 1885, Anlagenband S. 39f.) und um die Verfügung vom 9. Oktober 1844 »betr. Schonung alter Denkmäler bei der Erneuerung des inneren Zustandes von Kirchen« (MOHR DE PÉREZ 2001, S. 266f.). Näher dazu: FRODL 1988, S. 70–72.

63  Instruktion der k.k. Baubeamten, bezüglich der Erhaltung der Baudenkmale in Österreich, in: Allgemeine Bauzeitung 18, 1853, Notizblatt S. 314–316, S. 316; gleichlautend in dem Text Wirkungskreis der Konservatoren für die Forschung und Erhaltung der Baudenkmale in den österreichischen Staaten, ebenda S. 309–314. Siehe auch: Vortrag gehalten bei der Eröffnung der Verhandlungen der Centralkommission zur Erhaltung der Baudenkmäler in Österreich, vom Vorstande, dem k.k. Sektionschef Freiherrn von Czoernig, ebenda, S. 209–215.

64  FRODL 1988, S. 98f.

65  Das hier zu referieren würde zu weit führen. Vorzügliche Zusammenfassungen und nachdenkliche Erörterungen darüber vor allem in: BACHER 1995. – HÖHLE 2005, S. 14–21. – HUBEL 2005, S. 217–230. – HUBEL 2005/06, Tagungsband Revisionen, S. 74–80 – EULER-ROLLER 2005/06, S. 68–73. – WOHLLEBEN 2005/06, S. 81–85. – MÖRSCH 1998, S. 89–107. Siehe auch: GRUNSKY 2006, S. 5–11.

66  BACHER 1995, S. 81.

67  Ebenda S. 60f.

68  DVOŘÁK (1911) S. 69.

69  VON QUAST 1858/59, S. 30.

70  BACHER 1995, S. 128.

71  KEMP 1990, S. 45.

72  RUSKIN 1994, S. 191–274: Der Leuchter der Schönheit.

73  Zitiert nach Bacher 1995, S. 73f.

74  Ruskin 1854, zitiert nach Tschudi Madsen 1976, S. 111f.

75  Bacher 1995, S. 83

76  Ebenda S. 87f.

77  Jokilehto 1999/2005, S. 193.

78  Zu von Quasts politischem Hintergrund: Buch 1990, S. 212–215.

79  Ausführlich dazu: Burman 2005, S. 67–99.

80  Ruskin 1854, zitiert nach Tschudi Madsen 1976, S. 112.

81  Ebenda S. 113.

82  Clemen 1898, Sp. 489–538 und Sp. 593–630, Sp. 617.

83  Ebenda Sp. 618.

84  Ebenda Sp. 620.

85  Hanselmann 1996, S. 37. Siehe auch: Correspondenzblatt des Gesamtvereins der Deutschen Geschichts- und Alterthumsvereine 30, 1882, S. 81.

86  Ausführlich dazu: Hellbrügge 1991. Statt von »zwei Denkmalpflegen« hat Walter Frodl von einer Diskrepanz zwischen Theorie und Praxis der Denkmalpflege gesprochen. Als Viollet-le-Ducs Anschauungen die Denkmalpflege in Europa beherrschten, deckten sich nach Frodl Theorie und Praxis des Restaurierens. Inzwischen hätten sie sich voneinander entfernt und seien in einen unlösbaren Konflikt geraten; Frodl 1988, S. 152.

# Vom Umgang mit der Geschichte – Denkmalpflege in Deutschland

Georg Mörsch

Stellen wir uns vor, wir besuchen eine Gemäldegalerie mit bedeutenden Werken der Pointillisten. Jedem, der die Bilder von Seurat, Signac oder Pissarro liebt, ist vertraut, dass er von Nahem ausschnitthaft nur hinreißend klare Farbpunkte erkennt und dass er zurücktreten muss, um das ganze Bild in Motiv und Komposition zu erkennen.

So leicht ist meine Aufgabe nicht: Zu unterschiedlich werden die gesetzlichen Regelungen, die sich im Denkmal treffen könnten, denkmalverträglich eingesetzt, zu sehr werden die betroffenen öffentlichen und privaten Belange in Abhängigkeit von der politischen Wetterlage parteilich vorsortiert, viel zu selten erfolgt deshalb deren transparente oder unvoreingenommene Abwägung im Einzelfall. Viel zu unterschiedlich sind auch die Akteure, auch die Fachleute mit ihrer Ausbildung, ihrer Herkunft, ihrem Engagement und ihrer unterschiedlichen Bereitschaft, ihren persönlichen Geschmack, ihre zeitgenössische Verortung, ihren ideologischen Hintergrund selbstkritisch zu hinterfragen.

Und dass mein Blick auf die Denkmalpflege in Deutschland aus der Perspektive des »Umgangs mit der Geschichte« geworfen werden soll, macht die Sache nicht einfacher: Einverstanden, ich muss nicht die Stufen und Formen des staatlichen Rückzugs aus dem Denkmalschutz benennen, muss auch nicht im Einzelnen darstellen, wie sich global fließende Finanzströme mit weltweit konkurrierenden Renditeerwartungen auf die lebensnotwendigen Investitionen in einer sanierungs- und entwicklungsbedürftigen Kleinstadt auswirken, aber die scheinbare Einschränkung, den Überblick auf die Denkmalpflege »nur« unter dem Aspekt versuchen zu müssen, wie sich dabei Verhalten zur Geschichte zeigt, macht meine Aufgabe nur schwieriger.

In den stürmischen 1975er Jahren um das Europäische Jahr für Denkmalschutz wurde als Hintergrund für die gesellschaftliche Motivation und Erhaltungsaufgabe der Denkmalpflege das Grundbedürfnis und Grundrecht auf Erinnerung formuliert und eingefordert.[1] Es wurde damals ja nicht nur das Verschwinden unzähliger einzelner Denkmäler und Ensembles beklagt, sondern die überfallartige Entstehung einer menschlichen Umwelt ohne geschichtliche Tiefenschärfe, für die wir von dem Soziologen Alexander Mitscherlich den Begriff der »Unwirtlichkeit« ausliehen.[2]

Die Umfragen zur Beliebtheit, Notwendigkeit oder zumindest Akzeptanz der Denkmalpflege, die seitdem üblich wurden und die uns bis heute mit Zustimmungszahlen von ca. 90% verwöhnen, schienen Geschichtserleben und Geschichtsauseinandersetzung über den Weg der Denkmalbegegnung zu bestätigen. Es sollen hier nicht die seit damals erreichten quantitativen und qualitativen Verbesserungen in der denkmalpflegerischen Arbeit mit Undank übergegangen

werden, aber es besteht vielfältiger Anlass zu der Frage, ob wir unserem Publikum jemals in statistisch nennenswertem Umfang begreifbar gemacht haben, was Sinn, Aufgabe und Arbeitsweise der Denkmalpflege wirklich sind. Schon in der schockartigen Zuwendung der Öffentlichkeit zur Denkmalwelt in den 1970er Jahren überwogen, prüft man sie kritisch, merkwürdig oberflächliche Bekenntnisse zur Harmonie, zur Vertrautheit der Denkmalumgebung, zur ästhetischen Überlegenheit der Denkmäler im Vergleich mit der modernen Architektur. Und selbst die Fachleute machten damals wenig Gebrauch von den bleibend gültigen Einsichten, die um 1900 ihre Vorgänger nach den grotesken Denkmalverlusten durch die Denkmalpflege des 19. Jahrhunderts entwickelt haben. Damals, vor über hundert Jahren, wurde klar, dass das Denkmal nur in vielfältiger historischer Ergänzung, Brechung und oft auch Reduktion erhalten ist und nur so, aber auch gerade so das leisten kann, was kein anderer Verweis auf Geschichte anbietet, nämlich die immer wieder mögliche Befragung seiner individuellen Zeugnisse, die immer erneut mögliche Kontrolle seiner Interpretation und der aus ihr gezogenen Schlüsse, vorausgesetzt, das Denkmal existiert in der Selbstheit, der Authentizität seiner materiellen Überlieferung. Genauso wichtig ist die Möglichkeit, im individuellen Denkmal die permanente oder immer wieder neue emotionale Sensation erleben zu können, einer jeweils individuellen menschlichen Spur materiell zu begegnen und diese in alltäglicher Zuwendung so zu überliefern, dass diese Begegnung in der Zukunft möglichst lange fortdauert. Bevor Alois Riegl diese Form der emotionalen Denkmalbegegnung in seinem »Alterswert« als Gipfel des Denkmalerlebnisses darstellte, gehörte diese Form der Denkmalaneignung, bzw. diese Form der Denkmalfürsorge bereits zum festen Bestandteil der großen Restaurierungsprojekte von Ferdinand von Quast[3], der auch damit eine der Leitfiguren der modernen Denkmalpflege ist. Vergleicht man diese Einsicht in die volle Tiefe einer auch emotionalen Beziehung zum Denkmal, dann ist die heute üblich gewordene Gleichsetzung von »Emotionswert aus Schauwert«[4] entweder eine bodenlose Oberflächlichkeit oder ein bewusster Verrat an der Fülle der Denkmalbegegnung.

Auch die »Identität«, die als eigentliche Entdeckung unter den Denkmalleistungen seit den 1970er Jahren und bis heute immer wieder beschworen wurde, müssen wir, wollen wir das Verhalten zur Geschichte in der modernen deutschen Denkmalpflege näher betrachten, kritisch würdigen. Zweifellos ist die Klärung der eigenen geschichtlichen Herkunft für Individuen und Gesellschaften unentbehrlicher Teil jeder Selbstvergewisserung und ebenso zweifellos können Denkmäler diese Selbstvergewisserung stützen und nähren.

Wie sich die Schauplätze unserer individuellen oder gesellschaftlichen Biographien materiell voneinander unterscheiden, unterscheidet auch uns selbst und ist wichtiges Element von Individualität und Identität. Aber auch schon bevor unsere Städte und Landschaften im Zug ihrer Vermarktung als bloße Icons wahrgenommen und vermarktet wurden, wurde diese Identifikationsleistung des Denkmals allzu eng nur auf das Bild des Denkmals beschränkt, »die historische Begründung der Gestalt« (Karl Friedrich Schinkel) also übersehen.

Was hier noch sehr pauschal klingt, lässt sich konkretisieren am Beispiel der gesellschaftlichen Zuwendung zur Denkmalgesamtheit, zum Ensemble. Es ist mit Recht darauf hingewiesen worden, dass das denkmalpflegerische Ensemble keine Entdeckung der 1970er Jahre ist[5], aber der zerstörerische Einbruch in die Denkmalwelt wurde in einer ganz neuen Intensität damals besonders in der Gefährdung dieser Ensembles erlebt und zu bekämpfen versucht. Vielfältig verknüpfte denkmalpflegerische, stadtplanerische, ökonomische und soziale Strategien und dankbar zu nennende gesetzliche und finanzielle Mittel sowie politisches Engagement verhalfen der deutschen Denkmalpflege hier zu unbestreitbaren Erfolgen im Kampf um den Erhalt dieser kostbaren Denkmalwelten und retteten oft das Glück, in historisch reichen Umgebungen zu leben.

Dennoch macht die häufige Verwechslung von Stadtbildpflege und Denkmalpflege doch ratlos auf mehreren Ebenen. Eine erste Ebene ist die verwirrend widersprüchliche Praxis der denkmalpflegerischen Fachleute selbst – damals und durchaus bis heute. Während auf der einen Seite, analog zu einem Motto des europäischen Jahres für Denkmalschutz »Haus für Haus stirbt Dein Zuhause«, die ganze denkmalkundliche und denkmalpflegerische Sorgfalt jedem einzelnen Haus im Ensemble gewidmet wird, und in Bauaufnahme und Bauausführung sich das Instrumentarium der Denkmalpflege geradezu dramatisch verbessert hat, gab und gibt es Fachleute, die in Schrift und Tat darlegen, es käme bei der Erhaltung städtebaulicher Ensembles nur auf das Bild von Straßenfassaden an. Die scheinbar vereinfachte Denkmalpflege, die auf dem Wege solcher Selbstdispens vom vollen Erhaltungsauftrag möglich wird, verbindet sich mit anderen, ebenso stadtzerstörenden Vereinfachungen: Besteht man nur auf dem Fassadenerhalt oder -neubau, dann lassen sich die Grundstücke dahinter natürlich viel leichter für unterirdische Anlageteile ausnützen, lassen sich Parzellen zusammenlegen und neue Großnutzungen durchsetzen und dabei gleichzeitig die lästige Vielfalt der kleinteiligen, vielfältigen, individuellen und persönlich noch engagierten Eigentümerschaft ausmerzen. Was hier gefährdet und missbraucht wird, ist auf dem Gebiet der Denkmalpflege ihr spezifischer Beitrag zur sozialen Marktwirtschaft, die auch auf unserem Gebiet offen attackiert und versteckt unterminiert wird.

Eine andere Ebene der Ratlosigkeit betrifft die offenbar durch nichts zu irritierende Bereitschaft der Öffentlichkeit, sich mit bloßen Denkmalbildern zufrieden zu geben. Die Reduktion der vollen historischen und heutigen Lebens-

wirklichkeit des ganzen Denkmals mit Haut und Haaren auf diese tapetendünne Bildschicht stellt uns vor die immer wieder beunruhigende Frage, ob das Denkmal gesellschaftlich verständlich zu machen ist. Natürlich wendet sich diese Frage zunächst kritisch an uns Fachleute selbst: Haben wir genügend klar gemacht, dass der »Gegenstand aus vergangener Zeit«, den alle unsere sechzehn Denkmalschutzgesetze beschreiben, nicht wegen unseres momentanen ästhetischen Wohlgefallens in gesellschaftlichem Erhaltungsinteresse steht, sondern wegen seiner historischen Zeugenschaft, seine historisch begründete Schönheit natürlich eingeschlossen?

Die Frage ist durchaus nicht rhetorisch gestellt und von ihrer Antwort hängt der klare Blick auf die deutsche Denkmalpflege unserer Tage entscheidend mit ab. Wem ist wirklich noch bewusst, welche besondere geschichtliche Individualität des Menschen an seinem individuellen Ort eine historisch gewachsene und materiell überlieferte Realität erlaubt und dass sie in dem Augenblick verschwindet, in welchem mit der Virtualisierung und Digitalisierung aller Erfahrungen auch diese Realität beliebig verfügbar, löschbar und ersetzbar zu werden droht?[6]

Meine Antwort ist zwiespältig: Auf der einen Seite könnte man ganze Anthologien füllen mit den in reicher Redundanz vorliegenden Zugängen zur ganzen Fülle des Denkmals und damit des Denkmalbegriffs. Gerichtsurteile, Inventartexte, Bauuntersuchungen, erkenntnistheoretische Annäherungen und immer wieder auch der Tatbeweis der einzelnen Baustelle und der individuellen Denkmalbeziehung in alltäglicher Pflege und Verteidigung lassen nicht nur keinen Zweifel an der Möglichkeit solcher Zugänge, sondern ergeben eine grundsätzliche axiomatische Evidenz für die Existenz dessen, was wir Denkmal nennen und für das Glück, das es stiften kann.

Auf der anderen Seite ist diese Evidenz, zu der natürlich mit der Materialität des Denkmals auch seine Unwiederholbarkeit und seine hilfsbedürftige Endlichkeit gehört, der Hintergrund für mein Unverständnis und meine Empörung gegenüber den Stimmen, die einerseits nur Denkmäler in heute akzeptierter Schönheit erhalten wollen und – oft gleichzeitig – die historisch überlieferte Materialsubstanz des Denkmals von dieser schönen Gestalt trennen wollen. Sie machen diese Gestalt auf eine so radikale Weise für Wiederholung und Verbesserung verfügbar, wie dies in der Geschichte der Denkmalpflege, auch im 19. Jahrhundert, unerhört war. Die Bereitschaft zu dieser Radikalität unterscheidet auch die Theoriediskussion und die denkmalpflegerische Praxis in Deutschland deutlich vom europäischen Umfeld.

Es ist mir bleibend unverständlich, wieso der angebliche Sonderfall der Dresdner Frauenkirche unterlegt werden musste mit dieser generellen und grundsätzlichen Absage an die untrennbare Verbindung von Denkmalsubstanz und Denkmalaussage.[7]

Und zur Abhängigkeit der Denkmalerhaltung von der aktuellen Wahrnehmung von Denkmalschönheit, also nur solche Objekte zu schonen, denen ästhetische Akzeptanz attestiert wird: Es gehört zu den historischen und eben auch denkmalpflegerischen Verdiensten der Bundesrepublik Deutschland, früher als andere mit der Last der Geschichte auch die materiellen Reste des Dritten Reiches als Vermächtnis angenommen zu haben und auf subtile und erinnerungsmächtige Weise zu erhalten. Hier der Denkmalpflege vorzuwerfen, an ihren Schwierigkeiten selber Schuld zu sein, weil sie neben den schönen nun auch die geschichtlich bedeutenden Denkmäler zu erhalten sich anschicke, zeugt von so viel Zynismus oder schlichter Dummheit[8], dass die Frage nach der möglicherweise fehlenden fachlichen Unterweisung obsolet wird. Es gibt in unseren demokratischen, auf Partizipation und Information basierenden Gesellschaften ein schuldhaftes Maß an Verweigerung gegenüber Grundeinsichten und den Verpflichtungen, die auf ihnen basieren. Geschichte anzunehmen, ihre materiellen Spuren als Zeugnis zu überliefern ist keine Geschmackssache, sondern ein zentrales Feld öffentlicher und privater Moral.

Die Reduktion der Denkmalbedeutung auf das Schöne, ja sogar nur das momentan erkennbare und akzeptierte Schöne und die Entkoppelung von Substanz und Gestalt des Denkmals machen einen Umgang mit Geschichte über die Denkmalbegegnung fast unmöglich. Die volle Dimension des Denkmals in Raum und Zeit wird dem Denkmal ja genommen, wenn wir ihm zum einen nur die momentan gefällige Schönheit abverlangen, also die Begründung seiner Gestalt und Substanz in der Geschichte gar nicht wissen wollen und zum andern seine physische Existenz im Raum, den das Denkmal ja geschichtlich mit geformt hat, für unerheblich ansehen.

Genau dies geschieht generell, wenn wir die Position des Denkmals in einer Welt der virtuellen Daten leichtfertig im Ungefähren lassen oder sogar glauben, das Denkmal in einem Kosmos virtueller Angebote ebenfalls wie eine virtuelle Datei mitschwimmen lassen zu sollen.

Natürlich können auch virtuelle Dateien unsere Auseinandersetzung mit Geschichte anstoßen und nähren. Aber hier und heute, am 200. Geburtstag eines Denkmalpflegers, der auf ungewohnte Weise die konkrete materielle Überlieferung des Denkmals ernst nahm und sich energisch gegen die gleichzeitige Denkmalpflege eines Viollet-le-Duc wandte, dessen berüchtigte Restaurierungen ja eigentlich ebenfalls schon Umsetzungen virtueller Kenntnisse von richtigen oder beabsichtigten Denkmalzuständen waren, hier also ist es wesentlich, darauf zu bestehen, dass das Denkmal in seiner oben schon beschriebenen Existenzweise gegenüber allen anderen Geschichtsquellen die exklusive Eigenschaft, das »Alleinstellungsmerkmal« hat, nicht nur von Geschichte zu berichten, sondern materieller Teil dieser Geschichte selbst zu sein.

Die unvergleichliche Befragbarkeit und Vertrauenswürdigkeit dieser Quelle kann mit unerhörter interdisziplinärer Genauigkeit wissenschaftlich erschlossen werden und wird es auch. Dies ist ausdrücklich nicht gemeint als Anspruch auf eine wissenschaftliche Isolierung, einen gesellschaftlichen

Separatraum für die Denkmalpflege bei der Beschäftigung mit der Quelle »Denkmal«!

Nein, aber man muss darauf bestehen, dass dieser wissenschaftliche Umgang mit der historischen Quelle »Denkmal«, ohne den der Anspruch der staatlichen Denkmalpflege auf gesellschaftliche Verbindlichkeit und auch die Überprüfbarkeit ihrer Aussagen bodenlos wäre, jeder verlässlichen Beziehung zwischen Denkmalgegenüber, auch dem so genannten Ungebildeten, und seinem Denkmal dient.

Wenn man heute feststellt, dass der Alterswert die alle anderen Denkmalwerte krönende Rolle, welche er gemäß Riegl für die Denkmalpflege des ganzen 20. Jahrhunderts spielen sollte, nicht hat spielen können, bleibt dennoch die Frage, ob sein Alterswert in einer »bescheideneren«, mit anderen Erkenntnisschichten und Begegnungsweisen des Denkmals verbundenen Rolle sich nicht auch in den denkmalpflegerischen Verwirrungen unserer Zeit fruchtbar machen ließe. Er wäre mit Sicherheit eine wirkungsvolle Strategie gegen die alterslosen Denkmalrestaurierungen »auf Neu« in »neuem Glanz«, gegen die Rekonstruktionen ohne glaubwürdigen materiellen Denkmalrest, gegen die Denkmalimitationen an altem oder neuem Ort. Er wäre (und ist in unserer Praxis glücklicherweise längst!) auch ein Wegweiser bei der Suche nach alterungsfähigen Reparaturmaterialien und -verfahren, wäre eine ständige hilfreiche Warnung vor allen Maßnahmen am Denkmal, die uns in seiner Pflege, also der Begleitung seiner biographischen Zukunft »endlich Ruhe« versprächen. Als unmittelbar lesbare Spur des Alters eines Gegenstandes, als zusätzlicher Glaubwürdigkeitsbeweis für das Alter des historisch interessanten Objektes bleibt der Alterswert kostbare Eigenschaft des Denkmals. Entsprechend gehört er auch heute in das Zentrum gesellschaftlichen Denkmalerlebnisses und denkmalpflegerischer Verantwortung. Wie sehr die Erhaltung dieser Altersspuren am konkreten Denkmal wesentliche Aufgabe des Denkmalpflegers ist, hat niemand bei seinen Projekten und Gutachten so regelmäßig eingefordert wie Ferdinand von Quast. Es ist ungemein herausfordernd und auch beruhigend, dass es der gleiche von Quast ist, der bei der Vorbereitung seiner Maßnahmen auch auf die Erforschung der konkreten Baugeschichte bestand. In ihrer Wahrnehmung müssen Altersspuren im Übrigen nicht so sehr Vergänglichkeitserfahrungen sein, sondern werden zu Glück stiftenden Erlebnissen, in kostbaren Gegenständen menschlicher Zeit zu begegnen und deren Spuren für einen kurzen Zeitraum als eigene Begleiter ein wenig fortzusetzen.[9]

Wird dieses Angebot des Denkmals von seinen Partnern im Alltag wahrgenommen, ist für Verständnis und Erhaltung des Denkmals, ist für seine gesellschaftliche Rolle bereits Wesentliches erreicht. Es ist nicht dramatisch, wenn dabei die detaillierten geschichtlichen Daten des Denkmals nicht immer jedem präsent sind. In vielen Fällen dürfen wir wohl die Zeugnisse und Botschaften des Denkmals und unsere emotionalen Begegnungsmöglichkeiten vergleichen mit einer Bibliothek, deren Schätze wir ja auch dann ahnen, wenn wir ihre Bücher noch nicht alle gelesen haben und nie werden lesen können. Beim Anblick der Buchrücken werden wir nie in Gefahr kommen, sie mit den leeren Pappschachteln zu verwechseln, die beim Möbelhändler mit imitierten Buchrücken einen »Bücherschrank« darstellen. Natürlich ist es nicht gleichgültig, wenn hin und wieder die Zahl der Leser radikal sinkt, aber tragisch für die Bibliothek und ihre Potentiale wäre es erst dann, wenn wir den Bibliothekar entlassen, den Katalog verbrennen oder sein digitales Äquivalent löschen und die Bibliothek auf Dauer abschließen würden.

Der Vorschlag, die Zahl der Denkmäler nach ihrer momentan wahrgenommenen Schönheit zu bestimmen und zu reduzieren, wäre, um unser Beispiel abzuschließen, so, als zwänge man die Landesbibliothek in eine kleine Schulbibliothek und packte für den Umzug nur die meistgelesenen Bücher der letzten drei Monate ein.

Die Grundsätzlichkeit der Denkmalexistenz, in unwiederholbarer Substanz von menschlichen Möglichkeiten auf konkurrenzlos direkte, vielfältige und glaubwürdige Weise berichten zu können, ist, darauf möchte ich bestehen, auch schon jedem noch so unspezialisierten Denkmalgegenüber erreichbar. Aber natürlich reizt die Fülle der Denkmalzeugnisse dazu, konkret und differenziert verstanden zu werden und für Standortbestimmungen, Zukunftsentwürfe und auch ganz einfaches Lernen eingesetzt zu werden. Für dieses Potential der Denkmalwelt in der Spannung zwischen Vergangenheit und Zukunft sind immer wieder so selbstverständliche und schöne Formulierungen gefunden worden, dass ich jetzt hier meinen Ehrgeiz gerne zügeln kann.

Zu den Prozessen dieser Denkmalbefragung und Denkmalbenutzung gehören wichtige Einsichten für unser modernes Leben: Hätten Denkmalpfleger und Stadtplaner nicht früher den Erfolgsbeweis der historischen Stadt bei Nutzungsmischung, Aufteilung des Eigentums und Partizipation einbringen können? Hätte der Nachweis der ökonomischen und sozialen Nachhaltigkeit geschichtlichen Bauens nicht intensiver fachlich formuliert und politisch gehört werden können? Hätte die Verletzlichkeit historischer Ortskerne, wie sie nicht nur durch Vernachlässigung geschah, sondern noch mehr durch ihre zerstörerische Entwicklung, nicht – trotz des sprichwörtlichen Rechts auf die eigenen Fehler – etwas genauer dort studiert werden können, wo diese Fehler vor vierzig Jahren gemacht wurden?

Was aber, wenn diese und alle konkreten geschichtlichen Erinnerungen dem Denkmal gegenüber überhaupt verweigert werden zugunsten der Wahrnehmung seiner bloßen erfreulichen Form? Die Zuwendung zum Denkmal als bloße Zustimmung zu seiner Schönheit und Weiterverwertung seiner aktuell brauchbaren formalen Reize unterfordert das Denkmal nicht nur als wissenschaftliche Quelle, sondern auch als Partner für die volle emotionale Denkmalbegegnung. Diese Reduktion der vollen Denkmalbegegnung aber gefährdet die Existenz nicht nur der angeblich unschönen Denkmäler, sondern auch die der Schönheitsköniginnen. Dies ist nicht erst heute einfach beweisbar: Schon die Denkmalpflege des 19. Jahrhunderts erlebte unter grotesken Denkmalverlusten,

wie ein Begriff vom Denkmal als ideale Gestalt die Wirklichkeit der konkreten materiellen Überlieferung mehr schädigte als alle unverständige Zerstörungen. Die Situation, wie sie von den Aposteln der Trennung von Substanz und Gestalt des Denkmals heute herbeiformuliert wird, ist schlimmer: Wenn die Gestalt des Denkmals keiner historischen Substanz als Trägerin bedarf, gibt es auch keinen Denkmalverlust beim Verlust dieser Denkmalsubstanz; wenn aber keinen Denkmalverlust, dann auch kein Innehalten vor der Gefahr des endgültigen Untergangs des Denkmals, denn seine Form steht ja zu immer wiederholbarer Wiederverwendung bereit.

Wie verdächtig muss es uns heute doch vorkommen, dass die Denkmalpflege mit ihrer fast permanenten Neubauangst und dem weitgehenden Abseitsstehen beim modernen Dialog zwischen Denkmalwelt und neuer Architektur ausgerechnet damals eine Ausnahme machte, als sie glaubte, in der postmodernen Architektur mit ihren meist nur beliebigen historischen Zitaten, einen willkommenen Partner gefunden zu haben. Eine Partnerschaft, die mit ihren beiden Polen, zeitgenössischer Architektur und Denkmalpflege, das Gleiche zu leisten versprach, nämlich eine vertraut anmutende, weniger verstörende, irgendwie historisch aussehende Umgebung. Die gestalterische Leistung dieser Allianz bedurfte auch damals schon keiner Denkmalsubstanz und so gehören in die »Leistungen« dieser Zeit die neuhistorischen Stadtensembles der Brüder Krier oder Riccardo Bofils ebenso wie, oft gegen den erbitterten Widerstand von Teilen der Denkmalpflege, die Rekonstruktionen des Frankfurter Römers und des Leibnizhauses in Hannover.

Mit dem Umgang mit Geschichte hatte dies in dem Augenblick nichts mehr zu tun, als in den Denkmälern nicht mehr Geschichtszeugnisse, sondern optische Aufheller in der grauen Tristesse des Alltags gesehen wurden. In Weiterführung des Bonmots, »Geschichte ist das, was ich von ihr wissen will« verschwindet die Wahrnehmung des Denkmals in dem Augenblick, in dem es mich als Geschichtsquelle nicht mehr interessiert.

Aber gehören nicht, werden Sie fragen, bei der Debatte um jede große denkmalpflegerische Unternehmung und ausdrücklich auch bei jeder Diskussion um die Realisierung spektakulärer Wiederaufbauten »ex nihilo«, also aus der materiellen Nullposition des vermissten Denkmals, geschichtliche Argumente zur »Wiedergewinnung« seiner wichtigsten historischen Aussagen dazu? Mag sein, aber die Art und Weise, wie auch dabei bloße Schlagworte für eine ausreichende Beschreibung der historischen Wirklichkeit gehalten werden, wie dabei willkürlich in den möglichen Erkenntnisschichten und Bedeutungen des Denkmals nach Tagesbedarf ausgewählt und baulich gehandelt wird, wirft kein günstiges Licht auf diese Debatten und die ihnen folgenden denkmalpflegerischen Taten.

Die Beliebigkeit, mit dem Denkmalbegriff nach Gutdünken umzugehen, erleichtert auch den Umgang mit dem Inhalt der Denkmalüberlieferung, macht den Inhalt des Denkmals ebenso manipulierbar wie seine Substanz. Immer schon stand ja die Gesellschaft und in ihrem Dienst auch die Denkmal-pflege in Gefahr, am Denkmal das »herausrestaurieren« zu wollen, was aus unterschiedlichsten Gründen gerade gefragt war. Mit dem neuen substanzlosen Denkmalbegriff gibt es vollends kein Halten mehr, mit dem Inhalt des Denkmals auf die beliebigste Weise umzugehen, eine Beliebigkeit, die sich natürlich auch auf die wirklichen Denkmäler ausdehnt.

Dabei zeigt sich bei der Fachdenkmalpflege ein recht eigentliches Tabu, neben ihrem Protest gegen solchen Umgang mit der Substanz oder Nicht-Substanz des Denk-mals auch die Motivationen solcher Unternehmungen zu hinterfragen. Dieses Tabu hat zunächst einen guten Grund: Wenn Denkmalpflege stellvertretend für die Öffentlichkeit die Denkmäler erkennt, erklärt und erhält, dann soll sie diese Denkmäler für immer neue Befragung, immer neuen Gebrauch offen halten, soll auf die vielfältige Wertefracht der Denkmäler keinen Alleinvertretungsanspruch erheben, die gesellschaftliche Denkmalbegegnung nicht kanalisieren. Aber wo müsste dieses Tabu nicht eben doch enden? Hat staatliche Denkmalpflege nicht z.B. zu Recht, aber erfolglos protestiert gegen das unsägliche Ansinnen, das Nachkriegsdenkmal der deutschen Einheit am Deutschen Eck in Koblenz zu tilgen, es wieder in den Zustand vor der Kriegszerstörung zu versetzen mit Wilhelm I. als triumphierendem Sieger der Schlacht bei Sedan und es just am Jahrestag dieser Schlacht gegen den Erbfeind, am 2. September 1993, einzuweihen?

Nicht nur über den Erinnerungsinhalt des einzelnen Denkmals wird in völliger Willkür geschichtlich verfügt, sondern selbst über die elementarsten Gesetzmäßigkeiten von geschichtlicher, also menschlich wahrgenommener Zeit an sich, werden willkürlichste Plattitüden verbreitet, wenn sie dem Rekonstruktionsunternehmen nützen.

Nehmen wir, um konkret zu sein, als allgemein bekanntes, gut erreichbares und bis ins Detail ergiebiges Beispiel das Berliner Schloss, bzw. den Plan, es am ehemaligen Standort wieder aufzubauen: Die Trennung von Gestalt und Denk-malsubstanz, die ja Basis für ein solches Unternehmen ist, ist von den Befürwortern so endgültig und medienwirksam voll-zogen, dass sich nicht einmal mehr fachliche Instanzen daran begeben, hier denkmalbegrifflichen Klartext zu reden.

Aber auch wie man mit der besonderen Geschichte an diesem Ort umgeht, ist für viele ähnliche Fälle typisch und

beweist, dass nicht ein Zugang zur vollen Wirklichkeit der Geschichte gesucht wird, sondern bestenfalls ein Mythos bedient werden soll:

Da wird die Zerstörung des Schlosses zu einem korrigierba-ren Zufall der Geschichte erklärt, als ob irgendein Ereignis der Geschichte ungeschehen gemacht werden könnte und seine Tatsächlichkeit sich nach unserer Zustimmung richtete.

Da wird der lange Zeitraum, in dem das Areal gegenüber dem Lustgarten Schloss-lose Brache war, zu einer Unzeit erklärt, gleichsam einem Loch in der Geschichte, weil eine demokratische Entwicklung über vierzig Jahre dort nicht stattgefunden habe und deshalb eine Anknüpfung vor das Zerstörungsjahr ohne Weiteres möglich sei.

Da wurde auch der Palast der Republik, gemäß allen in zwei Jahrhunderten geläuterten Begriffen nun eindeutig ein Denkmal, zusammen mit seinen Verteidigern so lange ge-mobbt, der Palast ästhetisch und geschichtlich, die Verteidiger weltanschaulich-politisch, bis er endlich sturmreif war.

Da wird, auf der anderen Seite dieser argumentativen Me-daille, das untergegangene Schloss mit dem außermateriellen, ideellen Eigenleben des neuen Denkmalbegriffs versehen, und mit mythischem Raunen orakelt, dass an dieser Stelle etwas vergleichbar Wertvolles nie mehr entstehen könne.

Die völlige Kongruenz, mit der der wirkliche Ablauf der Geschichte und ihre glaubwürdigsten Zeugen, die Denkmäler, zur Zeit auf eine beliebige Manipuliermasse im Wettbewerb der modischen Schlagworte und Bildmotive sowie des globa-len ökonomischen Managements reduziert werden, müssen den Denkmalpfleger alarmieren.

Zwar muss er weder befürchten, dass seine ganze Ge-sellschaft den Begriff vom wirklichen Denkmal zusammen mit dem Begriff von ernsthaft befragbarer Geschichte schon verloren habe[10], noch sieht er eine flächendeckende Preisgabe des einzigen überzeugenden Begriffs vom Denkmal, seiner Aura (Walter Benjamin 1936) und Lebenswärme (Georg Dehio), noch gar eine fehlende Akzeptanz für das Denkmal bei den Menschen in unserer Alltagsarbeit.

Aber wie wird sich auf Dauer eine staatliche Denkmalpflege gerade an der Basis glaubwürdig weiter betreiben lassen, wenn immer mehr staatlich sanktionierte Prestigeprojekte ein ge-naues Gegenbild von solcher Denkmalpflege propagieren, und nicht wenige Fachleute damit auch keine Probleme haben?

## Anmerkungen

1   Vgl. MÖRSCH 1975, S. 289–293; erneut in MÖRSCH 1989, S. 39–43.
2   »ausliehen«, nicht korrekt übernahmen, denn Mitscherlich benutzt den Begriff für eine Fülle von Fehlentwicklungen und verpassten Chancen im Umgang mit der europäischen Stadt. Vgl. MITSCHER-LICH 1965, S. 9–27.
3   Vgl. BUCH 1990.
4   Vgl. KERKHOFF 1994, S. 89.
5   Vgl. GRUNSKY 1999, S. 76–82, dort auch zahlreiche zutreffende Ver-weise auf die Erwartungen der heutigen Öffentlichkeit an das Denk-mal.
6   Ich folge hier zustimmend bis in die Formulierung hinein GEIGER 2000, S. 3.

7   Vgl. z.B. GURATZSCH 1995, S. 520ff.
8   Vgl. Jens Jessen: Gefährlicher Eifer. Über die Denkmal-Ideologie, in: Die Zeit, Ausgabe Nr. 3, 11.01.2007, S. 31. Natürlich gehö-ren auch die entsprechenden Vorschläge von Dieter Hoffmann-Axthelm in seinem Gutachten zur Neubestimmung der Denk-malpflege in diesen Zusammenhang, vgl. HOFFMANN-AXTHELM 2000.
9   Vgl. MÖRSCH 2006, S. 4–11. – MÖRSCH 2005, S. 131–138.
10  Vgl. jedoch zu solchem Verlust KALINOWSKI 1989, S. 102–113, er-neut, mit zusätzlichem Kommentar des Autors KALINOWSKI 1993, S. 322–346.

Denkmalpflege heute – Radensleben

Drei Landfrauen in Radensleben am 200. Geburtstag Ferdinand von Quasts, 23. Juni 2007

# Die Stadtentwicklung der Fontanestadt Neuruppin

Arne Krohn

Die Fontanestadt Neuruppin hat sich mit ihrem aktuellen Leitbild »Neuruppin 2015« einen Handlungsfaden gegeben, der für die Stadtentwicklung der kommenden Jahre zukunftsfähige und nachhaltige Aufgabenbereiche beinhaltet. Schon 2001 offenbarte sich, dass das Vorgängerkonzept »Neuruppin 2006« in weiten Teilen abgearbeitet war bzw. modifiziert werden musste. Vor diesem Hintergrund stellten wir die Entwicklung Neuruppins unter das Motto »Stadt – Kultur – Wasser«.

Mit diesem Titel wurde ein Signal gegeben: Nach der umfassenden Investitionsphase der 1990er Jahre kommt es nunmehr vor allem darauf an, das seitdem baulich Erreichte mit urbanem Leben zu erfüllen. Es sollen die sogenannten »weichen Standortfaktoren« weiter ausgebaut werden.

Das Leitbild »Neuruppin 2006« leistete bis dahin einen wichtigen Beitrag, um eine vernetzte und nachhaltige Stadtentwicklung zu sichern. Hier sind die Erfahrungen der Vergangenheit und der Umgang mit dem historischen Erbe von sehr großer Bedeutung.

Ausgangspunkt unserer Konzeptidee war die Neuplanung der Stadt nach dem großen Stadtbrand von 1787. Die damals ungekannte künstlerische Qualität und Neuartigkeit der Herangehensweise bei dieser Planungsaufgabe ringt uns auch heute noch allergrößte Hochachtung ab. Die Verantwortlichen machten sich eine vollkommen neue Grundlage für den Wiederaufbau einer abgebrannten Stadt zu eigen und schufen so eine Stadtanlage, die sich in ihrer künstlerischen, ästhetischen und planerischen Qualität auch heute noch als Vorbild für Planungskultur ansehen lässt.

Die Stadt wurde so großzügig geplant, dass innerhalb der darauffolgenden hundert Jahre kaum Ergänzungen oder Veränderungen notwendig wurden. Erst mit der Gründerzeit und der sich daran anschließenden Industrialisierung ergab sich die Notwendigkeit, außerhalb der Stadtmauer neue Funktionen, wie Gewerbe-, Industrie- und Militäransiedlungen unterzubringen. Bedeutendes Kriterium der Standortwahl hierbei war damals der Ruppiner See, der als Wasserstrasse einen der wichtigsten Transportwege darstellte sowie die sich schnell entwickelnden Eisenbahnverbindungen ins Umland.

Wohnbauerweiterungen lösten dann weitere Entwicklungen in den 1930er und 1970er Jahren aus. Man kann diese Entwicklung am Stadtgrundriss ähnlich wie an den Jahresringen eines Baumes sehr gut ablesen. Nicht jede dieser z.T. großräumigen Planungen wurde in Gänze umgesetzt. Man kann im Siedlungskörper und auf dem Stadtplan ganz klar die historischen Brüche des ersten Weltkrieges, der Inflationszeit, der Weltwirtschaftskrise, der wirtschaftlichen Probleme in der DDR-Zeit und der kompletten Umstrukturierung in den Jahren nach der Wiedervereinigung ablesen.

In allen Entwicklungsflächen unserer Vorgänger sind demzufolge Brachen zu verzeichnen, die von diesen Vorgängen zeugen. Die Fontanestadt sieht in diesen Flächen jedoch nicht nur Probleme und Risiken, sondern vor allem Chancen. Können wir doch hier Stadtentwicklung im besiedelten Stadtgrundriss betreiben ohne dabei den unbesiedelten Landschaftsraum in Anspruch nehmen zu müssen. So befinden sich denn auch die wichtigsten Entwicklungsgebiete im Seetorviertel am Fehrbelliner Tor und in der Bahnhofsvorstadt. Schwerpunkt der Schlüsselmaßnahmen im Konzept »Neuruppin 2006« war jedoch vor allem die Altstadt als Motor der gesamten Region. Hier können beispielhaft einige Schlüsselmaßnahmen, wie die Pfarrkirche, das Bahnhofsumfeld sowie die Anbindung durch den Regionalexpress an Berlin und die Gestaltung der Seepromenade als Beispiel dienen.

Neben den lokalen Entwicklungskomponenten sind in Neuruppin auch überregionale und landesplanerische Gesichtspunkte von großer Bedeutung. So wurde die Fontanestadt bereits Anfang der 1990er Jahre im damals aufgestellten landesplanerischen Leitbild der dezentralen Konzentration als eines von sieben regionalen Entwicklungszentren eingestuft. Damit kam Neuruppin eine wichtige Rolle bei der Landesentwicklung zu. Hier wurde das überregionale Versorgungszentrum für den Nordwesten Brandenburgs lokalisiert. Dadurch sollen neben dem Speckgürtel um Berlin herum auch in dezentralen Landesteilen Entwicklungen generiert werden. In großen Teilen hat das für Neuruppin auch gut funktioniert, denkt man an die hier angesiedelten Landesbehörden, verschiedene Gerichte oder das Schwerpunktkrankenhaus Ruppiner Kliniken.

Gegenwärtig sind die Länder Berlin und Brandenburg dabei, im Rahmen eines gemeinsamen Leitbildes und einer gemeinsamen Landesplanung den Landesentwicklungsplan zu überarbeiten. Auch in der neuen Fassung spielt Neuruppin eine wichtige Rolle, denn es ist als Mittelzentrum und regionaler Wachstumskern definiert.

Vor diesem Hintergrund ist die Fontanestadt gegenwärtig dabei, mit der »Neuruppin-Strategie 2020« sowohl ein integriertes Stadtentwicklungskonzept als auch ein Standortentwicklungskonzept für das regionale Umfeld zu erstellen. Dieses wird dann schrittweise das Konzept »Neuruppin 2015« ablösen. Interessierte können sich dieses Konzept als PDF-Datei von unserer Homepage *www.neuruppin.de* herunterladen.

Der Einzugsbereich von Neuruppin überschreitet die Gemarkungsfläche, die mit rund 330 km² bereits von einer beachtliche Größe geprägt ist, erheblich. Er beinhaltet den gesamten Altkreis Neuruppin und geht in Teilbereichen auch noch darüber hinaus. Allerdings ist die Besiedlung mit rund 32 000 Einwohnern äußerst gering. Bemerkenswert ist hierbei jedoch, dass sich diese Einwohnerzahl seit 1990 fast konstant stabilisiert hat. Damit wird nachhaltig belegt, dass der Standort Neuruppin als der zentrale Ort im Nordwesten Brandenburgs gut gewählt ist.

Vor o.g. Rahmenbedingungen haben wir in unseren Konzepten eine Vision für die zukünftige Entwicklung beschrieben. Sie geht hierbei auf drei verschiedene Teilaspekte ein. So ist der Norden, weitgehend unberührte Natur, die von der Rhinsee-Kette durchzogen wird, Bestandteil des Naturparks Stechlin-Ruppiner Land. Hier bestehen vielfältige Möglichkeiten für einen sanften Tourismus.

Die Kernstadt selbst liegt geografisch im Mittelpunkt der Gemarkung und bietet mit ihrer sozialen, kulturellen und wirtschaftlichen Infrastruktur den Versorgungsschwerpunkt. Der Süden ist eher durch landwirtschaftliche Strukturen geprägt, hier wird es darauf ankommen, diese auch wirtschaftlich zu nutzen.

Über das gesamte Gemarkungsgebiet liegen die dreizehn Ortsteile verteilt, die ebenfalls zu Neuruppin gehören. Diese Dörfer haben zum Teil einen hohen historischen, gestalterischen und touristischen Wert. Verwiesen sei hier z.B. auf das Runddorf Molchow mit seinem Glockenturm, Krangen und Nietwerder mit ihren Stüler-Kirchen, Karwe mit der Geschichte derer von Knesebeck und nicht zuletzt natürlich Radensleben mit seiner prägenden Gutsherrschaft derer von Quast. Jedes Dorf für sich genommen hat sicherlich seine Attraktivität, diese kann jedoch durch eine Vernetzung untereinander wesentlich gesteigert werden. Hier wird es in der Zukunft darauf ankommen, diese Vernetzung durch touristische Infrastrukturen, wie Rad-, Wander- und Wasserwege zu verstärken und gemeinsam zu vermarkten. Im aktuellen Konzept ist jedoch, wie bereits ausgeführt, von einem Paradigmenwechsel auszugehen. Wir wollen uns bemühen, die in den letzten Jahren entstandene soziale, bauliche und urbane Infrastruktur für Aktivitäten ihrer Bewohner zu nutzen.

Beispielhaft seien das Schaffen und Sichern zukunftsfähiger Arbeitsplätze, ein überregionaler Bildungsstandort mit akademischer Ausbildung, die lebendige historische Altstadt sowie der gefragte Wohnstandort für alle Lebens- und Einkommensformen genannt.

Um dieses Ziel zu erreichen, wurden Schlüsselprojekte definiert, die darauf Bezug nehmen. Der für diese Entwicklung geplante Katalysator, eine Landesgartenschau im Jahre 2009, konnte leider nicht realisiert werden. Hier ging der Zuschlag der Landesregierung an Oranienburg. Dennoch hält die Fontanestadt an den grundsätzlichen Planungen für den Standort fest und ist gegenwärtig bereits dabei, die ersten Flächen in diesem Bereich zu erschließen und auch zu vermarkten. Auf der Fläche entsteht nun ein attraktives Wohngebiet in direkter Wasser- und Altstadtnähe. Zusätzlich wird dort ein Sportboothafen angelegt.

Die Grundvision des Neuruppiner Leitbildes, die Ortsteile in ihrer historischen Identität zu bewahren und miteinander zu vernetzen, hat nach wie vor seine Gültigkeit.

Am Beispiel Radensleben kann dies an der Dorfentwicklungsplanung, die in ihren Anfängen bis in das Jahr 1993 zurückreicht, gut nachvollzogen werden. Kern dieser Dorfentwicklungsplanung ist natürlich die Prägung des Dorfes, die durch die Familie von Quast im 18. und 19. Jahrhundert erfolgte, zu bewahren bzw. zu rekonstruieren. Hierbei spielen das Herrenhaus mit seiner von Lenné angeregten Parkanlage, der Campo Santo mit seinem umgebenden Landschaftsraum, die Kirche und der Kirchplatz sowie das Wohnhaus derer von Quast, das sogenannte Altenteil, eine zentrale Rolle. Für die geplante touristische Vernetzung liegen entsprechende Überlegungen bereits vor, im Rahmen eines Konzeptes zur integrierten ländlichen Entwicklung ist der Anschluss an das Radwegenetz vorgesehen. So könnte eine Brandenburg-Preußen-Tour entstehen. Hier sollen touristisch und historisch interessante Orte und Landschaften, wie z.B. Hakenberg, Linum, das Rhinluch, Fehrbellin, Wustrau-Altfriesack, Karwe, Radensleben und Neuruppin miteinander verknüpft werden. Die Verbindungen weiter nach Rheinsberg bestehen bereits. Entsprechende weitere Routenführungen sind in das Konzept zur integrierten ländlichen Entwicklung bereits übernommen worden. Erste Investitionen wurden eingeleitet, im Bereich Fehrbellin sind einige Radwege im Rhinluch bereits gebaut worden, im kommenden Jahr wollen wir gemeinsam mit Fehrbellin die Radwegeverbindung zwischen Treskow und Wustrau anlegen. Weiterhin ist vorgesehen, den Bahnhof Radensleben mit Wustrau-Altfriesack, Lichtenberg und Radensleben zu verbinden.

In den vergangenen eineinhalb Jahren konnte mit großem Aufwand der Campo Santo mit der Grablege derer von Quast beispielhaft saniert werden. Besonders bedanken möchte ich mich in diesem Zusammenhang bei Detlef Karg, der rechtzeitig genug und mit der ihm eigenen Intensität auf das heutige Jubiläum hingewiesen und allen Akteuren klargemacht hat, dass die Wiederherstellung als Pflichtaufgabe zu begreifen sei. Ohne die tatkräftige Unterstützung des Ministeriums für Ländliche Entwicklung, Umwelt und Verbraucherschutz mit dem für das Projekt Verantwortlichen, Harald Hoppe und das in Neuruppin ansässige Landesamt, wäre die Finanzierung durch die Fontanestadt alleine nicht zu tragen gewesen. Auch hierfür meinen herzlichen Dank. Ebenso möchte ich mich beim Landkreis Ostprignitz-Ruppin bedanken. Ohne die unermüdliche Mitwirkung des sich mittlerweile im Ruhestand befindlichen Vizelandrates Appel wären die Details an der Friedhofsmauer nicht in einem so schönen Zustand, wie wir ihn heute besichtigen können. Für die angenehme Zusammenarbeit mit Herrn Appel bin ich sehr dankbar.

Was ist nun in Radensleben noch weiter zu tun? – Eine ganze Menge! Die entsprechenden Investitionen werden uns noch einige Jahre beschäftigen. Erste Ideen sind bereits zu Papier gebracht, so soll der umgebende Landschaftsraum mit Wanderwegen erschlossen werden, Blickachsen in die Landschaft sollen freigelegt werden. Die trennende Wirkung der in den 1970er Jahren ausgebauten Landesstraße, die den historischen Straßenverlauf verlässt und eine schmerzliche Schneise durch den historischen Ortskern zieht, ist durch geeignete Maßnahmen wie Einengungen und Querungshilfen zu mindern. Hierbei ist jedoch zu beachten, dass nicht die Fontanestadt, sondern das Land Brandenburg Eigentümer der Straße ist. Das wird wohl komplizierte und langwierige Abstimmungen und Beratungen nach sich führen. Der Landschaftspark bedarf einer denkmalgerechten Rekonstruktion. Hier werden hoffentlich bald erste Inventarisierungs- und Bestandsanalysearbeiten beginnen. Und auch in der Dorfanlage selbst ist noch Einiges zu tun, um beispielsweise die Dorfstraße mit ihren Nebenanlagen zu sanieren. Kernaufgabe wird jedoch sein, das sogenannte Altenteil als Gemeindezentrum zu sanieren. Hier könnte ein multifunktional nutzbares Gebäude entstehen. In einem öffentlichen Teil des Gebäudes soll auf anschauliche Weise die Geschichte des Dorfes dargestellt werden. Hierbei kommt natürlich die Bedeutung seines berühmtesten Sohnes, Ferdinand von Quast, besonders zur Geltung. Eine Dauerausstellung informiert den interessierten Touristen, aber auch die Leute vor Ort. Gleichzeitig soll die Möglichkeit bestehen, die erwarteten Wanderer, Radfahrer und anderen Touristen mit einer kleinen Stärkung z.B. Kaffee und Kuchen zu versorgen. Hier sind bereits erste Gespräche mit der benachbarten IJN geführt

worden, die im Rahmen ihrer Ausbildung solche Leistungen anbieten kann. Es können auch Fahrräder verliehen bzw. repariert werden, die Räumlichkeiten würden natürlich auch für private Familienfeiern und Veranstaltungen des Ortsvereines genutzt werden können. Ein weiterer Teil des Gebäudes soll für Feuerwehrzwecke zur Verfügung gestellt werden. Die Fontanestadt Neuruppin plant in Radensleben die Ehrenabteilung seiner Feuerwehr anzusiedeln.

Auch überregional soll Radensleben in ein Netz interessanter Verknüpfungen eingebunden werden. So will z.B. die Arbeitsgemeinschaft »Städte mit historischen Stadtkernen« die brandenburgischen historischen Stadtkerne per Radwege miteinander verknüpfen. Eine Route, die aus Berlin heraus in Richtung Nordwesten verläuft, wird selbstverständlich über Radensleben geführt werden. Im Rahmen der weiteren Entwicklung im ländlichen Raum soll mit Mitteln des »LEADER-Programms« der EU auch die touristische Infrastruktur in Radensleben und Umgebung aufgewertet werden und dadurch neue Arbeitsplätze geschaffen werden.

Sie sehen also, es ist viel zu tun. Ich bin mir jedoch sicher, dass bei einer weiteren kooperativen Zusammenarbeit mit allen Akteuren im Land und vor Ort vieles erreichbar sein wird.

# Förderung im ländlichen Raum – Erhaltung von kulturellem Erbe unterstützt regionale Entwicklung

Harald Hoppe

Was das Ministerium für Ländliche Entwicklung, Umwelt und Verbraucherschutz für den Denkmalschutz und die Denkmalpflege tun kann – und ich möchte hier ausdrücklich darauf hinweisen, dass sich dies nicht auf Förderungen für den ländlichen Raum beschränkt –, möchte ich Ihnen im Folgenden darlegen.

Mein Anliegen ist es, deutlich zu machen, dass es vor allem der ländliche Raum ist, der die Regionen des Landes Brandenburg prägt und auch seine Stärke ist. Zu einer Kommune wie Neuruppin, die seit 2003 durch die Gemeindegebietsreform zu einer Größe von 330 km² angewachsen ist, gehört ein großer Bereich ländlichen Raums.

Das Land Brandenburg verfügt über weit mehr als 80% ländlicher Räume, und zwei Drittel der Einwohner wohnen in Siedlungsräumen, die eher dörflich als städtisch geprägt sind. Allein durch diese Fakten wird klar, welche Aufgaben die Ländliche Entwicklung erfüllen muss.

Ich möchte hier das Problemfeld Nutzung und Erhaltung von Denkmalen ansprechen. Bei aller Diskussion, die man dazu führen kann, bin ich fest davon überzeugt, dass es auf Dauer nur möglich sein wird, etwas für die Denkmalpflege und den Denkmalschutz zu tun, wenn wir auch eine Nutzung der Denkmale sichern können. Nutzung verstehe ich dabei nicht im engen, sondern im weiteren Sinne. In den Dokumenten der Europäischen Union findet man den sprachlich etwas unschönen Begriff der »Inwertsetzung«, der aber das Anliegen deutlich macht – »Inwertsetzung« von natürlichem und kulturellem Erbe. Und dieses Anliegen der Inwertsetzung ist etwas, was die Ländliche Entwicklung verfolgt, ganz gezielt auch im Zeitraum bis 2013. In diesem Jahr haben wir dieses Vorgehen mit Aktivitäten begonnen, die in den Regionen beginnen und für die wir von staatlicher Seite Rahmenbedingungen setzen können.

Am Beispiel der Leistungen und der Stellung Ferdinand von Quasts ist, glaube ich, auch ganz deutlich geworden, dass wir hinsichtlich der Denkmalpflege, aber auch im Hinblick auf andere Aufgaben einen ganz deutlichen Wandel in der Geschichte des Staates und der Verwaltung von einem Obrigkeitsstaat über einen Dienstleistungsstaat hin zu einem Bürgerstaat beobachten können.

Es kommt also darauf an, wie wir es als Verwaltung schaffen, mit den Bürgern zusammen eine Partnerschaft zu organisieren, und das »Beispiel Radensleben« hat es ja auch ganz deutlich gemacht, wie diese Partnerschaft auf der einen Seite in den Kommunen das Leben bestimmt und auf der anderen Seite zwischen denjenigen funktionieren kann, die sich um die Entwicklung sorgen. Diese Partnerschaft zwischen den Bürgern, Kommunen und Verwaltungsbehörden soll das gegenseitige Verständnis fördern, bestehende Akzeptanzprobleme lösen und letzten Endes auch ermöglichen, dass die »Inwertsetzung« gemeinsam verfolgt werden kann.

Sofern es um Möglichkeiten der Unterstützung von Vorhaben geht, die wir für den ländlichen Raum haben und die auch die Erhaltung des kulturellen Erbes betreffen, müssen aus diesen Maßnahmen auch Folgen entstehen. Diese Folgen betreffen das Einkommen im ländlichen Raum und damit auch die Akzeptanz der Bürger und die Identifikation derselben mit den Maßnahmen.

Dabei ist es nicht immer einfach, ganzheitliche Ansätze umzusetzen, da auch in den Ministerien manchmal die unterschiedlichen Zuständigkeiten und das Ressortdenken die Arbeit behindern können. Umso wichtiger ist es, was auch das Beispiel »Radensleben« gezeigt hat, dass wir es vor Ort und durch die Beteiligung der betroffenen Bürger schaffen, die Verständigung zwischen den Verwaltungen und den Leuten vor Ort herzustellen, woraus Mobilisierung und neue Ideen entstehen können.

Hierzu möchte ich noch anmerken, dass gerade im Hinblick auf den Schrumpfungsprozess, den wir nicht nur in demographischer Hinsicht, sondern auch in wirtschaftlicher Hinsicht beobachten können, kleinteilige und unkonventionelle Lösungen vor Ort entstehen und gefördert werden sollten.

Mit der Förderpolitik im Einzelnen und ihren Rahmenbedingungen werde ich mich hier nicht weiter beschäftigen. Kurz möchte ich auf die Umsetzung der Verordnung (EG) Nr. 1698/2005 des Rates vom 20. September 2005 über die Förderung und Entwicklung des ländlichen Raumes (ELER) im Land Brandenburg eingehen. Neben dem Schwerpunkt 1, der Verbesserung der Wettbewerbsfähigkeit der Land- und Forstwirtschaft (Art. 19–33) und Schwerpunkt 2, der Verbesserung der Umwelt des ländlichen Lebensraumes (Art. 34–48), beinhaltet der Schwerpunkt 3, Lebensqualität im ländlichen Raum und Diversifizierung der ländlichen Wirtschaft (Art. 49–59). Unter diesem Schwerpunkt sind als Maßnahmen zur Verbesserung der Lebensqualität im ländlichen Raum u.a. die Erhaltung und Verbesserung des ländlichen Erbes vorgesehen.

Diese von der Europäischen Union formulierte Zielstellung setzen wir mit der Ländlichen Entwicklung in Brandenburg ganz aktiv um, auch im Interesse der Erhaltung des Denkmalschutzes. Diese Politik werden wir auch ganz gezielt weiterführen mit den Verantwortlichen, wie dem Brandenburgischen Landesamt für Denkmalpflege und

Archäologischen Landesmuseum, dem Ministerium und in der Zusammenarbeit der Ministerien, aber auch mit den Behörden vor Ort.

Die Maßnahmen, die die Ländliche Entwicklung aufgreifen kann, zeichnen sich durch ein relativ weites Spektrum aus, so dass Maßnahmen für die einzelnen Bereiche nur im begrenzten Maße möglich sind. Dabei ist es erforderlich, Prioritäten zu setzen. Eine Priorität, der sich die Ländliche Entwicklung besonders widmet, ist die Schaffung von Arbeitsplätzen. Vorrangig sollen daher alle Maßnahmen dazu beitragen, dass Arbeitsplätze entstehen und die Menschen in Brandenburg bleiben, und zwar auch auf dem Lande, und über Einkommen verfügen. Selbstverständlich werden Pendlerbewegungen und Ballungen in größeren Städten, aber auch in Kleinstädten und den umliegenden Dörfern auch in Zukunft zu beobachten sein. Auch in der Peripherie kommt es darauf an, Arbeitsplätze im Rahmen der Ländlichen Entwicklung zu schaffen und Interaktivitäten zu fördern. Maßnahmen zur Gestaltung der Arbeits- und Lebensbedingungen werden neben diesem primären Ziel umgesetzt.

Bei der Umsetzung dieses Prozesses sollen die Regionen selbst die Schwerpunkte für sich setzen, dass also vor Ort entschieden wird, welche einzelnen Maßnahmen vorrangig zu berücksichtigen sind, und auch hier ist es erforderlich, dass man gemeinsam darüber nachdenkt, wie die verschiedenen Belange und Interessen vereint werden. Dies geht nicht immer ohne Diskussionen vonstatten, aber es kommt darauf an, einen Konsens zu finden und diesen Konsens unter Berücksichtigung der gegebenen Prioritäten mit den vorhandenen Rahmenbedingungen auf regionaler Ebene umzusetzen. Die Akteure in den Regionen sollen dabei umfassend beteiligt werden.

Anhand einiger ausgewählter Beispiele möchte ich die Unterstützung, die die Ländliche Entwicklung bisher geleistet hat, aufzeigen:

In Neuzelle (Landkreis Oder-Spree) konnten mit Mitteln des Ministeriums das Klosterstift und der Klostergarten wiederhergerichtet werden; die Arbeiten sind noch nicht abgeschlossen. Diese Maßnahme hat entschieden dazu beigetragen, dass die Vernetzung der Region an der östlichsten Grenze Brandenburgs weitergekommen ist, die touristische Entwicklung vor Ort gefördert wurde.

Im letzten Jahr erhielt ein Gutshaus in Wilmersdorf in der Uckermark den Denkmalpreis. Das Anwesen war vor der Restaurierung durch massive Zerstörungen und verunstaltende Umbauten gekennzeichnet. Das Ergebnis der Restaurierung wurde zu Recht ausgezeichnet. Hier haben ganz verschiedene Einrichtungen dabei mitgeholfen, dieses Gutshaus wiederherzustellen. Sicherlich sind auch einige Kompromisse gemacht worden, aber es ist durch privates Engagement und staatliche Unterstützung gelungen, den Vorzustand wiederherzustellen und eine Nutzung für dieses Gebäude zu finden.

Ob die erheblichen finanziellen Mittel, die für die Instandsetzung einer Bockwindmühle in Wilhelmsaue im Oderbruch sinnvoll eingesetzt wurden, kann man sich natürlich zunächst fragen. Ich bin aber der Meinung, dass sie sinnvoll eingesetzt wurden, da dadurch eine Attraktion in der Region und auch für die Besucher erhalten wurde, abgesehen von der denkmalpflegerischen Notwendigkeit. Die Region profitiert im Zusammenhang mit der Gesamtentwicklung von dieser Attraktion.

Gleiches gilt für das Schul- und Bethaus in Wuschewier. Hier gibt es eine Nutzung des Gebäudes sowohl für religiöse Zwecke, aber auch als Gemeinschaftshaus – eine Gemeinschaftseinrichtung für Konzerte, für Veranstaltungen und anderes.

An vielen Stellen haben wir in der zurückliegenden Zeit auch größere Vorhaben unterstützen können, wie das in Neuzelle der Fall ist, aber auch das Herrenhaus in Reckahn, verbunden auch mit der Tätigkeit der Familie von Rohr, was heute eine Nutzung des Herrenhauses erlaubt.

Selbstverständlich ist es nicht immer leicht, Nutzungen darzustellen und diese zu begründen. Von entscheidender Wichtigkeit ist aber, dass diese nachhaltig und gesichert sind und damit die Maßnahmen – wie die Finanzierung – rechtfertigen und auch eine Refinanzierung ermöglichen.

Als weiteres Beispiel aus dem Landkreis Potsdam Mittelmark möchte ich auf die Burg Raben verweisen. Auch hier hat die Ländliche Entwicklung entscheidende Unterstützung gegeben, um die Burg wiederherzustellen, die heute als Beherbergungsbetrieb – vor allem für Kinder – genutzt wird. Im Zusammenhang mit dem Naturpark um die Burg herum sind Möglichkeiten, einfache Unterkünfte für Jugendliche bereitzustellen, entstanden. Es wurden nach meiner Auffassung auch gestalterisch sehr gute Lösungen gefunden, wie man die Substanz erhalten kann in Verbindung mit einer modernen Nutzung.

Als letztes Beispiel aus dem Bereich »Wasser«, des Jahresthemas von Kulturland Brandenburg, möchte ich Ihnen von einem ehemaligen Wasserturm im Reservat Schorfheide Chorin im Landkreis Barnim, über das Vorhaben »Biorama« berichten. Das Bauwerk befindet sich im kommunalen Eigentum und wurde von einer Familie gepachtet. Über einen Umweg über Berlin sind englische Mitbürger in die Gegend der Schorfheide nach Joachimsthal gekommen, um dort künstlerisch tätig zu werden. Wir haben sehr lange diskutiert über dieses Vorhaben, weil es um eine Verbindung von öffentlicher und privater Nutzung geht. Dieser Turm kann also als Aussichtsturm genutzt werden, und er dient gleichzeitig als Wohnraum. Es gibt um diesen Turm herum einige Gebäude, die später weiter gewerblich genutzt werden sollen. An diesem Beispiel ist die Verbindung von einer Förderung im öffentlichen und privaten Bereich besonders interessant. Hierbei einen gemeinsamen Ansatz zu finden, erschien zu Beginn des Projektes fast aussichtslos, aber es hat sich doch gezeigt, dass durch das Gespräch aller Beteiligten auch hier ein Modell gefunden werden konnte. Über diesen Weg konnten auch die Erhaltung und die Nutzung gesichert und auch Menschen in die Region gebracht werden, die auch dort dafür sorgen, dass das kulturelle Leben in der Region praktiziert wird. Mittlerweile finden dort ganz verschiedene Aktivitäten statt, und der Ort ist zu einem Anziehungspunkt für Veranstaltungen geworden. Ich könnte mir vorstellen, dass gerade diese in ihren Ansätzen sehr moderne Lösung, die hier gefunden wurde, auch als Vorbild für andere Fälle dienen könnte.

Abschließend möchte ich noch mal betonen, dass wir selbstverständlich in dem Zeitraum bis 2013 über Möglichkeiten verfügen, im ländlichen Raum Anliegen der Denkmalpflege zu unterstützen. Gemeinsam sollte es darum gehen, dass die Verantwortlichen vor Ort in der erwähnten Partnerschaft auch Schwerpunkte setzen. Dabei ist es ganz wichtig, sich zu verständigen, wie verschiedene Vorhaben ausgestaltet werden können. Das Land Brandenburg ist auch in der Zusammenarbeit der Verwaltungsbehörden vor Ort und denjenigen, die die Rahmenbedingungen in Potsdam setzen, auf einem sehr guten Weg, alles zu tun, um dieses Anliegen weiterzuverfolgen.

# Bürgerengagement und Bürgerstolz – Aktivitäten in Radensleben

Erhard Schwierz

Seit gut drei Jahren bin ich Ortsbürgermeister des vor nunmehr vierzehn Jahren nach Neuruppin eingemeindeten Dorfes Radensleben, der Geburtsstätte Ferdinand von Quasts.

Es ist eigentlich nicht mein Metier, vor Fachleuten über denkmalpflegerische Belange zu sprechen, doch schien eine kurze Ausführung zu Bürgerengagement und Bürgerstolz während des Symposiums zum 200. Geburtstag Ferdinand von Quasts und im Zusammenhang mit der Wiederherstellung des Campo Santo, der Begräbnisstätte von Quasts, den Veranstaltern des Symposiums wichtig zu sein.

Während der Vorbereitung dieses Beitrags habe ich viele interessante Gespräche mit Bürgern des Dorfes geführt. Bei meinen Recherchen stieß ich auf eine treffende Aussage in einem Bericht zur Wirksamkeit von Förderprogrammen der »Europäischen Stiftung zur Verbesserung der Lebens- und Arbeitsbedingungen«: »Die Einschätzung, dass Verständnis für die lokale Kultur eine Schlüsselrolle bei der Nachhaltigkeit von Städten einnimmt, ist neueren Datums. Hiermit verbunden ist die Erkenntnis, dass sich die Betonung der Einzigartigkeit des jeweiligen Ortes sehr deutlich auf die Motivation, die Identität und das Wohlergehen seiner Bürger auswirkt. Sie kann Ausdruck finden, in der Teilnahme an Ereignissen und der Einrichtung von Orten und Räumen, die der lokalen Bevölkerung konkret etwas bedeuten. Beispiele hierfür gibt es viele. Sie reichen von den unzähligen Festivals, der Wiederentdeckung lokaler Traditionen, den Programmen zum Thema Bürgerstolz bis hin zu Veranstaltungen, bei denen verschiedene Generationen oder verschiedene Kulturen zusammengebracht werden.«[1]

Das Gelesene animierte mich, doch näher über diese Zusammenhänge nachzudenken und Ihnen die Geschichte von Bürgerengagement und Bürgerstolz der Radenslebener für ihren Campo Santo aus unserer Sicht zu erzählen.

Wie pflegt man Bürgerstolz, Bürgerengagement, Motivation und Identität der Bürger mit der Geschichte ihres Dorfes mit jahrhundertealter Tradition, wenn es, wie Radensleben 1993, in eine Stadt, die Stadt Neuruppin, eingemeindet worden ist? Es ist seither schwerer geworden, die Politik der Kernstadt Neuruppin zu vermitteln, die darauf setzen muss, ihre finanziellen Mittel konzentriert für die Gesamtentwicklung der Stadt einzusetzen. Und doch kann ich Ihnen unumwunden sagen, es macht einfach Spaß, mit einer kleinen dörflichen Gemeinschaft etwas zu bewegen. Und dieses Dorf und seine Bürger haben in den letzten Jahren etwas bewegt.

Radensleben war immer ein Dorf, in dem man nicht nur arbeitete, sondern in dem die Bürger auch etwas für ihre Kultur und die Gemeinschaft getan haben. Das war zu Zeiten Ferdinand von Quasts so, das war so nach den beiden Weltkriegen des vergangenen Jahrhunderts und das war auch so in den Zeiten des real existierenden Sozialismus.

Im Ort gab es einen Posaunenchor, eine Kirchenchor und den 1881 gegründeten und bis heute fortbestehenden »Radenslebener Männerchor«. 1950 war es der Lehrer Hans Koratza, der den traditionsreichen Chor nach dem Krieg wieder zum Leben erweckte. Dem Pfarrer im Ruhestand, Rainer Przybilski, ist es zu verdanken, dass der Chor heute noch besteht. Leider hat er die Chorleitung mit dem Eintritt in seinen Ruhestand niedergelegt. Nun ist der Chor bei Auftritten auf einen Gastdirigenten angewiesen. Aber es gibt ihn auch noch heute und am Geburtstag von Ferdinand von Quast singt er in Radensleben. Nach 126 Jahren hat er heute fünfzehn aktive Mitglieder.

Erntefeste und Maskenbälle wurden gefeiert. Jeden Sonntag gab es Musik unter der großen Kastanie vor der Gaststätte. Der heute fünfundsiebzigjährige Rudi Jachmann mit seiner Trompete war zusammen mit seinen »Vollblutmusikern« aus den umliegenden Dörfern Wall, Pabsthum und Rüthnick bei jedem Fest der Stimmungsmacher. Die Freiwillige Feuerwehr unter Ernst Stielow und dem heute über achtzigjährigen Heinz Schulz und später unter Dieter Prehm war stets und überall wo sie gebraucht wurde zur Stelle.

Ein Reitverein war aktiv. Im Ort gab es eine Bibliothek, ein Kulturhaus und natürlich einen Kindergarten. Der Kindergarten wurde von Ferdinand von Quast selbst 1848 für die Tagelöhner und Angestellten des Gutes eingerichtet. 1948 übernahm die evangelische Kirchengemeinde die Trägerschaft und führte ihn weiter bis 2005. Ende 2005 sollte er mangels finanzieller Mittel für immer geschlossen werden. Die Auswirkungen der wirtschaftlichen Umbrüche der Wende 1990/91 gingen auch an Radensleben nicht vorbei.

Das Dorf hat seit der Wende keine Gaststätte mehr, keinen Platz für die Jugend und keinen geeigneten Ort zum Feiern. Die Straßenbeleuchtung hat Lücken von teilweise mehr als hundert Metern und nach einem großen Regen sieht Radensleben aus, wie eine Mondlandschaft mit wassergefüllten Kratern. Die Abwassererschließung wurde von einem Jahr auf das nächste verschoben. Radensleben wurde lange bei den Dorferneuerungsprogrammen nicht berücksichtigt. Das Kulturhaus wurde verkauft und ist heute ein Lagerraum für Baumaterial. Heute steht der Standort der Freiwilligen Feuerwehr in Radensleben zur Disposition.

Bei den letzten Kommunalwahlen 2003 trat der gesamte Ortsbeirat aus diesen Gründen nicht mehr zur Wahl an. Zehn Jahre ohne Entwicklung im Ort hatten ihre Spuren auch in den Köpfen vieler Einwohner hinterlassen.

Aber auch in dieser Zeit gab es ihn, den Bürgerstolz, und es gab das Bürgerengagement. Die Landfrauengruppe Radensleben gründete sich und bewahrt alte Traditionen und Bräuche – unter anderem die Fähigkeit eine traditionelle Erntekrone zu binden. Rüstige Senioren um Irene Bittroff trafen und treffen sich jede Woche zu interessanten Ausflügen und Nachmittagen. Die Mitglieder der Kirchengemeinde engagierten sich.

Welche Chance jedoch hatten wir, als neu gewählter und in seiner Mehrheit nicht alteingesessener Ortsbeirat, Motivation und Bürgerengagement weiter zu fördern? Wir wussten es nicht. Also haben wir einfach die Bürger gefragt, was sie von uns erwarten würden. Dazu wurde ein kurzer Fragebogen an alle Haushalte verteilt.

Dabei erlebten wir unsere erste Überraschung. Über die Hälfte der Einwohner beteiligte sich an der Umfrage, was denn im Ort passieren solle, und sandte ihre Vorschläge zurück. Viele davon befassten sich mit der fehlenden Infrastruktur. Straßenbeleuchtung, Fußgängerwege und Abwassererschließung waren Themen.

Aber auffallend vielen Einwohnern fehlte auch ein Platz für die Begegnung, ein Ort für Familienfeiern, ein Ort für Kultur, ein Ort für die Jugend des Dorfes – ein Gemeinschaftszentrum eben. Aber wo sollte es entstehen? Wenn es nach der Neuruppiner Verwaltung gegangen wäre, stände heute möglicherweise ein schmuckloser Feuerwehreinheitszweckbau mit angeschlossenem Veranstaltungsraum am Rande des Dorfes – wie schon in so vielen anderen Dörfern.

Wir als Ortsbeirat jedoch fragten uns mit den Bürgern, was dann mit dem seit Jahrzehnten dem Verfall preisgegebenem Ortskern geschehen sollte.

Der Campo Santo war zugewachsen. Schuppen, Garagen und Hundezwinger versperrten die Sicht auf die Begräbnisstätte des ersten preußischen Konservators der Kunstdenkmäler. Die Kirche war durch den vielen Wildwuchs im Sommer von der Dorfstraße aus nicht zu sehen. Das im Ort sogenannte »Schlösschen«, das ehemalige, vielleicht als Altenteil genutzte, Wohnhaus der Familie von Quast, damals noch im Besitz der heute insolventen Lindower Wohnungsgesellschaft, befand sich nach dauerhaft unterlassener Instandhaltung in einem erbarmungswürdigen äußeren Zustand.

Wir Radenslebener entschieden uns, den Standort für ein Dorfgemeinschaftszentrum mitten im Ort, im sogenannten »Schlösschen«, vorzuschlagen. Wo, wenn nicht hier, direkt neben dem Campo Santo, ist die kulturelle Identität unseres Dorfes zu Hause?

Die Vorbehalte der Fachleute, die Sanierung würde mehr als 1,2 Millionen Euro verschlingen und die Nutzung des Objektes würde erhebliche Folgekosten im Verwaltungshaushalt der Stadt nach sich führen, bestehen mehr oder minder stark bis heute fort.

Doch wir Radenslebener wollten anfangen, wir wollten etwas tun, um unser Dorf voranzubringen. Man kam auf die Idee, im Herbst 2004 ein erstes, wenn auch kleines Zeichen zu setzen. Wir wollten die eingemeindeten Dörfer, damit natürlich auch Radensleben, mit einem gemeinsamen Erntedankfest aller zwölf Neuruppiner Ortsteile, mehr in das

Bewusstsein der Neuruppiner Verwaltung und der Öffentlichkeit bringen. Zugegeben, auch mit einem kleinen Hintergedanken. Das Fest konnte natürlich nur mitten im Dorf am Campo Santo stattfinden. Und so begannen wir im Frühjahr 2004, das Umfeld des Campo Santo, das sich durch jahrzehntelange Verwahrlosung und Fehlnutzung in einem heute nicht mehr vorstellbaren Zustand befand, zu beräumen und herzurichten. Ein Aufruf an alle Radenslebener Einwohner zu einem freiwilligen Arbeitseinsatz wurde gestartet.

Hier wurden wir zum zweiten Mal überrascht. Über vierzig Helfer trafen sich wohl zum ersten Mal seit der Wende zum gemeinsamen Arbeitseinsatz. Containerweise wurde Sperrmüll, Bauschutt und Schrott entsorgt, Garagen samt ihrer Betonfundamente abgerissen, Wildwuchs beseitigt, Mutterboden ausgebracht und neuer Rasen ausgesät. Es sollte nicht der letzte Einsatz gewesen sein. Bis heute sind so mehrere tausend Stunden gemeinnütziger Tätigkeit zum Vorteil unseres Ortes zu verzeichnen.

Unser Erntefest haben wir im Herbst 2004 mit großer Unterstützung der anderen Ortsteile und vieler Sponsoren gefeiert. Unserem Ziel, im sogenannten Altenteil derer von Quast ein Dorfgemeinschaftszentrum einzurichten, waren wir jedoch noch keinen Schritt näher gekommen. Zwar wurde das Objekt wieder in städtisches Eigentum zurück überführt. Die finanziellen Vorbehalte blieben jedoch bestehen.

Nun trat jedoch ein glücklicher Umstand auf den Plan – der 200. Geburtstag Ferdinand von Quasts.

Dem Landeskonservator Brandenburgs, Detlef Karg, der sich seit langem um die Sanierung des Campo Santo bemüht hat, sind natürlich unsere Aktivitäten nicht verborgen geblieben. Wir erinnern uns mit Freude an unsere Gespräche in Wünsdorf, Neuruppin und natürlich vor Ort, in Radensleben. Sein Einsatz für die Wiederherrichtung des Campo Santo und seine Unterstützung für unser Projekt motivierte uns als Ortsbeirat und die Bürger Radenslebens dazu, uns weiter zu engagieren für ein Gemeinschaftszentrum mitten im Dorf – im nunmehr als Einzeldenkmal unter Schutz gestellten Wohnhaus (sog. Altenteil) derer von Quast.

Ich will jedoch auch nicht verhehlen, dass nicht immer alles reibungslos geklappt hat. Für einige Mitstreiter ging es viel zu langsam.

Im Jahre 2005 erlitt die Motivation einen Rückschlag. Der evangelische Kindergarten sollte aus wirtschaftlichen Gründen geschlossen werden. Eine der letzten wichtigen Infrastruktureinrichtungen für unseren Ort wäre nach 157 Jahren ihres Bestehens unwiederbringlich verloren gewesen. Ganze Generationen wurden hier in der Tradition des von Ferdinand von Quast gegründeten Kindergartens von 1848 in ihrer frühen Kindheit behütet und geformt. Wieder waren es engagierte Bürger und Eltern, die sich energisch gegen die Schließung wandten, und es gelang schließlich, einen neuen Träger zu finden. Heute betreibt der Arbeiter-Samariter-Bund Kreisverband Ostprignitz-Ruppin e.V. den Kindergarten und nennt ihn Blausternchen. Er arbeitet wieder wirtschaftlich und ist zurzeit am Rande seiner Auslastungsgrenze.

Im Frühjahr des Jahres 2005 gründeten Radenslebener Bürger den Heimat- und Kulturverein Radensleben. Ziel des Vereins ist der Erhalt und die Förderung der reichhaltigen Tradition und der Kultur in Radensleben. Er hat zurzeit 35 Mitglieder.

Alle Vereinsstrukturen des Dorfes integrierten sich als aktive oder fördernde Mitglieder in diesem Dachverein. Am sogenannten Altenteil wurde weitergearbeitet. Aber auch gefeiert. Es gab nach getaner Arbeit schon einige »Baustellenveranstaltungen«, an die der Eine oder Andere mit einem Schmunzeln im Gesicht zurückdenken wird.

Bei allen Aktivitäten sammelt der Verein seither Geld für die Sanierung. So kamen in den zwei Jahren seit der Gründung des Vereins schon mehr als 5000 Euro an Erträgen, Beiträgen und Spenden zusammen. Ein anonymer Spender überwies dem Verein sagenhafte 2000 Euro. Wir bedanken uns dafür und würden uns sehr freuen, ihn oder sie kennen zu lernen.

Wir bedanken uns sehr für die nachhaltige Unterstützung unseres Projektes durch Detlef Karg und Renate Breetzmann. Wir danken auch dem Baudezernenten Arne Krohn und natürlich Bürgermeister Jens-Peter Golde für ihr Festhalten am Projekt, trotz schwieriger Verhältnisse. Wir danken Ihnen in Anlehnung an das eingangs erwähnte Zitat für das Verständnis für unsere kleine lokale Kulturinitiative, die möglicherweise zukünftig eine Rolle bei der Nachhaltigkeit der Entwicklung Radenslebens einnehmen wird.

Wir sind uns sicher, dass sich die Einzigartigkeit des im neuen Glanz entstandenen Campo Santo deutlich auf die Motivation, die Identität und das Wohlergehen seiner Bürger auswirken wird. Dieser Ort bedeutet den Bürgern etwas. Was nun noch fehlt, ist unser Gemeinschaftszentrum, in dem auch eine Dokumentation über Leben und Wirken Ferdinand von Quasts entstehen soll.

Der gesamte bisherige Verlauf unserer Zusammenarbeit war immer von Verlässlichkeit auf einmal getätigte Aussagen und Versprechen geprägt. Ich danke Ihnen ganz persönlich dafür, und auch ich werde mein Versprechen einhalten.

Bei der Feier zu Einweihung des Gemeinschaftszentrums in dem dann hoffentlich im alten Glanz erstrahlenden sogenannten Altenteil der Familie von Quast werden wir auch eine Marmorbüste Ferdinand von Quasts enthüllen. Um mit Ferdinand von Quast zu sprechen: »... da ist dies gewiß der richtige Weg«.

**Anmerkung**

1 Abrufbar unter *http://www.eurofound.europa.eu/pubdocs/1997/56/de/1/ef9756de.pdf*, Seite 4 und 5.

# Radensleben – das denkmalpflegerische Anliegen

Renate Breetzmann

Mit diesem Beitrag soll das denkmalpflegerische Anliegen in Radensleben umrissen sowie konzeptionelle Ansätze und bisherige Ergebnisse vorgestellt werden.

Da sich im Land Brandenburg nur wenige Zeugnisse des Wirkens des ersten Konservators der Kunstdenkmäler Preußens nachweisen lassen, besitzen die in Radensleben bewahrten Schöpfungen Ferdinand von Quasts überregionale Bedeutung. Wie anderenorts auch, entsprach noch vor drei Jahren der Erhaltungszustand einzelner Denkmale trotz früherer Sanierungs- und Restaurierungsmaßnahmen nicht dieser Bedeutung, vielmehr drohten in absehbarer Zeit erhebliche Substanzverluste an der Grabkapelle. Deshalb nahmen engagierte Bürger Radenslebens und Mitarbeiter der Stadtverwaltung Neuruppin den bevorstehenden 200. Geburtstag des preußischen Konservators zum Anlass, gefährdete Denkmale wie den Campo Santo und die Grabkapelle zu sichern und das Umfeld der Kirche neu zu gestalten. Konzeptionell konnte die Sanierung des Wohnhauses der Familie von Quast (sog. Altenteil) vorbereitet werden. Diese Aktivitäten fanden Unterstützung bei den Behörden des Landkreises und Landes.

## Lage und Ortsgeschichte

Das Straßendorf mit der überlieferten Gutsanlage liegt 8 km südöstlich von Neuruppin im Landkreis Ostprignitz-Ruppin. (Abb. 1)

Radensleben wurde erstmals 1396 urkundlich erwähnt und befand sich in den darauf folgenden Jahrhunderten im Besitz verschiedener adliger Familien. 1667 übernahm die im nahegelegenen Garz ansässige Familie von Quast zwei Ritterhöfe in Radensleben und vereinigte diese 1684. Nach der Zerstörung des Dorfes im Dreißigjährigen Krieg stieg die Einwohnerzahl bis zum Jahr 1800 auf 313 und im Jahr 1860 auf 463 an.

## Denkmalbestand

Der Ort Radensleben weist ungeachtet von Verlusten nach 1945 bis heute einen verhältnismäßig reichen Denkmalbestand auf, der in der Denkmaltopographie des Landkreises erstmals 1996 nahezu vollständig erfasst wurde. (Abb. 2)

Dazu gehören am westlichen Dorfrand der Gutsbereich mit dem Gutshaus (Herrenhaus) und dem Park derer von

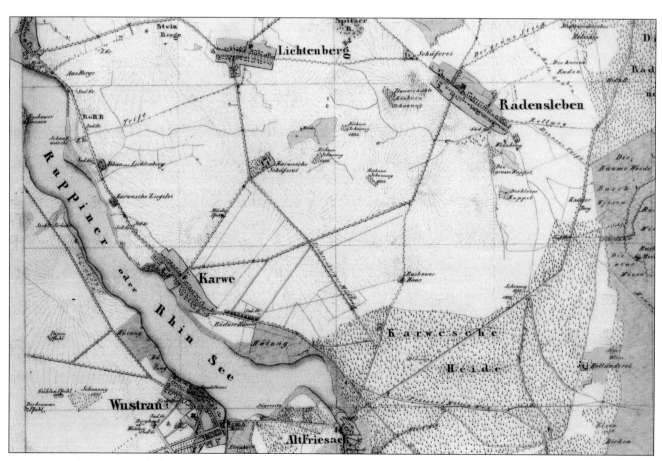

1 Detail aus dem Urmesstischblatt Nr. 1620 (Wustrau) von 1840

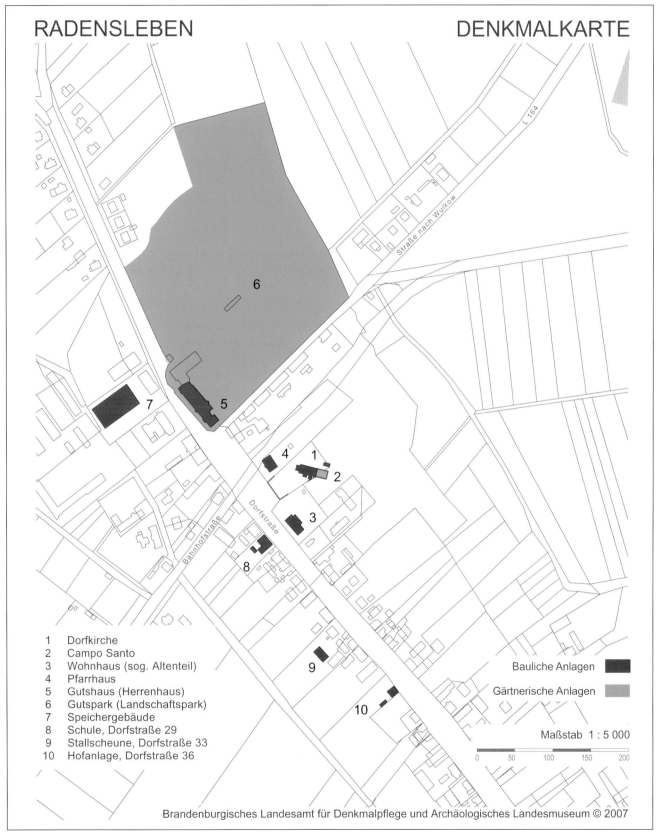

RADENSLEBEN

DENKMALKARTE

1 Dorfkirche
2 Campo Santo
3 Wohnhaus (sog. Altenteil)
4 Pfarrhaus
5 Gutshaus (Herrenhaus)
6 Gutspark (Landschaftspark)
7 Speichergebäude
8 Schule, Dorfstraße 29
9 Stallscheune, Dorfstraße 33
10 Hofanlage, Dorfstraße 36

Bauliche Anlagen

Gärtnerische Anlagen

Maßstab 1 : 5 000

0  50  100  150  200

Brandenburgisches Landesamt für Denkmalpflege und Archäologisches Landesmuseum © 2007

2   Denkmalkarte von Radensleben, 2007

3   Gutshaus (Herrenhaus) und Park von Randensleben

4   Speichergebäude in Radensleben

Quast. (Abb. 3) Das zwischen 1833–77 mehrfach überformte Herrenhaus erhielt mit dem 1894–96 erfolgten Ausbau zum repräsentativen neogotischen Sichtziegelbau seine heutige Gestalt. Seit 1993 als Alten- und Pflegeheim genutzt, ist es wie der umgebende Landschaftspark der Öffentlichkeit gegenwärtig nur bedingt zugänglich.

Ein stattliches Speichergebäude aus dem 19. Jahrhundert prägt bis heute den gegenüber dem Herrenhaus liegenden Gutshof. (Abb. 4)

Das später wohl als Altenteil genutzte Wohnhaus der Familie von Quast befindet sich östlich des Herrenhauses und südlich der Dorfkirche an der Dorfstraße.

Die Kirche mit dem Campo Santo, der alte Friedhof, die Grabkapelle und das Pfarrhaus sind zentral zwischen beiden Anlagen gelegen. Hier kreuzen sich auch die von Wustrau

5   Hofanlage in Radensleben, Dorfstraße 36

6   Pfarrhaus in Radensleben

nach Herzberg führende Landstraße und die Dorfstraße. Die Landstraße wurde nach 1945 in ihrem heutigen Verlauf in Richtung Kirche verlegt. An dem Straßenabschnitt, der den Park begrenzt, reihen sich die ehemaligen Gutsarbeiterhäuser. Von den das Ortsbild prägenden Bauerngehöften steht das Wohnhaus der Hofanlage Nr. 36 stellvertretend für die im 18. Jahrhundert vorherrschende giebelständige Anordnung. (Abb. 5)

Neben dem Schultypenbau von 1912/13 zeugt das Pfarrhaus nach dem Vorbild einer vorstädtischen Villa vom Repräsentationswillen des damaligen Patronatsherren Wilhelm von Quast (1849–1916).[1] (Abb. 6) (Zum historischen Zustand vgl. Abb. 1 im Beitrag von Anja Brückner in diesem Heft.)

Nach mehreren Generationen der Gutsherrschaft der Familie von Quast war es vor allem der hier am 23. Juni 1807 geborene Ferdinand von Quast, der von 1830 bis zu seinem Tod am 11. März 1877 den Ort maßgeblich geprägt hat. Er überformte das Gutshaus, legte in Zusammenarbeit mit Joseph Peter Lenné den Landschaftspark an und verantwortete die Umgestaltung der Dorfkirche sowie die Errichtung des im heutigen Land Brandenburg einzigartigen Campo Santo.

Den zentralen Bereich um die Kirche galt es in Hinblick auf den 200. Geburtstag des ersten Konservators der Kunstdenkmäler Preußens wiederzubeleben und sowohl zu einem touristischen Anziehungspunkt als auch zu einem lebendigen Kommunikationszentrum für das Dorf zu entwickeln.

### Denkmalpflegerische Maßnahmen zur Erhaltung und Restaurierung des Gesamtkomplexes und dessen Bestandteile

Den Ausgangspunkt für die Aktivitäten zum Jubiläum bildete eine Konzeptskizze der Stadtverwaltung Neuruppin vom März 2004, die den Handlungsrahmen absteckte und der Finanzierung des Vorhabens diente. Die besondere bau-, kunst- und ortsgeschichtliche Bedeutung der überkommenen Denkmale führte dazu, dass der Landkreis Ostprignitz-Ruppin und das Landesamt für Verbraucherschutz, Landwirtschaft und Flurneuordnung (LVLF) den Ortsteil Radensleben in das Integrierte Ländliche Entwicklungskonzept (ILEK) als Förderschwerpunkt aufnehmen konnten. Damit war die Finanzierung der Sanierung des Campo Santo, der Grabkapelle, einer Gruftanlage, der Kirchhofseinfriedung sowie der Neugestaltung der Freiflächen gesichert. Auf diese ortsbildprägenden und identitätsstiftenden Objekte konzentrierten sich die denkmalpflegerischen Maßnahmen in den vergangenen zwei Jahren. Das Brandenburgische Landesamt für Denkmalpflege und Archäologische Landesmuseum übernahm dabei die fachliche Betreuung.

### Dorfkirche

Unbestritten ist die Dorfkirche das bedeutendste Denkmal des Ortes. Die Sanierungsmaßnahmen beschränkten sich bisher aber überwiegend auf den Außenbau. (Abb. 7)

7   Dorfkirche Radensleben, Zustand 2006

8   Südfassade der Dorfkirche, Entwurf Ferdinand von Quasts

Der längsrechteckige Feldsteinbau aus der zweiten Hälfte des 13. Jahrhundert mit eingezogenem Westturm unter einem Pyramidendach ist wie die südliche Vorhalle eine spätgotische Zutat. An den Fassaden haben sich Reste der mittelalterlichen Fugenritzungen erhalten. (Abb. 8)

In den Jahren zwischen 1864 und 1870 erfuhr die Kirche eine umfassende Neugestaltung durch Ferdinand von Quast. Da die Pflege und Bewahrung der historischen Substanz bei ihm immer im Vordergrund standen, ist davon auszugehen, dass die Dorfkirche zu dieser Zeit vermutlich keine nennenswerte Ausstattung besaß und somit seinem Repräsentationsanspruch nicht genügte. Entgegen der beabsichtigten Aufwertung des Außenbaus, die in zahlreich erhaltenen Entwurfszeichnungen dokumentiert ist, beschränkte sich die ausgeführte Gestaltung auf die südliche in massiver Bauweise erneuerte Patronatsloge über der vorhandenen Gruft sowie die schlanken spitzbogigen Zwillingsfenster. (Abb. 9, 10)

Sowohl die ausgeführte dekorative Ausmalung des flachgedeckten Kirchenraums als auch die Glasmalerei in Chor und Patronatsloge sowie die Ausstattung der Kirche gehen auf seine Entwürfe zurück. (Abb. 11, 12)

9   Dorfkirche in Radensleben, Patronatsloge, Entwurf Ferdinand von Quasts

10   Patronatsloge, Gouache

Aus dieser Zeit haben sich auch die keramischen Fußbodenplatten erhalten. Der Bildhauer Otto March (1845–1913) setzte die auf Vorbilder der italienischen Renaissance zurückgehenden Entwürfe für Altar, Kanzel und Ambo in Terrakotta um. Den Altarteppich fertigte Elisabeth von Quast (1875–1943) erst 1929–30 nach einem seit 1857 vorliegenden Entwurf. (Abb. 13)

In die Neugestaltung der Kirche wurden eine Sandsteintaufe aus dem 16. Jahrhundert, das Epitaph des Hans Georg von Quast (1710–41) und ein Majolikarelief der Werkstatt Giovanni della Robbias (1469–ca.1529) aus der Kunstsammlung Ferdinand von Quasts einbezogen. (Abb. 14, 15, 16) Für den 1709 datierten Orgelprospekt schuf Friedrich Hermann Lütkemüller (1815–97) 1856 auf Veranlassung Ferdinand von Quasts ein neues Werk.

Der bedrohte Zustand der Dorfkirche – war wie bei den anderen Baudenkmalen am Ort – natürlich auch in der DDR-Zeit bekannt. Aufgrund der wirtschaftlichen Gegebenheiten konnte diesem aber kaum Rechnung getragen werden. Erst die gesellschaftlichen Veränderungen seit 1989 boten neue Möglichkeiten. Privates Engagement zur Rettung der wertvollen Lütkemüller-Orgel stand dabei am Beginn der Kirchensanierung. Benefizveranstaltungen und eingeworbene Spenden in bemerkenswerter Höhe ermöglichten in den folgenden Jahren die Restaurierung der Orgel.

Durch jahrzehntelang unterbliebene Baupflege wies die Dorfkirche erhebliche Schäden auf. Besonders betroffen waren das Dachwerk von Turm und Kirchensaal. Setzungsrisse durchzogen das Mauerwerk der Vorhalle und der Patronatsloge. Durchfeuchtung verursachte Schwammbildung in der Holzbalkendecke der Patronatsloge und der Orgelempore. Auch das Feldsteinmauerwerk bedurfte der Sanierung.

Die finanzielle Unterstützung von Land, Bund, der Evangelischen Kirche und der Deutschen Stiftung Denkmalschutz gestatteten von 1994 bis 2001 die dringenden Reparatur- und Restaurierungsmaßnahmen. Dabei gelang es, von 1993 bis 1996 die Chorfenster und die drei figürlichen Fenster der Patronatsloge zu restaurieren. Im Jahr 2000 schloss sich die Restaurierung des Majolikareliefs an.

Eine Diplomarbeit[2] beschäftigte sich 1997 mit den Farbfassungen des Kirchenraums. Unter Berücksichtigung älterer Putz- und Farbschichten stand dabei die Ausmalung nach den Entwürfen Ferdinand von Quasts im Mittelpunkt. Für die 1962 durch Abwaschen stark reduzierte und mit Dispersionsanstrich überdeckte Fassung wurde eine Restaurierungskonzeption entwickelt, die auf die Konservierung der erhaltenen Substanz und eine ergänzende Fassung abzielt. Im Sinne des »Gesamtkunstwerks« Kirche sind die Konservierung und Restaurierung entsprechend der in der Diplomarbeit erarbeiteten Musterachse eine vordringliche Aufgabe.

11    Kartonvorlage Ferdinand von Quasts für das Glasfenster
»Erzengel Gabriel« in Radensleben

12    Glasfenster »Erzengel Gabriel« in der Patronatsloge der
Pfarrkirche in Radensleben nach der Restaurierung

14    Majolikarelief aus der Werkstatt Luca della Robbias in der Patronatsloge der Dorfkirche in Radensleben

13    Altarteppich in der Dorfkirche von Radensleben

15   Dorfkirche Radensleben,
Blick zur Orgel

16   Dorfkirche Radensleben,
Blick zum Altar

## Campo Santo und Grabkapelle

Vor der Ostseite der Kirche legte Ferdinand von Quast einen ummauerten Campo Santo mit einer Grabkapelle an dessen Nordostecke an. (Abb. 17) Anlass für die Errichtung war wohl der frühe Tod seiner Tochter Marie, die 1854 achtjährig verstarb.

Ein undatierter Plan (vgl. S. 123, Abb. 8) für den Erbbegräbnisplatz zeigt die ursprüngliche Situation östlich der Kirche mit Grabstellen und dem Standort einer Scheune, die zum nahe gelegenen Gutshof gehörte. Die zeitliche Abfolge

der Bautätigkeit ist bisher ungeklärt. Eine bei der Turmreparatur aufgefundene Urkunde bestätigt den Abschluss der von Ferdinand von Quast initiierten Arbeiten an der Kirche für das Jahr 1897.

Weitere Handzeichnungen von Quasts geben auch die geplante Anlage des Campo Santo in Grundrissen, Ansichten und Schnitten wieder. Ein Plan (S. 123, Abb. 8) zeigt den rechteckigen Begräbnisplatz umschlossen von einer hohen Ziegelmauer auf einem Feldsteinsockel. Die Ziegelmauer ist durch Arkaden gegliedert, deren Bogenöffnungen über

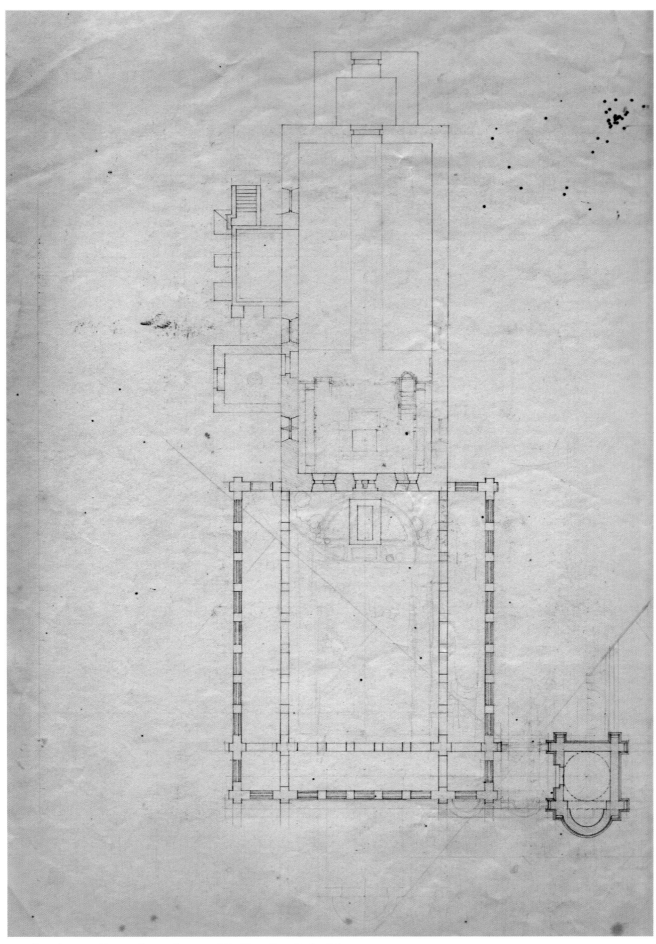

17   Grundriss von Kirche, Campo Santo und Grabkapelle in Radensleben

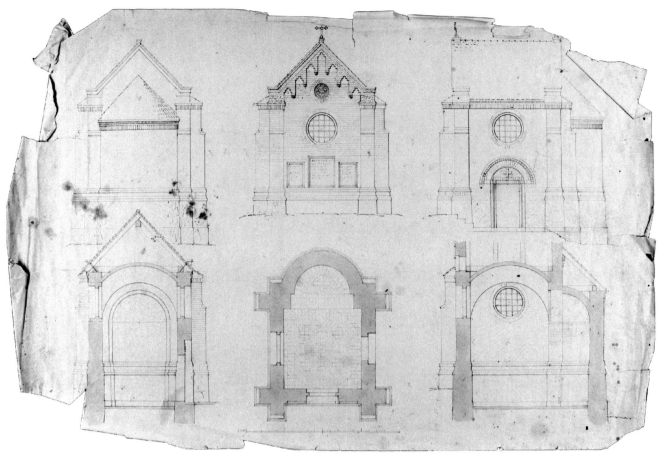

18    Ansichten, Schnitte und Grundriss der Grabkapelle, aquarellierte Handzeichnung Ferdinand von Quasts

der Brüstung mit einem Ziegelgitter geschlossen sind. Diese dreiseitig geplante, kreuzgangartige Einfassung mit überdachten Arkadengängen (vgl. S. 123, Abb. 9) blieb wie die Überdachung der Treppe zur Grabkapelle unausgeführt. Stattdessen betritt man heute den eingefriedeten Bereich an der Ostseite der Kirche und im östlichsten Bogenfeld der südlichen Umfassungsmauer. Von der Nordostecke gelangt man zur Grabkapelle. Neben Ferdinand von Quast, seiner Ehefrau Marie (1818–85) und deren Tochter sind hier weitere nahe Familienangehörige bestattet. Das Zentrum dieser Anlage prägt ein dominantes Marmorkreuz, und an der Ostseite entstand später eine weitere Begräbnisstätte der Familie von Diest mit einer Kopie des Segnenden Christus von Bertel Thorvaldsen (1770–1844). (Abb. 19)

19    »Segnender Christus« von Bertel Thorvaldsen auf dem Campo Santo in Radensleben vor der Restaurierung

20    Grabkapelle in Radensleben, Zustand vor der Restaurierung

*Grabkapelle*

Die Grabkapelle, ein Backsteinbau auf Feldsteinsockel mit östlicher Apsis und flachem Satteldach, ist dem Schwager Ferdinand von Quasts, dem Theologen Ernst Wilhelm Hengstenberg (1802–69), und seiner Familie gewidmet. (Abb. 18, 20)

*Campo Santo*

Die Betonabdeckung der Mauerkronen des Campo Santo wurde vor 1945 aufgebracht. 1994 gelang es, den stark beschädigten Feldsteinsockel an der Süd- und der Ostseite baulich zu sichern. Der Abschluss der Sanierung der Einfriedung und der Grabkapelle einschließlich der Gruft konnten schließlich im Juli 2006 nach einer Bestandsdokumentation und der Erarbeitung der Restaurierungskonzeption durch ein ortsansässiges Ingenieurbüro eingeleitet werden. Überlegungen, die Abdeckung der Ziegelmauern analog zu den Entwürfen von Quasts mit Formsteinen zu erneuern, wurden zugunsten der Betonsanierung verworfen. Die Reinigung des Mauerwerks erfolgte schonend mit Wasserdampf. Nur stark beschädigte Ziegel wurden ausgetauscht und geringfügige Fehlstellen mit Steinergänzungsmasse angetragen. Die bis 1994 vorhandene hölzerne Originaltür hat den vermeintlich sicheren Aufbewahrungsort nicht erreicht. Vorsorgend hatte uns jedoch der erste preußische Konservator einen detailliert vermassten Entwurf seiner Tür hinterlassen, der nun als Vorlage für die Neuanfertigung dienen wird.

Alle Grabmale und Bildwerke im Campo Santo konnten sachgerecht konserviert und restauriert werden.

Zur Sanierung der Grabkapelle gehörten die Sicherung des Feldsteinsockels sowie die umfassende Erneuerung der Dachkonstruktion. Bei der Dacheindeckung fanden Altziegel Verwendung. Nach Öffnung der wohl vor 1945 zugesetzten Kapellentür verlangten die beschädigten und in ihrem Bestand gefährdeten Särge eine angemessene Behandlung. Da deren umfassende Restaurierung zum gegenwärtigen Zeitpunkt ausgeschlossen war, wurden sie zunächst provisorisch sachgemäß gesichert.

*Gruftanlage*

Auch die unter Geländeaufschüttungen aufgefundene Treppenanlage, entworfen von Ferdinand von Quast, sowie eine weitere bisher unbekannte Gruftanlage östlich der Grabkapelle erwiesen sich als unvorhergesehene Herausforderungen. Die Analyse und Bewertung der zutagegetretenen baulichen Spuren einschließlich der aufgefundenen Pfeilerabdeckungen führte dazu, die erhaltenen Reste der baulichen Anlage zu sichern und zu ergänzen. Entsprechend des restauratorischen Befundes wurden die Innenflächen des durchbrochenen Mauerwerks rot gestrichen

**Kirchhofsportal**

Der 1905/06 aufgelassene alte Friedhof[3] wird von der Dorfstraße aus von einer Ziegelmauer mit aufwendigem, dreiteiligem Portal eingefasst. (Abb. 21, 22) Auf dem Kirchhof sind der alte Baumbestand und einzelne Grabsteine aus dem 19. und 20. Jahrhundert erhalten. (Abb. 23)

21   Kirchhofsportal in Radensleben, Entwurf Ferdinand von Quasts

22   Kirchhofsportal in Radensleben

23   Kirchhof in Radensleben mit Grabsteinen

24    Wohnhaus (sog. »Altenteil«) in Radensleben, Straßenseite, 2007

25    Wohnhaus in Radensleben, Südfassade, Postkarte um 1909–12

Auch das reparaturbedürftige Kirchhofsportal mit den angrenzenden schadhaften Kirchhofsmauern konnte instand gesetzt werden. Von besonderem städtebaulichen Wert ist die Wiedererrichtung der verlorenen südwestlichen Friedhofsbegrenzung. Wichtige Vorarbeiten leisteten auch hier die Mitglieder des Fördervereins, indem sie das gesamte Areal beräumten und von Wildwuchs befreiten.

**Wohnhaus (sog. »Altenteil«)**

Das wohl als Altenteil genutzte Gebäude wurde nach 1801 als eingeschossiges Wohnhaus über dem massiven Keller eines Vorgängerbaus des 16. Jahrhundert (wahrscheinlich ein ehemaliges Gutshaus) von der Gutsbesitzerfamilie von Quast als weiterer Wohnsitz nahe der Kirche errichtet. (Abb. 24) Der Umbau des Wohnhauses zum »Erholungsheim Radensleben« des »Vereins Wohlfahrt der weiblichen Jugend« nach 1900 brachte den kompletten Dachausbau zu Wohnzwecken mit sich. Zeitgleich entstanden die hofseitig erhaltenen Fledermausgauben und eine Veranda. Nach 1945 diente das Gebäude auch als Gaststätte. Infolge dieser Umbauten gingen die dorischen Säulen am straßenseitigen Eingang sowie Teile des spätklassizistischen Fassadenschmucks verloren. Dabei wurde auch die Freitreppe verändert. (Abb. 25)

Der bewilligte Finanzrahmen schloss die 2004 beabsichtigte umfassende Sanierung und den Ausbau des zum Denkmalensemble gehörenden Wohnhauses vorerst aus.

Dennoch konnten wichtige Voraussetzungen für eine zukünftige denkmalgerechte Nutzung geschaffen werden. So wählte ein Absolvent der Brandenburgischen Technischen Universität Cottbus, Aufbaustudium Denkmalpflege, das Wohnhaus zum Thema seiner Masterarbeit[4], durch die jetzt eine detaillierte Bauaufnahme und Bauphasenpläne vorliegen. Vorbereitend dazu erfolgten wiederum durch den Förderverein erste Beräumungs- und Sicherungsarbeiten am Gebäude. Die Stadtverwaltung Neuruppin hat zudem eine Nutzungsstudie für ein Dorfgemeinschaftshaus in Auftrag gegeben. Diese sieht Versammlungsräume und das Büro des Ortsbürgermeisters

vor. So besteht die Möglichkeit, im ehemaligen Wohnhaus über das Wirken Ferdinand von Quasts und seiner Familie zu informieren, ohne ein Museum betreiben zu müssen. Die Keller sollen der Freiwilligen Feuerwehr als Umkleide- und Sanitärräume dienen. Mieteinnahmen von drei Wohnungen könnten zur Bauunterhaltung beitragen.

Auf der Grundlage der Studie sollen Fördermöglichkeiten gefunden werden, um das Nutzungskonzept in den kommenden Jahren schrittweise zu verwirklichen.

**Schlussbemerkung**

Abschließend lässt sich feststellen, dass es gelungen ist, Ferdinand von Quast durch die Ergebnisse der denkmalpflegerischen Arbeit an seinem Geburtsort angemessen zu würdigen. (Abb. 26)

Ferdinand von Quast hinterließ mit der Umgestaltung der Kirche, der Anlage des Campo Santo und der Beauftragung Lennés zur Planung des Landschaftsparks eine wesentliche Bereicherung der Ruppiner Kulturlandschaft, zu der neben Neuruppin, Fehrbellin, Wustrau, Lindow und Rheinsberg auch Radensleben gehört.

Bei den vorgestellten Teilaufgaben handelte es sich mehr oder weniger um das »Alltagsgeschäft« der Denkmalpfleger. Auch in Radensleben bewahrheitete sich einmal mehr, dass nur das partnerschaftliche Zusammenwirken aller Beteiligten vom Entscheidungsprozess bis zu dessen konsequenter Umsetzung erfolgreiche Denkmalpflege im weitesten Sinne ermöglicht. So gelang es, die bedrohte wertvolle Denkmalsubstanz zu sichern und zu erhalten.

Die zuvor von Verfall und Stagnation gekennzeichnete Situation hat sich in einen Ort lebendiger Kulturgeschichte verwandelt. Das neu gestaltete Umfeld von Kirche und Campo Santo sowie die Öffnung des Areals in die umgebende Landschaft unterstützen diesen positiven Gesamteindruck maßgeblich.

Das Erreichte verbessert schon jetzt erkennbar die Lebensqualität am Ort. Der eingeleitete Prozess wird erfahrungs-

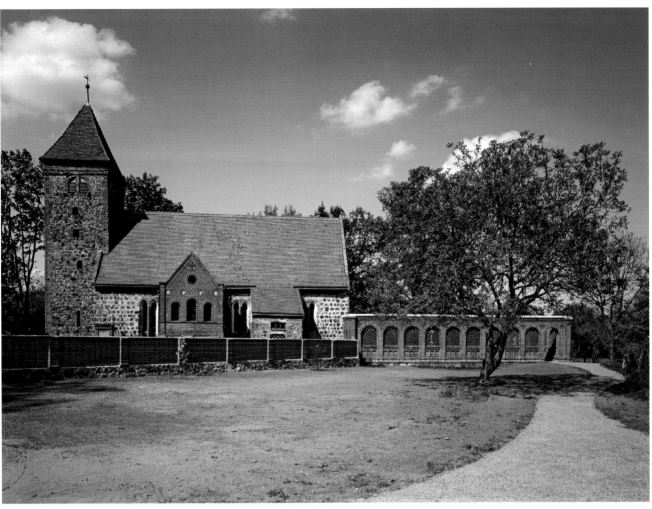

26    Dorfkirche und Campo Santo in Radensleben, 2007

gemäß von einer Steigerung der touristischen Attraktivität begleitet sein. Weiterführende Konzepte für das gesamte Dorf werden neben den spezifisch denkmalpflegerischen auch dorfplanerische, soziale, wirtschaftliche sowie kulturelle und religiöse Aspekte in ihrer Gesamtheit betrachten.

Zum Schluss sei mir gestattet, allen an der Aufgabe Beteiligten Dank zu sagen. In einem verhältnismäßig kurzen Zeitraum ist Beachtliches geleistet worden. Dies berechtigt zu der Hoffnung, weiterhin gemeinsam mit derselben Beharrlichkeit und Intensität die Sanierung und Nutzung des sogenannten Altenteils als Dorfgemeinschaftshaus, die Restaurierung der Ausmalung aus der Zeit Ferdinand von Quasts in der Kirche und die Wiederherstellung des Landschaftsparks in Angriff zu nehmen.

**Anmerkungen**

1    Vgl. Namensliste von Familienmitgliedern der Familie von Quast, die auf dem Campo Santo beerdigt sind, im Anhang S. 134.
2    SCHEEWE 1997.
3    Ein neuer Friedhof wurde südöstlich am Rand des Dorfes angelegt.
4    IHDE 2007.

# Radensleben – Campo Santo und Umfeld[1]

Anja Brückner

Das heute zur Stadt Neuruppin gehörende Dorf Radensleben stellt mit seinem Ensemble aus Herrenhaus, Park, Kirche und Campo Santo einen einmaligen Gedenkort an den ersten Konservator der Kunstdenkmäler Preußens, Alexander Ferdinand von Quast (1807–77) dar. Das Gut Radensleben war von 1667 bis 1945 im Familienbesitz derer von Quast. Es diente dem Konservator gleichzeitig als Wohnsitz und Wirkungsstätte seines Schaffens.

Anlässlich seines zweihundertjährigen Geburtstages 2007 begannen bereits 2005 die Vorbereitungen und Planungen zur Instandsetzung des Campo Santo.[2] Die östlich der Kirche befindliche, 1854 bis 1877 entstandene Familiengrabstätte geht, wie vieles in Radensleben, auf seine Planung zurück. Die Wirkung dieses stillen, durch hohe Ziegelmauern umschlossenen Begräbnisplatzes wird entscheidend durch sein Umfeld geprägt. Dazu gehören der Kirchhof und die mittelalterliche Dorfkirche, das Wohnhaus der Familie von Quast (das sog. Altenteil, auch »Schlösschen« genannt) und die dazugehörigen gärtnerischen Anlagen.

Eine historische Postkarte (Abb. 1) zeigt den gestalterisch wirkungsvollen Ortsmittelpunkt von Radensleben. Dieser wird durch das Gutshaus, die Kirche und das Wohnhaus definiert. Im Vordergrund ist das Kriegerdenkmal (nach 1945 abgerissen) zu erkennen. Gegenüber befand sich die Schule; eindrucksvolle Baumreihen prägten die Dorfstraße. Hinter dem Wohnhaus befand sich das Haus Gottesbrunn, das seit 1913 als Stiftung der Elisabeth von Quast für gemeinnützige Zwecke offenstand.

Das Ensemble war vor Beginn der Restaurierungsarbeiten durch baulichen Verfall und Umnutzungen gekennzeichnet. Der Kirchhof (Abb. 2), als Begräbnisstätte schon Jahrzehnte nicht mehr genutzt, wurde in den 1960er Jahren beräumt und planiert und anschließend weitgehend sich selbst überlassen. Die Kirchhofsmauer stürzte zum größten Teil ein. Bei den Bauarbeiten konnten jedoch zahlreiche Grabsteinfragmente geborgen und gesichert werden.

Im Laufe der Jahre war der Campo Santo nahezu vollständig zugewachsen. Der Wildwuchs musste entfernt werden. Die Grabsteine waren durch Umwelteinflüsse und Vandalismus beschädigt worden. (Abb. 3, 4)

Das Wohnhaus (sog. Altenteil) ist nach längerem Leerstand sanierungsbedürftig. Von den ehemals aufwendig gestalteten gärtnerischen Anlagen zeugen nur noch einige alte Bäume. Das Gelände wurde lange Zeit als Nutzgarten und Parkplatz, ein kleiner Teil auch als Kinderspielplatz genutzt.

1 Radensleben, Dorfstraße, Postkarte, um 1920

3    Campo Santo, während der Fällarbeiten 2007

2    Radensleben, Kirche mit Patronatseingang, um 1920

Die angedachte heutige Nutzung des Wohnhauses als Gemeindezentrum für Radensleben, möglicherweise ergänzt durch ein Cafe und einer Gedenkstätte für Ferdinand von Quast, knüpft an historische Bezüge an und eröffnet viele neue Möglichkeiten für den Ort.

Für die Restaurierungsarbeiten waren die von Ferdinand von Quast geprägten Richtlinien zum Umgang mit den Denkmalen selbstverständliche Grundlage. Der kontinuierliche Entwicklungsprozess der Anlage sollte nicht unterbrochen werden, sondern man wollte lediglich die Fehlentwicklungen der letzten fünfzig Jahre korrigieren. Die Planungsziele in Radensleben richteten sich daher insbesondere auf die Herausarbeitung der differenzierten historischen Räume. Für eine klare Trennung von Kirchhof und Wohnhaus war deshalb der Wiederaufbau der Kirchhofsmauer notwendig. (Abb. 5) Ebenso wurde der Vorplatz vor dem Kirchhofsportal mit einbezogen.

Das Planungskonzept (Abb. 6) sah für das Umfeld des Campo Santo eine funktionale und gestalterische Verbindung zwischen der erhaltenen historischen Substanz und den bestehenden bzw. neuen Einrichtungen, wie der Festwiese und dem Kinderspielplatz, vor. So führt heute wieder ein Rundweg vom Wohnhaus zum Campo Santo, aber auch über den Kirchhof hinaus in die umgebende Landschaft. Durch die neuen gärtnerischen Anlagen wird der parkartige Charakter des Ensembles wiedergewonnen. (Abb. 7)

4    Grabanlage Ferdinand von Quast vor der Restaurierung

5    Wiederaufbau der Kirchhofsmauer, 2007

Für die Untersuchung der historischen Entwicklung wurden zahlreiche Unterlagen gesichtet und ausgewertet, darunter auch eine Reihe von Originalzeichnungen. Diese im Archiv der evangelischen Kirchengemeinde von Radensleben aufbewahrten eigenhändigen Zeichnungen von

Quasts zeigen in einzigartiger Weise sein Wirken nicht nur an diesem Ort.

Zu den Zeichnungen gehört ein Lageplan, der vermutlich aus der Planungs- und Entstehungszeit des Campo Santo stammt. (Abb. 8) Der Plan zeigt östlich der Kirche ein

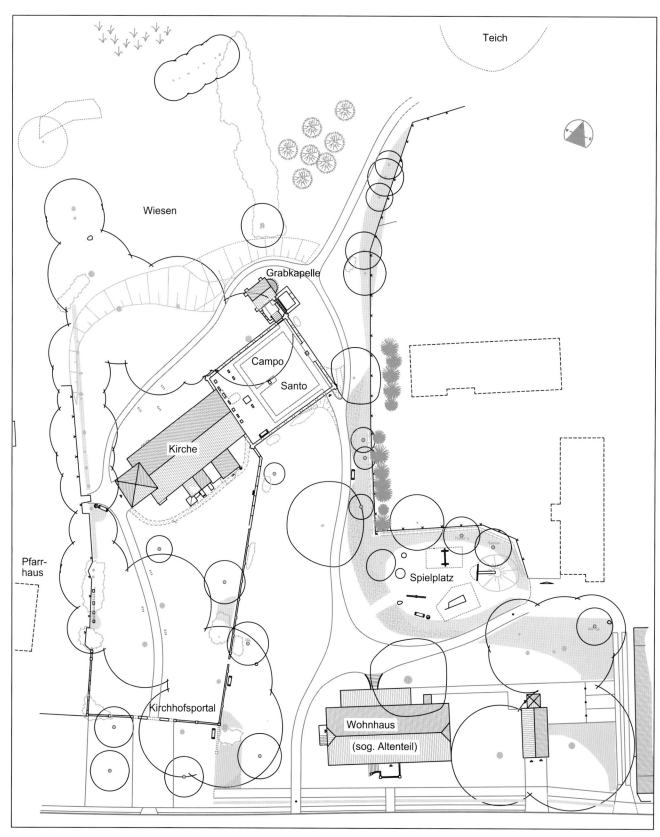

6    Radensleben, Planungskonzept für den Campo Santo und sein Umfelds, 2006

7 Gärtnerische Anlagen

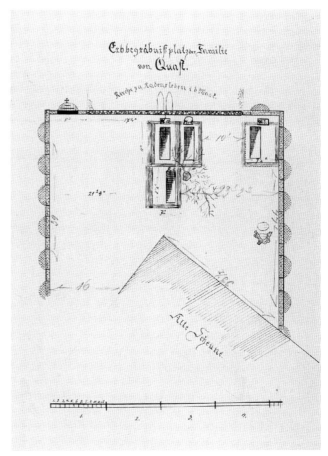

Scheunengebäude des Rittergutes. Somit stand ursprünglich nur eine Freifläche, die etwa der Hälfte der heutigen Fläche entspricht, für den Campo Santo zur Verfügung. Die ersten Grab- und Gruftanlagen sind auf diesem Plan vor dem mittleren Chorfenster der Kirche angeordnet. Den Mittelpunkt bildet das künstlerisch aufwendig gestaltete Grabmal für die Tochter Marie Adele Charlotte von Quast (1845–54).

8 Lageplan des Campo Santo, Zeichnung

9 Ansichten, Schnitte und Grundriss der Grabkapelle auf dem Campo Santo, aquarellierte Handzeichnung Ferdinand von Quasts

Eine weitere historische Zeichnung (Abb. 9) zeigt die Planungen für die Gesamtanlage des Campo Santo unter Einbeziehung der nordöstlich errichteten Grabkapelle für die mit der Familie von Quast verwandten Familie Hengstenberg. Die in mehreren Plänen enthaltene, an einen Kreuzgang erinnernde Arkadeneinfassung des Campo Santo kam aber nur teilweise zur Ausführung.

10
Erste Grabungen am Eingang der Grabkapelle, 2004

Der Campo Santo und die Grabkapelle waren durch eine Treppe und eine Einfassungsmauer miteinander verbunden. Erst bei den Bauarbeiten wurden noch Reste dieser Anlage gefunden. (Abb. 10) Eine ursprünglich geplante Überdachung des Verbindungsweges sowie einige, in den Plänen dargestellte bauliche Details der Grabkapelle wurden nicht ausgeführt. Bemerkenswert sind die realisierten aufwendigen Wandgestaltungen mit den durch Ziegelmauerwerk vergitterten Bögen sowie die stilistisch dazu passenden Türentwürfe.

An den Zeichnungen lässt sich anschaulich ablesen, wie intensiv sich Ferdinand von Quast mit den architektonischen Entwürfen für die Anlage auseinander setzte und dabei auch das kleinste Detail berücksichtigt hat. Diese Arbeitsweise scheint auch im Hinblick auf die Pläne zum Landschafts-

park und zur Gutsanlage mit dem Herrenhaus exemplarisch für ihn zu sein. Heute sind diese historischen Unterlagen im Zusammenhang mit der Analyse des Bestandes für die Wiederherstellung der Anlagen äußerst hilfreich.

Der Campo Santo entstand in nachweislich mehreren Bauphasen. Als letztes Gestaltungselement wurde um 1900 die Grabanlage für die mit der Familie von Quast verwandten Familie von Diest in die östliche Umfassungsmauer eingefügt. Die Marmorskulptur des segnenden Christus (nach Bertel Thorvaldsen) zeigt eine starke Raumwirkung. Die letzte Bestattung auf dem Campo Santo fand 1946 satt.[3]

Nach der Restaurierung der zwölf Grabdenkmale auf dem Campo Santo und des Gedenkkreuzes für Ferdinand von Quast präsentiert sich die Anlage heute wieder als würdevolle Gedenkstätte in Radensleben. (Abb. 11)

11    Campo Santo nach der Restaurierung, 2007

**Anmerkungen**

1    Für die Erstellung dieses Beitrags habe ich folgende Literatur zu Hilfe genommen: Brandenburgischer Provinzialverband 1914, Bd. 1, Teil 3 Ruppin. – METZLER 1996, Stadt Neuruppin – Radensleben. – DEUTSCHE GESELLSCHAFT E.V. 2005.

2    Campo Santo – (ital.) »Heiliges Feld« steht als Begräbnisplatz der Neuzeit heute für eine bestimmte bauliche Form eines Friedhofes, Vorbilder: Campo Santo Teutonico in Rom und der Campo Santo in Pisa, typisches bauliches Merkmal ist die Arkadeneinfassung.

3    Vgl. hierzu auch S. 134.

Anhang

# Ferdinand von Quast: Fragebogen zur Inventarisation der Kunstdenkmäler 1844/45, 1. Fassung[1]

## Vorbemerkungen

1. Bei der Aufstellung nachstehender Fragen sollte ein Schema entworfen werden, welches bei den verschiedenartigsten Ortschaften aller Provinzen der Monarchie gleichmäßig ausreiche.

2. Es wird sich daher nur in den seltensten Fällen ereignen, daß auf sämmtliche Fragen, ja auch nur auf den größeren Theil derselben eine bestimmte Antwort ertheilt werden kann.

3. Es ist aber dennoch nöthig, daß eine jede Frage im Einzelnen genau durchgelesen wird, um alsdann zu beurtheilen, ob dieselbe in irgend einer Weise, der Frage gemäß, beantwortet werden könne oder aber ob sie verneint werden müsse. Sollte Letzteres der Fall sein, so bittet man dann nur zur Seite zu schreiben: *Ist nicht vorhanden* oder: *Ist nicht zu bestimmen*.

4. Niemand scheue sich, seine eigene Meinung nach bestem Wissen niederzuschreiben; wenn es bloße Vermuthungen sind, so bittet man dieselben als solche zu bezeichnen.

5. Wo der zum Einschreiben der Antworten bestimmte Raum nicht ausreichen sollte, da bittet man besondere Beilagen, mit Bezeichnung der betreffenden Stellen, wo sie hingehören, anzufügen.

## Fragen in Bezug auf den Ort und seine geschichtlichen und Kunst-Denkmäler.

*Man bittet die Werke anzugeben, welche ganz oder theilweise hierüber Nachricht geben.*

1. Giebt es gedruckte Nachrichten über den Ort oder einzelne Theile desselben? Sind es seltene Werke, so bittet man um Angabe, wo sich Exemplare derselben befinden.

2. Was giebt es für geschriebene Nachrichten, Ortschroniken, Ortsbeschreibungen, Matrikeln, Zinsregister, Heberollen, alte Rechnungsbücher, Flurkarten und dergleichen in Bezug auf den ganzen Ort oder einen Theil desselben, eine einzelne Corporation (namentlich die Zünfte).
Wo werden dieselben aufbewahrt?
Ist das Archiv in Ordnung gebracht und mit Registern versehen?
Sind die Urkunden oder ein Theil derselben bereits abgedruckt, und wo?
Man bittet um Mittheilung der merkwürdigsten verzeichneten Facta besonders solche, welche sich auf den Ort selbst und seine Umgebung beziehen.

3. (gestrichen)

4. Um die Lage der einzelnen Lokalitäten gegeneinander deutlich zu erkennen, bittet man namentlich bei den Städten um Mittheilung eines Grundrisses <(wenn auch nur flüchtig entworfen)>,[2] in welchem die bedeutendsten Kirchen und öffentlichen Gebäude so wie die Namen der Straßen bekannt sind; oder wo kann man denselben etwa finden?

5. Wie viele Kirchen oder isolirte Kapellen giebt es?
Mann bittet eine jede einzelne nach dem Schema der Beilage A zu beschreiben.

6. Giebt es Kirchen oder Kapellen, welche gegenwärtig außer kirchlichem Gebrauche sind und zu anderen Zwecken dienen, ganz oder theilweise zerstört sind?
Auch diese bittet man, so viel daran noch zu erkennen ist, oder doch aus dem Gedächtnisse von Augenzeugen nach dem Schema der genannten Beilage A zu beschreiben, und dabei zu bemerken, in welchem Zustande der Erhaltung oder des Verderbens sich ein jeder dieser Theile gegenwärtig befindet. Namentlich bittet man auch die gegenwärtigen Besitzverhältnisse, und wie sie erlangt sind, anzugeben.

7. Ist der Ort im Ganzen oder theilweise befestigt gewesen?
   1. Aus welchem Materiale bestehen die Mauern, Thürme und Thore.
   2. Welche Form und Namen haben die einzelnen Thürme und Thore.
   In welchem Zustande befindet sich diese Befestigung gegenwärtig, und wer ist zur Erhaltung verpflichtet?

8. Giebt es besondere Rittersitze, Burgen oder Schlösser?
Sind sie durch Bauweise oder Befestigung in irgend einer Weise ausgezeichnet, und wie?
Liegen sie auf künstlichen Hügeln, oder von Gräben umgeben?
Es finden hier dieselben Fragen statt wie vorhergehend in 7.

9. Wer sind die gegenwärtigen Besitzer der Rittersitze?
Seit wann ist die gegenwärtige Familie im Besitze?
Ist es bekannt, welche Besitzer daselbst früher waren, und zu welcher Zeit?
Ist noch gegenwärtig oder war früher die Gerichtsbarkeit über diesen Ort, oder einen Theil desselben damit verbunden?
Welche anderen Orte gehörten noch unter dieselbe Gerichtsbarkeit?
Man bittet um eine so viel wie möglich ausführliche Darstellung dieser Verhältnisse und der dabei etwa obwaltenden besonderen Umstände.

10. Was giebt es, oder gab es im Orte und dessen Gemarkung für Klöster, Hospitäler und andere geistliche oder milde Stiftungen?

Man beantworte dieses gefälligst nach den in der Beilage A, besonders unter I,8 und IV, 5.6.7 gestellten besonderen Fragen.

11. Wann ist in den Städten das gegenwärtige Rathaus gebaut?

Aus welchem Materiale besteht dasselbe?

Ist das Mauerwerk ohne Abputz?

Welche Form haben die Fenster oder Thüren?

Sind im Inneren ausgezeichnetere Sääle, mit Gewölben, oder mit verzirten Holzdecken?

12. Werden daselbst einzelne kleinere Kunstwerke, Statuen, Gemälde, Waffen und noch andere Gegenstände und Merkwürdigkeiten aufbewahrt?

Es wiederholen sich hier zum Theil die in der Beilage A, unter III gestellten Fragen.

13. Was giebt es sonst noch für merkwürdige Gebäude im Orte oder dessen Gemarkung, welche Königliches oder Gemeindeeigenthum sind, oder einer anderen Corporation gehören?

Wodurch zeichnen sie sich aus?

Es wiederholen sich hier genau die unter 11 und 12 gestellten Fragen.

14. Giebt es dergleichen, welche gegenwärtig ganz oder zum Theil zerstört sind?

Auch für diese bittet man um Auskunft wie bei 11. 12. 13. und mit Rücksicht auf 6.

15. Was giebt es daselbst für Privatgebäude, oder sonst welche [, die] Privatpersonen eigenthümlich gehören, die sich durch ihre Geschichte, Gestalt, Ausschmückung u.s.w. auszeichnen?

Hierbei wiederholen sich gleichfalls die vorhergehenden Fragen von 11 an.

16. <Was> Giebt es in dem Orte oder dessen Gemarkung für besondere, durch ihre Geschichte oder Form ausgezeichnete Monumente, als Bildsäulen, Rolande, Kreuze, Heiligenhäuschen, steinerne Lampen, Brunnen u.s.w. Stehen sie isolirt oder mit einem Gebäude verbunden?

Man bittet sie im Einzelnen zu beschreiben, namentlich auch die Inschriften mitzutheilen und wo möglich eine Zeichnung davon <namentlich auch der Wappen daran> zu geben.

17. Giebt es eine bestimmte Geschichte oder Sage, welche sich daran knüpft?

Giebt es irgendwo an einem öffentlichen Orte oder im Privatbesitze Sammlungen von Alterthümern oder Kunstwerken?

Wem gehören dieselben, wo stammen sie her, wie sind sie aufgestellt und auf welche Weise sind sie zugänglich?

Man bittet die vorzüglichsten Gegenstände namentlich anzuführen?

18. (gestrichen)

19. Von den noch vorhandenen Siegel- oder Münzstempeln des Ortes sowohl wie einzelner Familien und selbst der Privaten (mit Ausnahme derer welche ganz modern und ohne geschichtlichen und Kunstwerth sind) bittet man mehrere Abdrücke mit Rücksicht auf Beilage A,III,19 einzusenden.

20. Sind andere Ortschaften mit verschiedenen Namen mit dem Hauptorte verbunden, und in welcher Weise?

Giebt es in der Feldmark des Ortes wüste Ort<schaften> und welches sind deren Namen.

Man bittet die Namen aller einzelnen Feldbreiten, Berge, Wälder, Seen, Flüsse, Bäche Gräben, Teiche, Wege u.s.w. mitzutheilen, so weit sie irgend einen ungewöhnlichen Namen haben oder sich damit irgend eine Beziehung verbindet, nebst Angabe, woher derselbe wohl abzuleiten ist.

Die Skizze einer Flurkarte wäre sehr erwünscht.

21. Giebt es in der Feldmark alte Schanzen, Wälle, Burgruinen, Warten, Mauern, Steinstraßen (Römerstraßen), Brunnen, oder kleinere, bereits unter 16 genannte Monumente, Reste untergegangener Ortschaften u.s.w.?

Wo und in welchem Zustande und in wessen Besitze befinden sie sich?

Man bittet das Vorhandene nach Maaßgabe der vorhergehenden Fragen zu beantworten.

22. Giebt es in der Feldmark sogenannte Hünengräber, Wenden oder Heidenkirchhöfe, Römergräber, Steinkreise, Riesenbetten, Riesentreppen, Näpfchensteine, Opfersteine oder dergleichen mit Zeichen der Bearbeitung oder Aufstellung durch Menschenhand?

Man bittet um genaue Beschreibung und Mitteilung der Sagen, welche sich daran knüpfen, so wie um die Besitzverhältnisse und Erhaltung derselben.

23. Hat man irgend wo alte Urnen, sogenannte Töpfe, oder Scherben, alte Waffen, Schmucksachen, Gefäße und Geräthe verschiedener Art, Münzen, Siegelstempel u.s.w. gefunden?

Man bittet Material und Form zu beschreiben und die Art und Weise anzugeben, wie und wann sie gefunden wurden.

Wer besitzt sie gegenwärtig und in welcher Weise werden sie aufbewahrt?

24. Was knüpfen sich an den ganzen Ort, an einzelne Gebäude oder Punkte der Feldmark für besondere Sagen?

Sind sie noch im Munde des Volkes oder irgend wo aufgezeichnet und abgedruckt, und wo?

## Beilage A

### Fragen in Bezug auf eine jede Kirche oder Kapelle und deren Zubehör

#### I. *Allgemeine Fragen*

1. Hat die Kirche einen besonderen Namen?
   Welchem Heiligen ist oder war sie gewidmet?
2. Welche Nachrichten hat man über die Gründung, Erbauung, Zerstörung und den Neubau der Kirche, oder eines Theiles derselben?
3. Giebt es hierüber Urkunden, Ablaßbriefe, oder andere Nachrichten?
   Sind dieselben im Ganzen oder Einzelnen irgend wo abgedruckt, und wo?
4. Wann beginnen die Kirchenbücher oder die Kirchenrechnungen?
   Man bittet um Mittheilung der merkwürdigsten geschichtlichen Nachrichten welche sich darin finden, namentlich über stattgefundene Brände und Bauten.
5. Zu welcher Diöcese (Decanat) gehört die Kirche, und seit wann? Zu welcher gehörte sie früher? Welche Filiale gehören dazu? Ist dieselbe mater oder filia und seit wann? Wie war das Verhältniß früher?
6. Wie viele Geistlichen hat sie jetzt oder hatte sie früher? Was haben sie für Würden, welche mit ihrer Stelle verbunden sind, und wie war dies früher?
7. Wer hat das Patronat über die Kirche oder einzelne Theile (Altäre) und wie war dies früher?
8. War die Kirche von jeher eine Pfarrkirche, oder seit wann ist sie es geworden?
   Ist oder war mit der Kirche irgend eine milde Stiftung verbunden ein Domkapitel, ein Kloster (von welchem Orden?), ein Hospital, eine Brüderschaft oder dergleichen?
   Wann und von wem wurden dieselben gegründet oder doch mit der Kirche verbunden?
   Wann wurden dieselben aufgehoben, wenn sie nicht mehr bestehen?

#### II. *Beschreibung des Kirchengebäudes*
*Man bittet um Grundrisse, Zeichnungen*

##### A. *Aeußeres*

Allgemeine Form

1a. Welches ist die allgemeine Hauptform der Kirche?
b. Hat dieselbe nur ein Schiff ohne Anbauten, oder deren mehrere?
c. Welches sind die Maaße der Kirche, nach Länge, Breite und Höhe derselben, (die Höhe bis zum Anfange des Daches gerechnet)?
2a. Ist bei mehreren Schiffen, das mittlere durch größere Verhältnisse schon im Aeußern ausgezeichnet?

b. Hat die Kirche ein Querschiff oder Kreuz?
c. Ist das Sanctuarium (der hohe Chor oder Altarraum) durch Form und Größe ausgezeichnet?
d. Man bittet einen ungefähren Grundriß, so wie auch wo möglich eine Ansicht beizulegen, wenn sie auch nur unvollkommen sein sollten, um daraus die auf 1. und 2. gegebenen Antworten besser verstehen zu können.

Material

3. Aus welchem Materiale besteht die Kirche, aus Quadern, Bruchsteinen (mit näherer Angabe der Art und des Ortes wo sie gebrochen sind) rohen oder behauenen Feldsteinen, Ziegeln, Holz oder einer Mischung von ihnen?
   Sind die Wände mit Kalkputz oder Tünche versehen oder nicht, sind dieselben wohl von Anfang an vorhanden gewesen?
4. Unterscheidet man verschiedene Arten des Mauerwerks, und scheint die eine Art älter wie die andere zu sein, und welche?
   Worin unterscheiden sich die verschiedenen Arten?
   Hat man Nachrichten über eine solche Veränderung?
   Sind im Mauerwerk alte Inschriften, Jahreszahlen? Man bittet dieselben zu copiren und mitzutheilen.
   Sind vielleicht einige Reste älterer Kunst, als Bildwerke, Säulenfragmente, Kapitäle, Basen, <Consolen, Tafeln> und dergleichen im Mauerwerk roh vermauert? Wie sehen sie aus, und woher mögen sie stammen?

Thürme

5. Wie viele Thürme hat die Kirche, und wo stehen sie?
   Man bittet einen jeden derselben nach Material, Größe und Form zu beschreiben.
   Ist derselbe viereckig, achteckig, rund oder von einer noch anderen oder zusammengesetzten Form?
   Aus welchem Material und von welcher Form ist die Spitze?
   Ist dieselbe massiv?

Portale

6. Wie viele Portale und andere Eingänge hat die Kirche, und wo befindet sich eine jedes derselben?
   Ist die Eindeckung derselben gradlinigt, im Rundbogen, Spitzbogen, oder noch einer anderen Form?
   Ist das Portal durch Säulen, Bildwerk pp geschmückt, und wie?
   Befindet sich die Thüre unter 1 offnen oder geschlossenen Vorhalle?
7. Giebt es vermauerte Thüren? Wo befinden sie sich, und wie sind sie nach Maaßgabe der unter 6. gestellten Fragen gestaltet?
8. Sind noch ältere Thürflügel vorhanden?
   Aus welchem Materiale bestehen sie? Sind dieselben nur ganz einfach, oder in irgend einer Weise verzirt?
   Was hat der Eisenbeschlag für eine Form und ist derselbe in irgend einer Weise verzirt und wie?

Fenster

9. Wie viele Fenster befinden sich zu jeder Seite der Kirche?
Wenn die Kirche nicht eine gewöhnliche einfache Form
hat, so bittet man die Zahl der Fenster an jedem der
verschiedenen unter 1 genannten Theile besonders aufzuführen.

10. Liegen die Fenster ziemlich gleich weit auseinander oder
sind ihrer 2, 3 oder mehrere stets zusammen gruppirt?
Liegen dieselben an derselben Wand in 2 oder mehreren
Reihen übereinander?

11. Welches ist die Gestalt der Fenster? Sind sie höher wie
breit, und um wie viel?
Sind dieselben gradlinigt, im Rundbogen, im Spitzbogen, im flachen Bogen (Stichbogen) oder in einer noch
anderen Form geschlossen, oder sind sie etwa kreis- oder
rundförmig?

12. Ist die Einfassung des Fensters ganz gradlinigt, ist sie
abgeschrägt oder mit mehreren Gliederungen eingefaßt,
mit oder ohne Säulchen?
Besteht das Fenster mit seiner Einfassung aus einem
anderen Materiale wie die umgebende Mauer, und aus
welchem?

13. Ist das Fensterfeld ganz offen ohne Verzirung und Thei-
lungen, oder ist es durch 1 oder mehrere Stäbe oder
Säulchen getheilt?
Ist innerhalb des oberen Bogens verzirtes Sprossenwerk?
Sind über den Fensterbögen vielleicht einfache oder
durchbrochene Giebel angebracht?
Man bittet um eine möglichst genaue Abbildung eines
der am häufigsten vorkommenden Fenster, so wie einer
jeden abweichenden Art, mit Angabe, wo es sich befindet.

14. Sind die gegenwärtigen Fenster wohl die ursprünglichen,
oder sind sie erst später eingebrochen?
Sind etwa noch ältere Fenster im Mauerwerk zu erkennen, welche vermauert oder theilweise zerstört sind?
Wie waren dieselben ursprünglich nach Maaßgabe der
unter 9 bis 13 gestellten Fragen?
Man bittet in diesem Falle um eine Zeichnung der
ganzen betreffenden Kirchenwand, mit Angabe, wo die
alten zugemauerten, oder wo die späteren Thüren oder
Fenster sich befinden.

Strebepfeiler

15. Werden die Wände durch Strebepfeiler verstärkt?
Wo befinden sie sich, wie stark treten sie vor, wie hoch
reichen sie hinauf und wie viele Absätze haben sie?
Reichen sie über das Dach hinauf?
Enden dieselben zuoberst in einfacher Abschrägung, in
Giebel- oder Pyramidenform?
Sind dieselben nur ganz einfach oder in welcher Weise
verzirt?
Bestehen die Verzirungen in Baldachinen, Säulchen,
Blattwerk, Thieren oder figürlichen Darstellungen und
wo befinden sie sich?

Befinden sich daran Thierfiguren oder andere Formen
zum Ausgießen des vom Dache herunterströmenden
Regenwassers?
Sind dieselben ursprünglich mit dem Mauerwerke
gleichzeitig verbunden oder erst später hinzugefügt?

16. Sind namentlich von dem höheren Mittelschiff aus über
die Seitenschiffe hinweg, oder auch anderwärts, Strebebögen gespannt und stützen sich dieselben auf Strebepfeiler?
Sind dieselben mehr in Gestalt massiver Mauern oder
leichter Bögen?
Sind dieselben ganz einfach oder aber mit durchbrochenen Verzirungen oder Gallerien versehen?
Sind die Strebebögen mit den Strebepfeilern oder der
ganzen Mauer gleichzeitig, oder sind sie denselben erst
später hinzugefügt worden?

Gesimse

17. Wo befinden sich Gesimse, welche um das ganze Gebäude oder doch einen Theil desselben herumlaufen,
und wie ist die Gliederung derselben?
Welche Form und Verzirung hat das Hauptgesims eines
jeden Gebäudetheiles, und aus welchem Materiale besteht dasselbe?
Wird dasselbe durch kleine Rund- oder Spitzbögen,
durch Kragsteine (einfache oder verzirte) Thier- oder
Menschenköpfe oder durch noch andere Gegenstände
getragen?
Befinden sich daran Darstellungen aus der Thier- oder
Pflanzenwelt?
Ragen daraus sogenannte Ausgußthiere zum Abführen
des Regenwassers von den Dächern, hervor?

18. Giebt es an den Wänden kleine Säulchen oder senkrech-
te Bandstreifen, welche bis zum Gesims hinauf reichen
und sich demselben anschließen?

19. Befindet sich über dem Gesims noch eine durchbrochene Galerie und von welchem Materiale?
Wie ist die Gestalt der Stützpfeilerchen und der durchbrochenen Felder?

Dach

20. Welches ist die Gestalt der Dächer auf jedem besonderen Theile der Kirche und wo giebt es besondere Rinnen
zum Auffangen und Abführen des Regenwassers?
Mit welchem Materiale ist das Dach eingedeckt, von
Metall (mit näherer Angabe desselben) Stein (welcher
Art) Schiefer, Dachziegel (Biberschwänze, Hohlziegel
pp) oder mit Holzschindeln.

21. Ist die Dachfläche durch irgend ein eingelegtes Muster
verzirt, und seit wann?

22. Sind die Giebel über das Dach hinaufgeführt und wo?
Wie sind die Giebel gestaltet? Man bittet um eine
Zeichnung, namentlich des östlichen und westlichen
Kirchengiebels, und solcher Giebel von Anbauten, wel-
che sich durch ihre Form auszeichnen.

*B. Inneres*

Vorhalle

24. Geht man von dem Portale unmittelbar in die Kirche hinein oder erst durch eine Vorhalle, und bei welchen Portalen befindet sich eine solche?

    Wie ist dieselbe gestaltet, wie sind die Wände verzirt, wie ist sie eingewölbt?

    Wie ist die zweite Thür, nach Maaßgabe der unter 6, gestellten Fragen?

25. Ist die Kirche im Innern geputzt oder zeigt sie ihr ursprüngliches Material an den Wänden, Pfeilern und Gewölben?

    Ist der vorhandene Putz oder die Tünche von Anfang an dagewesen oder erst später hinzugefügt worden?

    Ist sie noch gegenwärtig oder war sie ehemals im Ganzen oder im Einzelnen mit Farben geschmückt, und auf welche Weise?

26. Wie viele Schiffe hat die Kirche nebeneinander?

    Ist das Mittelschiff oder ein anderes höher wie die übrigen?

    Hat sie ein Querschiff oder Kreuz, und ist letzteres von derselben Höhe wie das Mittelschiff?

    Hat die Kirche ein besonderes Sanctuarium (hoher Chor oder Altarraum) an der Ostseite, und wie verhält sich die Höhe desselben zu der des Hauptschiffes?

    Diese Fragen stehen mit denen unter 2 gestellten in Verbindung, doch beziehen sich letztere auf die äußere Erscheinung, die jetzt oben gestellten aber allein auf die innere Gestaltung der Kirche.

Pfeilerstellungen

27. Wenn mehrere Schiffe nebeneinander vorhanden sind, werden sie dann durch Pfeiler oder Säulen oder durch eine Verbindung ode einen Wechsel von beiden getrennt?

    Wie viele einer jeden Art stehen auf jeder Seite des Schiffes?

    Sind die Basen, Schafte und Kapitäle derselben besonders geschmückt, und wie?

    Reichen einzelne Säulchen der zusammengesetzten Säulen oder Pfeilerbündel über die [...] Kapitäl [...] höher hinaus, und wie hoch?

28. Auf welche Weise sind die Pfeiler oder Säulen mit einander verbunden, durch Rundbögen oder Spitzbögen, oder in noch anderer Weise?

    Sind zwei oder mehrere Bögen in einen größeren zusammengefaßt?

    Wie sind die Bögen verzirt?

    Wie viele Bögen befinden sich zu jeder Seite des Schiffes, von jeder Art?

Decken und Gewölbe

29. Hat die Kirche, und im besonderen jeder einzelne Theil derselben eine flache Decke oder ein Gewölbe?

    Man bittet eine jede Verschiedenheit besonders zu beschreiben, namentlich:

    Ist die flache Decke mit oder ohne durch Malerei oder Bildwerk verzirte Balken und Felder, und in welcher Weise sind dieselben?

    Sind die Gewölbe Kreuzgewölbe im Rundbogen oder im Spitzbogen, mit oder ohne Gurte und Rippen?

    Sind die Kreuzgewölbe ganz einfach oder mit reicher angeordneten oder verschlungenen Rippen, mit oder ohne Malerei?

    Oder sind die Gewölbe von einer noch anderen Art und welcher?

    Aus welchem Materiale bestehen die Gewölbe und wie stark sind sie?

Mittelschiff

30. Sind die Wände, namentlich des Mittelschiffs durch Fenster, Gallerien, aufsteigende Wandpfeiler oder Säulchen oder noch in anderer Weise geschmückt?

    Es wäre sehr wünschenswerth, von eienr Abtheilung einer solchen Wand, d.h. von einer Fenster- oder Bogenabtheilung, vom Fußboden bis zur Decke oder dem Gewölbe hinauf, eine Zeichnung zu erhalten.

Fußboden

31. Wie ist der Fußboden der Kirche im Allgemeinen und eines jeden Theiles im Besonderen gepflastert, mit welchem Materiale und mit welchen Mustern, was durch eine Zeichnung eines Theiles leicht versinnlicht werden kann?

    Gehen vom Schiff oder dem Kreuze mehrere Stufen zum hohen Chore (Sanctuarium, wo der Altar steht) hinauf, und wie viele?

Hoher Chor oder Sanctuarium

32. Ist das Sanctuarium oder der hohe Chor an der Ostseite, durch eine grade Wand, mit oder ohne Fenster, oder in der Form eines Halbkreises oder eines Vieleckes geschlossen?

    Befindet sich über dem halbkreisförmigen Abschlusse eine Halbkugel oder eine flache Decke?

33. Geht um den Chorschluß herum ein Umgang, und ist derselbe gegen ersteren durch Bögen auf Säulen oder Pfeilern geöffnet?

34. Schließen sich dem Chorschlusse oder Umgang desselben besondere Kapellen an?

    Man bittet um genaue Beschreibung, und die Angabe, ob sie mit dem angrenzenden Hauptbaue gleichzeitig oder erst später hinzugefügt sind?

35. Ist der hohe Chor von der übrigen Kirche durch besondere Schranken getrennt?

    Aus welchem Materiale bestehen dieselben?

Bestehen sie aus festen Wänden oder sind sie durchbrochen gearbeitet?

Sind dieselben irgendwie verzirt, namentlich durch Säulen, Bögen, Bildwerke, Malerei, oder in noch anderer Weise?

Wenn nur ein Theil solcher Schranken vorhanden ist, wo befinden sich dieselben?

Befindet sich zwischen Chor und Schiff namentlich ein sogenannter Lettner (Lectorium) <in manchen Kirchen Apostelgang genannt> mit oder ohne Kanzel, zu welcher Treppen hinaufführen? Man bittet denselben sehr genau mit allen Verzirungen zu beschreiben.

Krypta

36. Befindet sich unter irgend einem Theile, namentlich unter dem hohen Chore eine unterirdische oder Gruftkirche (Krypta), mit oder ohne einen eigenthümlichen Namen?

Hat dieselbe Säulen oder Pfeiler, wie ist sie eingewölbt, hat sie besondere Nischen, Fenster, Treppen, und wo?

Man bittet dieselbe so genau wie möglich zu beschreiben, mit Rücksicht auf die obigen, auf die Kirche selbst bezüglichen Fragen.

Wo befindet sich der Eingang zu ihr, giebt es alte vermauerte Eingänge?

Ist dieselbe vielleicht älter wie die übrige Kirche, und was sind die Gründe dafür?

37. Was hat die Kirche für Emporen (im gewöhnliche Leben Chöre oder Priechen genannt)?

Aus welchem Materiale bestehen sie und wie sind sie verzirt?

Sollten dieselben etwa von Stein sein, so bittet man, sie sorgfältiger zu beschreiben und anzugeben, ob sie etwa mit Erbauung der Kirche gleichzeitig sein mögen?

38. Hat die Kirche besondere Kapellen?

Wo liegen sie, welchen Namen führen sie oder welchem Heiligen sind sie gewidmet?

Man bittet dieselben so genau wie möglich nach Maaßgabe der oberen Fragen mit Einschluß der Thüren welche hineinführen zu beschreiben.

39. Was giebt es sonst noch für Nebenbauten, welche mit der Kirche eng verbunden sind, als Sakristeien, Geroder Gerbekammern, Cither, isolirte Grabkammern u.s.w.

Man bittet auch diese wie die unter 38 genannten, im Einzelnen zu beschreiben.

40. Haben die Fenster im Ganzen und Einzelnen noch Reste von Glasmalereien, wo befinden sie sich, und was stellen sie dar?

Befinden sich figürliche Darstellungen darauf, Inschriften, Jahreszahlen oder bloße Ornamente?

In welchem Zustande der Erhaltung befinden sie sich? Sind sie etwa nach Außen durch Drathgitter geschützt?

### III. Kleinere Monumente in und außerhalb der Kirche

1. Wie viele Altäre hat oder hatte die Kirche, wo steht ein jeder derselben, uns welchem Heiligen ist er gewidmet? Wie ist die Gestalt des Altars, seine Größe, und aus welchem Materiale besteht er?

2. Wie ist der Altaraufsatz beschaffen, in Gestalt und Material?

Ist das Altarbild vielleicht aus älterer Zeit und mit Flügeln versehen? Man bittet ein solches sehr genau und ausführlich zu beschreiben und mit allen Nebengemälden und den etwa vorhandenen Inschriften <und Wappen.>

3. Befinden sich dergleichen ehemalige Altäre noch anderwärts in der Kirche oder vielleicht in einem Nebenraume?

Auch diese bittet man in gleicher Weise zu beschreiben.

4. Giebt es sonst in der Kirche Gemälde auf Leinewand, Holz oder auch auf die Wand gemalt? Man bittet sie in ähnlicher Weise zu beschreiben.

5. Wie ist die Kanzel beschaffen, und aus welchem Materiale besteht sie?

Ist sie mit Malerei oder Bildwerk, und in welcher Weise verzirt?

Namentlich bittet man um eine genaue Beschreibung derselben, wenn sie aus Stein gearbeitet ist und der älteren Zeit angehören sollte.

6. Ist der Taufstein aus Stein oder Erz und durch Form oder Alter ausgezeichnet?

Ist das Taufbecken durch Alter, Bildwerke oder Inschriften ausgezeichnet?

Man bittet dieselben genau mitzutheilen.

7. Sind ältere Chorstühle vorhanden, namentlich solche die sich durch figürliche Darstellungen und andere Bildschnitzereien auszeichnen?

Wie ist ihr gegenwärtiger Zustand, haben sie noch die alte Holzfarbe oder sind sie später übertüncht worden? Man bittet die ausgezeichneteren zu beschreiben.

8. Was hat die Kirche im Innern oder Aeußeren für Grabmonumente?

Aus welchem Materiale bestehen sie?

Liegen sie an der Erde flach, oder auf einem verzirten Unterbau, oder sind sie an der Wand aufgerichtet?

Sind sie mit figürlichen Darstellungen versehen, in ganz oder halberhabener Arbeit oder in bloßen Umrissen?

Man bittet die durch Kunst oder Alter ausgezeichneteren genauer zu beschreiben, wo möglich abzuzeichnen und jedenfalls die Inschriften und Jahreszahlen mitzutheilen.

9. Hat die Kirche besondere Sacramentshäuschen (Ciborien <Tabernakel>) und aus welchem Materiale?

Stehen sie frei, und haben eine gothische Pyramidenform, oder bilden sie mehr oder weniger verzirte Wandnischen?

Die durch Kunst ausgezeichneteren wünscht man gern abgebildet zu haben.

10. Giebt es in der Kirche noch besondere Statuen, Bild-werke, Leuchter, Weihbecken, Kronen, Kreuze, Fahnen, Waffen Wappen, Heiligenhäuschen und dergleichen kleinere Monumente, welche im vorigen nicht beson-ders genannt sind?

Wenn sie sich irgend durch Form oder Alter auszeich-nen, so bittet man sie genau zu beschreiben und viel-leicht durch Abbildungen zu erläutern.

11. Wie viele Glocken hat die Kirche, und wie groß ist jede? Was hat jede für Aufschriften, <bildliche Darstellungen, Ornamente> und Jahreszahlen?

12. Werden in der Sakristei oder sonst wo durch Alter oder Verzirung ausgezeichnete Schränke oder Kästen aufbe-wahrt, und wodurch zeichnen sie sich aus?

13. Wie viele Kelche und Patenen besitzt die Kirche, aus welchem Materiale bestehen sie?

Zeichnen sich einige derselben durch Form und Ver-zirung aus, und wie?

Was befinden sich daran für Inschriften oder Jahres-zahlen?

14. Giebt es Monstranzen von besonders ausgezeichneter Form?

15. Giebt es durch Alter, Kunst oder Kostbarkeit ausge-zeichnete <Reliquien und> Reliquienbehälter?

Wodurch zeichnen sie sich aus? Man bittet sie genau zu beschreiben, und die durch Form ausgezeichneteren ab-zubilden.

16. Giebt es sonst alte kostbare Geräthe oder sonstige kleinere Monumente wie Bischofsstäbe, kleine Leuchter pp. In edlen Metallen, mit oder ohne Edelsteine, mit oder ohne Email oder Schmelzwerk, von Elfenbein oder anderen edlen Stoffen?

17. Giebt es alte geschriebene Bücher, namentlich Evange-listarien, Missale, Necrologien oder andre dergleichen mit oder ohne kostbaren Einbänden?

18. Was giebt es für Stoffe oder Kleidungsstücke, welche sich durch Alter, Schönheit der Zeichnung und Farben oder sonst wie auszeichnen?

Man bittet sie näher im Einzelnen zu beschreiben.

19. Wie ist das Kirchensiegel?

Giebt es noch ältere, nicht mehr im Gebrauche seiende Siegelstempel?

Man bittet von jedem derselben mehrere gute Abdrücke in Siegellack, und von den größeren vielleicht in Wachs, auf besonderen Bogen (die größeren sorgfältig verpackt) beizulegen.

<20. Wie ist die Windfahne des Thurms gestaltet? Hat die-selbe eine Jahreszahl?>

## IV. Umgebungen der Kirche

1. Liegt die Kirche innerhalb eines Kirchhofes und ist der-selbe mit Mauern umgeben?

Aus welchem Materiale besteht sie im Ganzen oder an den einzelnen Stellen?

Man bittet die Antworten mit Rücksicht auf II,3 zu ge-ben. Befinden sich an derselben gewölbte Nischen, Mo-numente oder auch Bogenhallen, und wodurch zeich-nen sich dieselben aus? Zeichnet sich das Eingangsthor in irgendeiner Weise aus und wodurch?

Ist dasselbe etwa eingewölbt, und zwar im Rundbogen, Spitzbogen oder im flachen Bogen?

2. Stehen auf demselben isolirte Kapellen?

Man bittet dieselben nach den in II und III gestellten Fragen im Einzelnen zu beantworten.

3. Befinden sich daselbst alte Heiligenbilder, Kreuze, far-bige Lampen und dergleichen kleinere Monumente?

4. Zeichnen sich unter den Leichensteinen einige durch Alter, Form oder durch die Personen aus, denen sie ge-setzt sind?

Man bittet namentlich die Inschriften und Jahreszahlen mitzutheilen, mit Rücksicht auf III,8.

5. Für den Fall, daß die Kirche mit einem Kloster oder einer milden Stiftung (S.I,8) verbunden war, kommt es darauf an, ob deren Gebäude noch im Ganzen oder theilweise vorhanden sind?

Umgeben dieselben einen durch Bogenhallen umge-benen sogenannten Kreuzgang oder Klosterhof?

Wie ist die Architektur desselben beschaffen, wobei die Fragen in Bezug auf die Pfeilerstellungen der Kirche II,27.28.29 berücksichtigt werden können.

Wie viele Seiten des Hofes umschließt derselbe?

Liegt der mittlere offene Hof (oder Garten, Kirchhof) etwa höher wie der bedeckte Umgang, und um wie viel?

6. Wie ist die übrige Architektur dieser Gebäude? Giebt es namentlich größere, auf Säulen gestützte und gewölbte Sääle, oder andere Räume welche sich auszeichnen?

Man bittet hierbei die namentlich in II gestellten Fragen so viel es angeht, so wohl für das Aeußere als auch für das Innere zu benutzen, namentlich alles was sich auf Nebenkapellen, Mauerwerk, Strebepfeilern und Gesimse, Säulen oder Pfeilern, Decken und Gewölbe, Thüren und Fenster bezieht. Desgleichen die unter III in Bezug auf etwa vorhandene kleinere Monumente gestellten Fragen.

7. Wenn das Kloster oder die Stiftung besondere Siegel hat, neuere oder ältere, so bittet man von jedem mehrere besondere Abdrücke, wie unter III,19 erwähnt ist.

### Anmerkungen

1    Ferdinand von Quast: Fragebogen zur Inventarisation der Kunst-denkmäler 1844/45, 1. Fassung, GStA PK Berlin HA I, Rep. 76Ve Sect. 1 Abt. VI Nr. 2a Bl. 243ff.

2    Die eckigen Klammern <> sind Ergänzungen von Leopold Freiherr von Ledebur, Direktor der königlichen Kunstkammer.

# Gräber auf dem Campo Santo in Radensleben[*]

| Vorname | Name | geboren | gestorben | Alter | Verwandtschaftsgrad |
| --- | --- | --- | --- | --- | --- |

*erste Reihe am Ostgiebel der Pfarrkirche, von rechts nach links*

| Vorname | Name | geboren | gestorben | Alter | Verwandtschaftsgrad |
| --- | --- | --- | --- | --- | --- |
| Wilhelm | von Diest | 17.04.1828 | 26.08.1870 | 42 | Schwager von Ferdinand Bruder von Marie Caroline |
| Marie | von Diest geb. Schenkendorff | 24.09.1832 | 11.04.1885 | 52 | Ehefrau von Wilhelm |
| Wilhelm | von Quast | 25.07.1849 | 28.05.1919 | 69 | Sohn von Ferdinand 2. Ehemann von Elisabeth (Else) |
| Siegfried | von Quast | 18.09.1842 | 31.10.1887 | 45 | Sohn von Ferdinand 1. Ehemann von Elisabeth (Else) |
| Marie | von Quast geb. Hengstenberg | 11.06.1848 | 03.01.1875 | 26 | 1. Ehefrau von Siegfried Schwiegertochter von Ferdinand |
| Marie Adelheid Charlotte | von Quast | 10.08.1845 | 30.05.1854 | 9 | Tochter von Ferdinand |
| Adelheid Charlotte Hedwig | von Negelein geb. von Quast | 24.03.1854 | 28.04.1938 | 84 | Tochter von Ferdinand |
| Elisabeth Amalie Karoline | von Negelein | 07.07.1875 | 18.05.1943 | 67 | Tochter von Adelheid Enkelin von Ferdinand |
| Florence | von Quast | 29.04.1884 | 25.03.1886 | 11 Mt. | Tochter von Heinrich Enkelin von Ferdinand |

*zweite Reihe am Ostgiebel der Pfarrkirche, von rechts nach links*

| Vorname | Name | geboren | gestorben | Alter | Verwandtschaftsgrad |
| --- | --- | --- | --- | --- | --- |
| Ehrengard | von Quast | 06.05.1887 | 07.12.1926 | 39 | Tochter von Siegfried aus 2. Ehe mit Elisabeth ( Else ) Enkelin von Ferdinand |
| Kurt Wilhelm Ferdinand Gustav | von Quast | 19.10.1900 | 14.04.1932 | 31 | Sohn von Wilhelm u. Elisabeth Enkel von Ferdinand |
| Ferdinand | von Quast | 23.06.1807 | 11.03.1877 | 69 | |
| Marie Caroline | von Quast geb. von Diest | 10.06.1818 | 17.08.1885 | 67 | Frau von Ferdinand |
| Heinrich | von Quast | 16.02.1856 | 03.12.1928 | 72 | Sohn von Ferdinand |

# Begräbnisstätte der Familie Hengstenberg in der Grabkapelle in Radensleben[*]

| Vorname | Name | geboren | gestorben | Alter | Verwandtschaftsgrad |
|---|---|---|---|---|---|
| Ernst Wilhelm | Hengstenberg | 20.10.1802 | 28.05.1869 | 66 | Schwager von Ferdinand Prof. der Theologie |
| Theresa | Hengstenberg geb. von Quast | 28.12.1812 | 14.09.1861 | 48 | Ehefrau von Ernst Wilhelm |
| Wilhelm | Hengstenberg | 31.03.1834 | 25.08.1835 | 1 | Sohn von Ernst Wilhelm |
| Hans | Hengstenberg | 20.02.1842 | 10.02.1869 | 32 | Sohn von Ernst Wilhelm |
| Elisabeth | Hengstenberg | 15.09.1842 | 24.05.1854 | 11 | Tochter von Ernst Wilhelm |
| Hans | Hengstenberg | 07.06.1868 | 11.05.1869 | 11 Mo. | Enkel von Ernst Wilhelm Sohn von Hans |

Die sterblichen Überreste der Familienmitglieder wurden im
Zuge der Sanierungsarbeiten im Campo Santo beigesetzt.

Anmerkung

[*] Die Angaben erfolgten mit freundlicher Unterstützung von Henning
C. von Quast, Hamburg, und wurden zusammengetragen und bearbeitet von Solvieg Tokar (Stadtverwaltung der Fontanestadt Neuruppin) und Karin Witt (Bauamt der Fontanestadt Neuruppin).

## Literaturverzeichnis

ADLER 1862–98: Adler, Friedrich: Mittelalterliche Backstein-Bauwerke des preussischen Staates in 12 Heften, Berlin 1862–98.

BACHER 1995: Bacher, Ernst (Hg.): Kunstwerk oder Denkmal? Alois Riegls Schriften zur Denkmalpflege, Wien u.a. 1995.

BERGAU 1879: Bergau, R[udolf]: Die Inventarisation der Kunstdenkmäler in der Provinz Brandenburg, in: Deutsche Bauzeitung Nr. 91, 15. November 1879, S. 465f.

BERGAU 1885: Bergau, R[udolf]: Inventar der Bau- und Kunst-Denkmäler in der Provinz Brandenburg im Auftrage des Brandenburgischen Provinzial-Landtages […], Berlin 1885.

BERGAU 1888: Rudolf Bergau, Ferdinand von Quast, in: Allgemeine Deutsche Biographie, Berlin 1888, Bd. 27, S. 26.

BETTHAUSEN 2000: Betthausen, Peter u. a. (Hg.): Georg Dehio (1850–1932). 100 Jahre Handbuch der Deutschen Kunstdenkmäler, München/Berlin 2000.

BRANDENBURGISCHER PROVINZIALVERBAND 1914: Brandenburgischer Provinzialverband (Hg.): Die Kunstdenkmäler der Provinz Brandenburg, Bd. 1, Teil 3 Ruppin, Berlin 1914.

BUCH 1990: Buch, Felicitas: Studien zur Preußischen Denkmalpflege am Beispiel konservatorischer Arbeiten Ferdinand von Quasts (Manuskripte zur Kunstwissenschaft in der Wernerschen Verlagsgesellschaft, Hg.: Ferdinand Werner, Bd. 30), Worms 1990 (zugleich Diss. TH Darmstadt 1989).

BUCHINGER/CANTE 2000: Buchinger, Marie-Luise; Cante, Marcus: Denkmale in Brandenburg, Landkreis Teltow-Fläming, Teil 1, Stadt Jüterbog mit Kloster Zinna und Gemeinde Niedergörsdorf (Denkmaltopographie der Bundesrepublik Deutschland), Worms 2000.

BURMAN 2005: Burman, Peter: Defining a Body of Tradition. Philip Webb, in: Miele, Chris (ed.): Building Conservation and the Arts and Crafts Cult of Authenticity 1877–1939 (Studies in British Art 14), New Haven/London 2005, S. 67–99.

BÜTTNER 1901: Büttner, [Georg]: Karl Rudolf Gustav Bluth † [verstorben], in: Die Denkmalpflege, Jg. 3, 1901, S. 126, 127.

CANTE 1994: Cante, Marcus: Denkmale in Brandenburg, Stadt Brandenburg an der Havel, Teil 1. Dominsel – Altstadt – Neustadt (Denkmaltopographie Bundesrepublik Deutschland), Worms 1994.

CLEMEN 1898: Clemen, Paul: Die Denkmalpflege in Frankreich, in: Zeitschrift für Bauwesen 48, 1898, Sp. 489–538 und Sp. 593–630.

DAS ERWINSPORTAL 1909: Anonym: Das Erwinsportal an der Kirche zu Jung St. Peter in Straßburg, wiederher-gestellt von Karl Schäfer, in: ZBVW, Jg. 29, 1909, S. 518ff.

DE CAUMONT 1855: de Caumont, Arcisse: Les restaurations des architectes français appréciées par les savants de l'Angleterre et de l'Allemagne, in: Bulletin monumental 3e série, tome 1 (= vol. 21), 1855, S. 523–526.

DE MONTALEMBERT 1833: de Montalembert, Charles : Du vandalisme en France. Lettre à M. Victor Hugo, in: Revue des Deux Mondes, Bd. 1, Januar–März 1833 (abrufbar unter: *http://fr.wikisource.org/wiki/Charles_de_Montalembert*).

DE MONTALEMBERT 1838: de Montalembert, Charles: Du vandalisme en 1838, in: Revue des Deux Mondes, Bd. 16, Oktober–Dezember 1838 (abrufbar unter: *http://fr.wikisource.org/wiki/Charles_de_Montalembert*).

DE MONTALEMBERT/DIDRON 1845: De Montalembert, Charles; Didron, Adolphe-Napoléon: Réparation de la cathédrale de Paris, in: Annales archéologiques 3, 1845, S. 113–128.

DEHIO 1905: Dehio, Georg: Denkmalschutz und Denkmalpflege im neunzehnten Jahrhundert, Rede an der Kaiser-Wilhelm-Universität zu Strassburg am 27. Januar 1905, Strassburg 1905.

DEHIO 1914: Dehio, Georg: Kunsthistorische Aufsätze, München/Berlin 1914.

DEHIO 1984: Dehio, Georg: Handbuch der deutschen Kunstdenkmäler, Rheinland-Pfalz, Saarland, 2. Aufl., Berlin 1984.

DENKMALPFLEGE UND BESCHÄFTIGUNG 2000: Denkmalpflege und Beschäftigung: Internationale Konferenz im Rahmen der deutschen EU-Präsidentschaft am 15./ 16. April 1999 in Berlin (Schriftenreihe des Deutschen Nationalkomitees für Denkmalschutz, Bd. 62), Bonn 2000.

DEUTSCHE GESELLSCHAFT E.V. 2005: Deutsche Gesellschaft e.V.: Schlösser und Gärten der Mark, Radensleben, Landkreis Ostprignitz-Ruppin, Berlin 2005.

DIE DENKMALPFLEGE 1902: Die Denkmalpflege, IV. Jahrgang 1902, Nr. 10, S. 76–79.

DIETRICH 1995: Dietrich, Dagmar: Inventarisation als Instrument der Denkmalerfassung, in: Städtebauliche Denkmalpflege (= Vereinigung der Landesdenkmalpfleger in der Bundesrepublik Deutschland (Hg.): Berichte zu Forschung und Praxis der Denkmalpflege in Deutschland, Bd. 5), 1995, S. 63–66.

DRACHENBERG 1995: Drachenberg, Thomas: Brandenburg an der Havel, St. Nikolai Instandsetzung einer romanischen Backsteinkirche, in: Brandenburgische Denkmalpflege, Jg. 4, 1995, Heft 2, S. 53ff.

DVOŘÁK (1911): Dvořák, Max: Denkmalpflege in Österreich, in: Gemeinsame Tagung für Denkmalpflege und Heimatschutz, Salzburg 14. und 15. September 1911, Stenographischer Bericht, Berlin o. J., S. 64–74.

DVOŘAK 1916: Dvořak, Max: Katechismus der Denkmalpflege, Wien 1916.

ECHTER 2006: Echter, Claus-Peter: Die Denkmaltopographie als Erfassungsinstrument und kulturgeschichtliches Unternehmen (= Deutsches Institut für Urbanistik – Beiträge zur Stadtforschung, Bd. 43), Berlin 2006.

EULER-ROLLER 2005/06: Euler-Roller, Bernd: Adalbert Stifter und Alois Riegl. Von der Poesie der Denkmale, in: Kunstgeschichte. Mitteilungen des Verbandes österreichischer Kunsthistorikerinnen und Kunsthistoriker, Jg. 12/13, 2005/06, Tagungsband Revisionen, Linz 13. bis 16. Oktober 2005, S. 68–73.

FENRICH SEIDEL/BRANDT 2006: Fenrich Seidel, Katja; Brandt, Sigrid: St. Marien in Neuruppin, Worms 2006.

FINDEISEN 1995: Findeisen, Peter: Zweierlei Maß bei Ferdinand von Quast?, in: Konservatorenauftrag und heutige Denkmalherausforderung. Jahrestagung der Vereinigung der Landesdenkmalpfleger in der Bundesrepublik Deutschland 1993 in Heidelberg (Landesdenkmalamt Baden-Württemberg, Arbeitsheft 4), Stuttgart 1995, S. 25–32.

FRANKREICH 1846: Frankreich [o. Vorname], in: Allgemeine Bauzeitung 11, 1846, Beilage Ephemeriden, S. 5–6.

FRODL 1988: Frodl, Walter: Idee und Wirklichkeit. Das Werden der staatlichen Denkmalpflege in Österreich (Studien zu Denkmalschutz und Denkmalpflege, Bd. 13), Wien u. a. 1988, S. 70–72.

GEIGER 2000: Geiger, Martin: Denkmalpflege im Zeitalter der Globalisierung, in: Denkmalpflege Informationen, hg. vom Bayerischen Landesamt für Denkmalpflege, Ausgabe A 86, 26. Juli 2000, S. 1–7.

GEYER 2001: Geyer, Albert: Geschichte des Schlosses zu Berlin, 2 Bde., 2. Bd. Vom Königsschloss zum Schloss des Kaisers (1698–1918), bearb. v. Sepp-Gustav Gröschel, hg. v. Jürgen Julier, Berlin 2001.

GOECKE 1914: Goecke, Theodor: Der Wettbewerb um Entwürfe zur Erweiterung des Rathauses in Potsdam. Ein Beitrag zu den Beziehungen zwischen Städtebau und Denkmalpflege, in: Der Städtebau, Jg. 11, 1914, S. 29ff.

GRIMM 1977: Grimm, Albrecht: 120 Jahre Photogrammetrie in Deutschland, in: Deutsches Museum, Abhandlungen und Berichte, 45. Jg., 1977, Heft 2, S. 14–55.

GRUNSKY 1999: Grunsky, Eberhard: Standort der Denkmalpflege – Ansprüche an die Denkmalpflege, in: Auf dem Weg ins 21. Jahrhundert – Denkmalschutz und Denkmalpflege in Deutschland. Dokumentation der Tagung des Deutschen Nationalkomitees für Denkmalschutz in Berlin 25.–26. Februar 1999 (Schriftenreihe des Deutschen Nationalkomitees für Denkmalschutz, Bd. 61), Bonn 1999, S. 76–82.

GRUNSKY 2006: Grunsky, Eberhard: Kunstgeschichte und die Wertung von Denkmälern bei Georg Dehio und Alois Riegl, in: Brandenburgische Denkmalpflege, Jg. 15, 2006, S. 5–11.

GURATZSCH 1995: Guratzsch, Dankwart: Stoff – Idee – Symbol, in: Reupert, Ute; Trajkovits, Thomas; Werner, Winfried (Hg.): Denkmalkunde und Denkmalpflege. Wissen und Wirken. Festschrift für Heinrich Magirius, Dresden 1995, S. 520ff.

HANSELMANN 1996: Hanselmann, Jan Friedrich: Die Denkmalpflege in Deutschland um 1900. Zum Wandel der Erhaltungspraxis und ihrer methodischen Konzeption, Frankfurt a.M. 1996.

HELLBRÜGGE 1991: Hellbrügge, Christoph: »Konservieren, nicht restaurieren«. Bedeutungswandel und Anwendungspraxis eines Prinzips der Denkmalpflege im 20. Jahrhundert in Deutschland, Diss. Bonn 1991.

HERRMANN/RZEMPOŁUCH 2006: Herrmann, Christofer; Rzempołuch, Andrzej (Hg.): Ermländische Ansichten. Ferdinand von Quast und die Anfänge der Denkmalpflege in Preußen und Ermland, Münster/Olsztyn 2006.

HERZFELD/HEINRICH 1968: Herzfeld, Hans; Heinrich, Gerd (Hg.): Berlin und die Provinz Brandenburg im 19. und 20. Jahrhundert. Veröffentlichungen der Historischen Kommission zu Berlin beim Friedrich-Meinecke-Institut der Freien Universität Berlin, Bd. 25 Geschichte von Brandenburg und Berlin, Bd. 3, Berlin 1968.

HEUSS 1956/96: Heuß, Alfred: Theodor Mommsen und das 19. Jahrhundert, Kiel 1956, Neudruck Stuttgart 1996.

HILGER 1982: Hilger, Hans-Peter: Zur Frage des Reprints älterer Denkmälerinventare, in: Deutsche Kunst und Denkmalpflege, Jg. 40, 1982, S. 82–87.

HOFFMANN 1995: Hoffmann, Godehard: Rheinische Romanik im 19. Jahrhundert. Denkmalpflege in der preußischen Rheinprovinz, Köln 1995.

HOFFMANN-AXTHELM 2000: Hoffmann-Axthelm, Dieter: Gutachten zur Neubestimmung der Denkmalpflege, in: Vereinigung der Landesdenkmalpfleger (Hg.): Dokumentation. Entstaatlichung der Denkmalpflege? Von der Provokation zur Diskussion. Eine Debatte über die Zukunft der Denkmalpflege, zusammengestellt von Matthias Donath, Berlin 2000.

HÖHLE 2005: Höhle, Eva-Maria: Alois Riegl, Kunsthistoriker und Denkmalpfleger. Zum 100. Todestag, in: Österreichische Zeitschrift für Kunst und Denkmalpflege 1/2005, S. 14–21.

HUBEL 2005/06: Hubel, Achim: Der Generalkonservator Alois Riegl. Über die Wechselwirkung von Theorie und Praxis in der Denkmalpflege, in: Kunstgeschichte. Mitteilungen des Verbandes österreichischer Kunsthistorikerinnen und Kunsthistoriker, Jg. 12/13, 2005/06, Tagungsband Revisionen, Linz 13. bis 16. Oktober 2005, S. 74–80.

HUBEL 2005: Hubel, Achim: Der »Generalkonservator« Alois Riegl. Verdichtung des Denkmalbegriffs durch die Erfahrungen der Praxis, in: Hubel, Achim: Kunstgeschichte und Denkmalpflege. Ausgewählte Aufsätze, Petersberg 2005, S. 217–230.

Huse 1984: Huse, Norbert: Denkmalpflege. Deutsche Texte aus drei Jahrhunderten, München 1984.

Ihde 2007: Ihde, Olaf: »Das ehemalige Wohnhaus der Gutsbesitzerfamilie von Quast – bauforscherische Untersuchung für den denkmalpflegerischen Umgang«, Masterarbeit im Studiengang »Bauen und Erhalten« an der Brandenburgischen Technischen Universität Cottbus, 9.5.2007.

Jahn 1936: Jahn, Franz: Der erste Konservator der Kunstdenkmäler des Preußischen Staates Ferdinand von Quast und sein konservatorischer Nachlaß im Architekturarchiv der TH zu Berlin (=Veröffentlichungen des Architekturarchiv der TH zu Berlin, Heft 1), Berlin 1936.

Jokilehto 1999/2005: Jokilehto, Jukka: A History of Architectural Conservation (Butterworth-Heinemann series in conservation and museology), Oxford u.a. 1999, unveränderter Nachdruck 2005, S. 106–109.

Jonas 1888: Jonas [o. Vorname], Johann Ernst Plamann, in: Allgemeine Deutsche Biographie, Berlin 1888, Bd. 26, S. 222.

K. G. 1855: K. G.: Die Restauration der ältesten kirchlichen Baudenkmäler zu Fulda, in: Deutsches Kunstblatt 6, 1855, S. 95–96.

Kalinowski 1989: Kalinowski, Konstanty: Der Wiederaufbau der historischen Stadtzentren in Polen, in: Deutsche Kunst und Denkmalpflege, Jg. 47, 1989, Heft 2, S. 102–113.

Kalinowski 1993: Kalinowski, Konstanty, in: Lipp, Wilfried (Hg.): Denkmal – Werte – Gesellschaft. Zur Pluralität des Denkmalbegriffs, Frankfurt a.M. 1993, S. 322–346.

Karg 1993: Karg, Detlef: Vor 150 Jahren: Bestallung des ersten Konservators in Preußen, Ferdinand von Quast, in: Brandenburgische Denkmalpflege, Jg. 2, 1993, Heft 1, S. 5–8.

Karg 2005: Karg, Detlef: Karl Friedrich Schinkel und Ferdinand von Quast. Die Anfänge der staatlichen Denkmalpflege in Brandenburg-Preußen, in: Scheurmann, Ingrid (Hg.): Zeitschichten, Erkennen und Erhalten – Denkmalpflege in Deutschland. 100 Jahre Handbuch der Deutschen Kunstdenkmäler von Georg Dehio. Ausstellungskatalog, München/Berlin 2005, S. 242–247.

Kemp 1983: Kemp, Wolfgang: John Ruskin 1819–1900. Leben und Werk, München/Wien 1983.

Kemp 1990: Kemp, Wolfgang: Alois Riegl (1858–1905), in: Dilly, Heinrich (Hg.): Altmeister moderner Kunstgeschichte, Berlin 1990, S. 45.

Kerkhoff 1994: Kerkhoff, Ulrich: Vom modernen zum postmodernen Denkmalkultus, eine assoziierende Skizze, kein Tagungsbericht, in: Lipp, Wilfried; Petzet, Michael (Hg.): Vom modernen zum postmodernen Denkmalkultus?, Denkmalpflege am Ende des 20. Jahrhunderts; Passau 14. bis 16. Oktober 1993 (Arbeitshefte des Bayerischen Landesamtes für Denkmalpflege, Nr. 69), München 1994, S. 89–91.

Keyser/Gruber 1929: Keyser, Erich; Gruber, Karl: Die Marienkirche in Danzig, Berlin 1929.

Kohte 1899: Kohte, Julius: Zur Frage eines Konservators für Berlin, in: Die Denkmalpflege, Jg. 1, 1899, S. 40ff.

Kohte 1906: Kohte, Julius: Der Palast des Grafen Redern in Berlin, in: Die Denkmalpflege, Jg. 8, 1906, S. 38ff.

Kohte 1907: Kohte, Julius: Ferdinand von Quast. Zu seinem 100. Geburtstag, in: Die Denkmalpflege, Jg. 9, 1907, S. 57–60.

Kohte 1977: Kohte, Julius: Ferdinand von Quast (1807–1877), Konservator der Kunstdenkmäler des preußischen Staates, in: Deutsche Kunst und Denkmalpflege, Jg. 35, 1977, S. 114–138.

Koselleck 1984: Koselleck, Reinhart: Historia Magistra Vitae, Über die Auflösung des Topos im Horizont neuzeitlich bewegter Geschichte, in: Vergangene Zukunft, Frankfurt/Main 1984.

Kugler 1833: Kugler, Franz: Reiseblätter vom Jahr 1832, in: Museum, Blätter für bildende Kunst 1833, Nr. 4ff.

Kugler 1837: Kugler, Franz: Über die gegenwärtigen Verhältnisse der Kunst zum Leben (Schlussabschnitt der 1. Auflage des Handbuches der Geschichte der Malerei), Stuttgart 1837.

Kugler 1850: Kugler, Franz: Zur Erhaltung und Kunde der Denkmäler, in: Deutsches Kunstblatt, Jg. 1, 1850, S. 93–94.

Kugler 1853: Kugler, Franz: Kleine Schriften und Studien zur Kunstgeschichte, Bd. 1, Stuttgart 1853.

Kugler 1854a: Kugler, Franz: Kleine Schriften und Studien zur Kunstgeschichte, Bd. 2, Stuttgart 1854.

Kugler 1854b: Kugler, Franz: Kleine Schriften und Studien zur Kunstgeschichte, Bd. 3, Stuttgart 1854.

Lemburg 1989: Lemburg, Peter: Leben und Werk des gelehrten Berliner Architekten Friedrich Adler (1827–1908), Berlin (= Diss. FU Berlin) 1989.

Lezius 1908: Lezius, H.[ermann]: Das Recht der Denkmalpflege in Preußen. Begriff, Geschichte und Organisation der Denkmalpflege, Berlin 1908.

Lübke 1855: Lübke, Wilhelm: Eine Fahrt nach Süddeutschland, 7. Heimkehr über Karlsruhe, Mainz, Wartburg, in: Deutsches Kunstblatt, Jg. 6, 1855, S. 457–459.

Lüdicke 1918: Lüdicke, Reinhard: Die Preußischen Kulturminister und ihre Beamten im ersten Jahrhundert des Ministeriums 1817–1917, Stuttgart und Berlin 1918, S. 4f.

Mainzer 1995: Mainzer, Udo: 20 Jahre nach dem Europäischen Denkmalschutzjahr, in: Baumeister 2/1995, S. 20–23.

Materna/Ribbe 1995: Materna, Ingo; Ribbe, Wolfgang (Hg.): Brandenburgische Geschichte, Berlin 1995.

Meinecke 2002: Meinecke, Andreas: Hans Lutsch (1854–1922), Provinzialkonservator von Schlesien und Konservator der Kunstdenkmäler Preußens, in: Baltische Studien, 2002, S. 106ff.

METZLER 1996: Metzler, Matthias: Denkmale in Branden-
burg, Landkreis Ostprignitz-Ruppin, Teil 1, Stadt
Neuruppin (Denkmaltopographie der Bundesrepublik
Deutschland), Worms 1996.

MEYDENBAUER 1905: Meydenbauer, Albrecht: Das Denk-
mäler-Archiv. Ein Rückblick zum zwanzigjährigen Bestehen der Königlichen Messbild-Anstalt in Berlin,
Berlin Januar 1905.

MIELE 2005: Miele, Chris (ed.): Building Conservation and
the Arts and Crafts Cult of Authenticity 1877–1939
(Studies in British Art 14), New Haven/London 2005.

MITSCHERLICH 1965: Mitscherlich, Alexander: Die Unwirtlichkeit der Städte, Frankfurt a.M. 1965.

MOHR DE PÉREZ 2001: Mohr de Pérez, Rita: Die Anfänge
der staatlichen Denkmalpflege in Preußen. Ermittlung
und Erhaltung alterthümlicher Merkwürdigkeiten
(Forschungen und Beiträge zur Denkmalpflege im Land
Brandenburg, Hg. Brandenburgisches Landesamt für
Denkmalpflege und Archäologisches Landesmuseum
Prof. Dr. Detlef Karg), Worms 2001.

MOMMSEN 1905: Mommsen, Theodor: Reden und Aufsätze, Berlin 1905.

MORRIS 1966: Morris, William: Architecture and History,
in: Morris, William: The Collected Works (Reprint der
Ausgabe von 1910–15) Bd. 22, New York 1966,
S. 296–317.

MÖRSCH 1975: Mörsch, Georg: Wer bestimmt das öffentliche Interesse an der Erhaltung von Baudenkmalen?,
in: Stadt Göttingen (Hg.): Die Geschichtlichkeit des
Menschen und der Stadt. 5. Kunstkongress Göttingen
20.–22. Juni 1975 (= Die Kunst eine Stadt zu bauen
3/1975), S. 289–293.

MÖRSCH 1989: Mörsch, Georg: Aufgeklärter Widerstand.
Das Denkmal als Frage und Aufgabe, Basel u.a. 1989.

MÖRSCH 1998: Mörsch, Georg: Denkmalbegriff und
Denkmalwerte. Weiterdenken nach Riegl, in: Kowarik,
Ingo; Schmidt, Erika; Sigel, Birgitt (Hg.): Naturschutz
und Denkmalpflege. Wege zu einem Dialog im Garten,
Zürich 1998, S. 89–107.

MÖRSCH 2005: Mörsch, Georg: Die Autorität des Alters-
wertes, in: Gaier, Martin; Nicolai, Bernd; Weddigen,
Tristan (Hg.): Der unbestechliche Blick: Festschrift zu
Ehren von Wolfgang Wolters, Trier 2005, S. 131–138.

MÖRSCH 2006: Mörsch, Georg: Patina – die freundlichen
Spuren der Zeit, in: werk, bauen + wohnen 5, 2006,
S. 4–11.

NACHRUF HOSSFELD 1915: Sch. [o. Name]: Nachruf für
Hoßfeld, in: Die Denkmalpflege, Jg. 17, 1915, S. 112.

NEITMANN 2006A: Neitmann, Klaus: Die Kulturverwaltung
und Kulturpolitik der Provinz Brandenburg und die Begründung der Brandenburgischen Provinzialarchäologie,
in: Haspel, Jörg; Menghin, Wilfried (Hg.): Miscellanea
Archaeologica III. Berlin und Brandenburg. Geschichte
der archäologischen Forschung (Beiträge zur Denkmalpflege in Berlin, Bd. 22), Berlin 2006, S. 179–189.

NEITMANN 2006B: Neitmann, Klaus: Geschichtsvereine
und Historische Kommissionen als Organisations-
formen der Landesgeschichtsforschung, dargestellt am
Beispiel der preußischen Provinz Brandenburg, in:
Neugebauer Wolfgang: Das Thema »Preußen« in Wissenschaft und Wissenschaftspolitik des 19. und 20.
Jahrhunderts (Forschungen zur Brandenburgischen
und Preußischen Geschichte, N.F., Beiheft 8), Berlin
2006, S. 115–181.

PASCHKE 2006: Paschke, Ralph: Der Denkmalbegriff seit
Georg Dehio. Wie viele Denkmale verkraftet die
schrumpfende Gesellschaft?, in: Brandenburgische
Denkmalpflege, Jg. 15, 2006, Heft 1, S. 30–34.

PASCHKE 2007: Paschke, Ralph: Großunternehmen Denkmaltopographie Bundesrepublik Deutschland. Eine
Zwischenbilanz, in: Zeitschrift für Schweizerische Kunstgeschichte, 2007, Heft 2 (erscheint im Herbst 2007).

POLENZ 1899: Polenz [o. Vorname], Zur Geschichte zur
Organisation der Denkmalpflege in Preußen, in: Die
Denkmalpflege, Jg. 1, 1899, S. 37–39 und 45–46.

RAULFF/SCHMIDT-GLINTZER/SEEMANN 2007: Raulff,
Ulrich; Schmidt-Glintzer, Helwig; Seemann, Hellmut
Th.: Einen Anfang machen. Warum wir eine Zeit-
schrift für Ideengeschichte gründen, in: Zeitschrift für
Ideengeschichte, Jg. 1, 2007, Heft 1, S. 4.

RAVE 1935: Rave, Paul Ortwin: Die Anfänge der Denkmalpflege in Preußen, in: Deutsche Kunst und Denkmalpflege, Jg. 9, 1935, S. 36–38.

RAVE 1953: Rave, Paul Ortwin: Anfänge und Wege der
Deutschen Inventarisation, in: Deutsche Kunst und
Denkmalpflege, Jg. 1953, S. 73–88.

REICHEL 1998: Reichel, Antje: Die Restaurierungen am
Havelberger Dom im 19. Jahrhundert, in: Denkmalpflege in Sachsen-Anhalt, Jg. 2, 1998, S.149ff.

RICHTLINIEN DER VEREINIGUNG DER LANDESDENKMAL-
PFLEGER 1981: Richtlinien der Vereinigung der Landesdenkmalpfleger in der Bundesrepublik Deutschland
zur Erstellung einer Denkmaltopographie Bundesrepublik Deutschland, in: Deutsche Kunst und Denkmalpflege, Jg. 39, 1981.

RUSKIN 1846: Ruskin, John: Modern Painters Bd. 1, (3.
Auflage), London 1846.

RUSKIN 1854: Ruskin, John: The Opening of the Crystal
Palace Considered in some of its Relations of the Pros-
pect of Art, London 1854.

RUSKIN 1892/1977: Ruskin, John: The Nature of Gothic.
A Chapter of the Stones of Venice, ed. by William
Morris, Hammersmith 1892, Reprint New York/Lon-
don 1977.

RUSKIN 1903: Ruskin, John: The Works of John Ruskin,
ed. by Edward Tyas Cook and Alexander Wedderburn,
Library Edition, vol. 3, London 1903.

RUSKIN 1994: Ruskin, John: Die sieben Leuchter der Baukunst, hg. von Kemp, Wolfgang (bibliophile Taschen-
bücher 690), Dortmund 1994.

SCHEEWE 1997: Scheewe, Björn: Die Raumschale der Dorfkirche in Radensleben. Untersuchung, Konzepterstellung, Umsetzung, Diplomarbeit vorgelegt dem Fachbereich Restaurierung und Konservierung von Kunst- und Kulturgut der Fachhochschule Köln am 20.09.1997.

SCHREINER 1968: Schreiner, Ludwig: Karl Friedrich Schinkel und die erste westfälische Denkmal-Inventarisation, Hannover 1968.

SCHULZE-GAHMEN 1913: Schulze-Gahmen [o. Vorname]: Preisausschreiben für den Rathausneubau in Potsdam, in: Zentralblatt der Bauverwaltung, Jg. 23, 1913, S. 669ff.

TELTOW 1992: Teltow, Andreas: Denkmalpflege in der Mark Brandenburg zu Beginn des 20. Jahrhunderts. Der Architekt und Provinzialkonservator Georg Büttner (1858–1914), in: Brandenburgische Denkmalpflege, Jg. 1, 1992, Heft 2, S. 75ff.

TSCHUDI MADSEN 1976: Tschudi Madsen, Stephan: Restoration and Antirestoration. A Study in English Restoration Philisophy, Oslo u. a. 1976, S. 110–118.

VOGT 1995: Vogt, Olav: Theodor Goecke Provinzialkonservator in Brandenburg von 1908 bis 1919, in Brandenburgische Denkmalpflege, Jg. 4, 1995, Heft 2, S. 47ff.

VON DEHN-ROTHFELSER/LOTZ 1870: von Dehn-Rothfelser, Heinrich; Lotz, Dr. Wilhelm: Inventarium der Baudenkmäler des Königreichs Preußen. Die Kunstdenkmäler der Provinz Hessen, I. Bd. Reg.-Bez. Cassel, 1870.

VON QUAST 1852: von Quast, Ferdinand: Denkmale der Baukunst in Preußen nach Provinzen geordnet, Erste Abtheilung Koenigreich Preußen, Heft 1 bis 4 (Ermeland), Berlin 1852(–1864).

VON QUAST 1858/59: von Quast, Ferdinand: Wie behandeln wir die alten Kirchen bei der Restauration derselben in Beziehung auf ihre Decoration, in: Correspondenzblatt des Gesamtvereins der Deutschen Geschichts und Alterthumsvereine 7, 1858/59, S. 29–31.

VON QUAST 1872/73: von Quast, Ferdinand: Über die Restauration der Basilika, in: Jahresberichte der Gesellschaft für nützliche Forschungen 1872/73, S. 23–25.

VON WINTERFELDT-MENKIN 1942: von Winterfeldt-Menkin, Joachim: Jahreszeiten des Lebens. Das Buch meiner Erinnerungen, Berlin 1942.

VON WUSSOW 1885: von Wussow, Alexander: Die Erhaltung der Denkmäler in den Kulturstaaten der Gegenwart, 2 Bd., Berlin 1885.

WALLÉ 1899: Wallé, Peter: Zur Frage eines Conservators für Berlin, in: Die Denkmalpflege, Jg. 1, 1899, S. 40ff.

WEIS 2005: Weis, Markus: Zur Geschichte des Handbuchs der Deutschen Kunstdenkmäler, in: Scheurmann, Ingrid (Hg.): Zeitschichten, Erkennen und Erhalten – Denkmalpflege in Deutschland. 100 Jahre Handbuch der Deutschen Kunstdenkmäler von Georg Dehio. Ausstellungskatalog, München/Berlin 2005, S. 60–68.

WEISS 1996: Weiß, Carina: Antike Gemmen in deutschen Sammlungen. Die antiken Gemmen der Sammlung Friedrich Julius Rudolf Bergaus im Germanischen Nationalmuseum, Nürnberg 1996.

WEISS 2006: Weiss, Gerd: Albrecht Meydenbauers Idee eines deutschen Denkmäler-Archivs und die Inventarisation in Hessen im 19. Jahrhundert, in: Hessische Baukunst in alten Fotografien (Arbeitshefte des Landesamtes für Denkmalpflege Hessen, Bd. 9), Wiesbaden 2006, S. 164–167.

WIRTSCHAFT UND DENKMALPFLEGE 1993: Wirtschaft und Denkmalpflege, Tagung des Brandenburgischen Landesamtes am 07. und 08. Oktober 1993 (Brandenburgisches Landesamt für Denkmalpflege, Arbeitsheft Nr. 4), Potsdam 1993.

WOHLLEBEN 2005/06: Wohlleben, Marion: Ist Alois Riegls Vision gescheitert?, in Kunstgeschichte. Mitteilungen des Verbandes österreichischer Kunsthistorikerinnen und Kunsthistoriker, Jg. 12/13, 2005/2006, Tagungsband Revisionen, Linz 13. bis 16. Oktober 2005, S. 81–85.

WOLFSHAGEN 1997: Wolfshagen, Zur Geschichte und Entwicklung eines uckermärkischen Dorfes (Brandenburgisches Landesamt für Denkmalpflege, Arbeitsheft Nr. 8), Potsdam 1997.

ZEITSCHICHTEN – DENKMALPFLEGE IN BRANDENBURG 2005: Zeitschichten – Denkmalpflege in Brandenburg, hg. vom Kloster Chorin und dem Brandenburgischen Landesamt für Denkmalpflege und Archäologischen Landesmuseum (Choriner Kapitel, Heft 140), Chorin 2005.

## Abkürzungen

BLDAM: Brandenburgisches Landesamt für Denkmal-
    pflege und Archäologisches Landesmuseum
BLHA: Brandenburgisches Landeshauptarchiv
GStA PK: Geheimes Staatsarchiv, Preußischer Kulturbe-
    sitz

## Abbildungsnachweis

Nummern ohne Klammern verweisen auf die entsprechende Seite. Im Falle mehrerer Abbildungen auf einer Seite bezeichnen die Zahlen in Klammern die jeweilige Abbildungsnummer.

BLDAM: 16, 20, 27, 36 (13), 42, 43, 45
    Messbildarchiv: 19, 21, 28, 29, 33 (6), 34 (8), 56, 57 (2),
    64, 65, 66, 68
        F. A. Schwartz: 58
        Max Zeisig: 59, 60
    Bildsammlung: 61, 62
    Renate Breetzmann: 111 (7)
    Anke Jerigk: 20 (5)
    Mitreiter: 57 (3)
    Dieter Möller: 33 (7), 113 (11)
    Kerstin Scholz (Bearbeiterin): 109
    Ulrike Schwarz: 110, 117 (23), 118 (24)
    Renate Worel: 32 (5)
    Regina Wunder: 11, 12, 98, 113 (12, 14), 114, 117 (22),
    119, Titelbild
Humboldt-Universität zu Berlin: 18, 20 (4)
Muzeum Warmii Mazur, Allenstein/Olsztyn:
    49, 50, 51, 53
Staatsbibliothek zu Berlin, Preußischer Kulturbesitz,
    Kartenabteilung: 108
Instytut Sztuki PAN, Warschau: 48
Plansammlung TU-Berlin, Inventarnummer 18454,
    Foto Nicole Wesner: 24
Peter Betthausen, Archiv: 44
Büro für Landschaftsarchitektur, Dipl.-Ing. Anja Brückner:
    121 (3, 4), 122, 123 (7), 124
Reproduktion Dieter Gerlich: 120, 121 (2)
Christofer Herrmann: 47
Rita Mohr de Pérez: 31, 32 (4), 34 (9), 35, 36 (14), 37
Thomas Niese: 116 (19, 20), 121 (5)
Germanisches Nationalmuseum Nürnberg, Archiv
    (Weiß 1996, S. 13): 41
Ralph Paschke: 40
Evangelische Kirchengemeinde Radensleben: 123 (8, 9)
Björn Scheewe: 111 (8), 112 (10), 113 (13)
Axel Zippel, Untere Denkmalschutzbehörde Landkreis
    Ostprignitz-Ruppin: 112 (9), 115, 116 (18), 117 (21)

## Autorenverzeichnis

Brandenburgisches Landesamt für Denkmalpflege
und Archäologisches Landesmuseum
Wünsdorfer Platz 4–5
15806 Zossen OT Wünsdorf
    Renate Breetzmann
    Prof. Dr. Detlef Karg
    Dr. Ralph Paschke

Dipl.-Ing. Anja Brückner
    Büro für Landschaftsarchitektur
    Dorfstraße 62
    16845 Zernitz

Christian Gilde
    Landrat
    Landkreis Ostprignitz-Ruppin
    Virchowstraße 14–16
    16816 Neuruppin

Jens-Peter Golde
    Bürgermeister
    Fontanestadt Neuruppin
    Karl-Liebknecht-Straße 33/34
    16816 Neuruppin

Prof. Dr. Eberhard Grunsky
    Wüllner Straße 12
    48149 Münster

Prof. Dr. Christofer Herrmann
    Kunstgeschichtliches Seminar
    Universität Gdańsk
    Ul. Wita Stwosza 55
    80-952 Gdańsk
    Polen

Dr. Harald Hoppe
    Referent, Referat 25
    Ministerium für Ländliche Entwicklung, Umwelt
    und Verbraucherschutz des Landes Brandenburg
    Heinrich-Mann-Allee 103
    14473 Potsdam

Dr. Johann Komusiewicz
    Staatssekretär
    Ministerium für Wissenschaft Forschung und Kultur
    des Landes Brandenburg
    Dortustraße 36
    14467 Potsdam

Arne Krohn
    Bauderzernent
    Stadtverwaltung Neuruppin
    Karl-Liebknecht-Straße 33/34
    16816 Neuruppin

Dr. Andreas Meinecke
    Zehlendorfer Damm 109
    14532 Kleinmachnow

Prof. Dr. Georg Mörsch
    Hadlaubstraße 66a
    8006 Zürich
    Schweiz

Dr. Rita Mohr de Pérez
    Sachgebietsleiterin
    Kreisverwaltung Teltow-Fläming
    Untere Bauaufsichts- und Denkmalschutzbehörde
    Am Nutheflie ß 2
    14943 Luckenwalde

Dr. Klaus Neitmann
    Direktor
    Brandenburgisches Landeshauptarchiv
    Zum Windmühlenberg
    14469 Potsdam, OT Bornim

Erhard Schwierz
    Ortsbürgermeister der Gemeinde Radensleben
    (Neuruppin)
    Dorfstraße 6
    16818 Radensleben

Solvieg Tokar
    Stadtverwaltung Neuruppin
    Karl-Liebknecht-Straße 33/34
    16816 Neuruppin

Nicole Wesner
    Hildegard-Jadamowitz-Straße 26
    10243 Berlin

Karin Witt
    Bauamt der Fontanestadt Neuruppin
    Karl-Liebknecht-Straße 33/34
    16816 Neuruppin

Iris Berndt

# Märkische Ansichten

## Die Provinz Brandenburg im Bild der Druckgraphik von 1550 bis 1850

2007   Festeinband mit Schutzumschlag, 24 × 30 cm,
480 Seiten, 78 farbige und 806 Schwarzweißabbildungen
ISBN 978–3–936872–78–1   € 50,–

Der drei Kilogramm schwere Band enthält erstmals ein Verzeichnis sämtlicher bekannter druckgraphischer Veduten (Ansichten) der früheren Provinz Brandenburg. Damit ist er für jeden Landes-, Kunst-, Architektur- und Kulturhistoriker, aber auch für Mitarbeiter von Museen, Graphischen Sammlungen und Archiven, für Denkmalpfleger, Stadtplaner, Architekten und Kunsthändler ein dringend benötigtes Standardwerk bei der täglichen Arbeit. Und nicht zuletzt wird jeder landeskundlich interessierte Laie das Buch gern in die Hand nehmen und die Ansichten unter vielfältigen Gesichtspunkten befragen.

Es wurden alle vor 1850 entstandenen Ansichten aufgenommen. Der Katalog ist nach Orten gegliedert und erlaubt eine einfache Handhabung. Er vereint Anschaulichkeit mit Wissenschaftlichkeit: Auf den fast 900 teils farbigen Abbildungen sind Städte, Schlösser und Gärten der Mark, daneben aber auch Dörfer, Burgen, Mühlen, Hammerwerke, Denkmäler oder markante Landschaften in ihrem jeweiligen historischen Zustand zu erleben. Sie stammen aus über 200 Örtlichkeiten des Landes. Die Ansichten überliefern jedoch nicht allein das Aussehen von Bauwerken und ihrer Umgebung, sondern zeigen häufig auch Menschen in ihrer jeweiligen Lebensumwelt.

## Lukas Verlag

für Kunst- und Geistesgeschichte
Kollwitzstraße 57
10405 Berlin

Tel.        +49 (30) 44049220
Fax        +49 (30) 4428177
E-Mail    lukas.verlag@t-online.de
Internet  www.lukasverlag.com